QUESTIONS OF GOD

하나님의 질문

최현규 지음

쿰란출판사

하나님의 질문

1판 1쇄 인쇄 _ 2021년 9월 15일
1판 1쇄 발행 _ 2021년 9월 25일

지은이 _ 최현규
펴낸이 _ 이형규
펴낸곳 _ 쿰란출판사

주소 _ 서울특별시 종로구 이화장길 6
편집부 _ 745-1007, 745-1301~2, 747-1212, 743-1300
영업부 _ 747-1004, FAX 745-8490
본사평생전화번호 _ 0502-756-1004
홈페이지 _ http://www.qumran.co.kr
E-mail _ qrbooks@daum.net / qrbooks@gmail.com
한글인터넷주소 _ 쿰란, 쿰란출판사
페이스북 _ www.facebook.com/qumranpeople
인스타그램 _ www.instagram.com/qrbooks
등록 _ 제1-670호(1988.2.27)
책임교열 _ 박은아 · 최진희

ⓒ 최현규 2021 ISBN 979-11-6143-598-5 93230

책값은 뒤표지에 있습니다.
이 출판물은 저작권법에 의해 보호를 받는 저작물이므로 무단 복제할 수 없습니다.
파본(破本)은 구입처에서 교환해 드립니다.

QUESTIONS OF GOD

머리말

마침표와 물음표

　누군가 아이작 뉴턴과 우리가 다른 점은 '물음표'라고 말했습니다. 모두가 '사과는 떨어진다.'라고 마침표를 찍을 때 아이작 뉴턴은 '왜 사과가 떨어질까?'라고 물음표를 찍어 만유인력을 발견했습니다.

　사람들은 마침표와 물음표의 차이를 우리가 사용하는 말을 통해 설명합니다. '할 수 없어.'라고 마침표를 찍으면 생각은 정지됩니다. 반면에 '할 수 없어?'라고 물음표를 붙이면 생각의 문이 열리고 가능한 방법을 찾기 위한 탐색이 시작됩니다. 마침표는 현재의 의식도 정지시키지만 물음표는 의식뿐 아니라 잠재능력까지 끌어올리는 위대한 힘이 있습니다. 사실 세상의 모든 위대한 발견은 마침표를 물음표로 바꾸는 것에서 시작되었습니다.

　물음표가 중요한 이유는 그 속에 답도 가지고 있기 때문입니다. 물음은 생각하는 힘, 사고력을 필요로 합니다. 그래서 물음은 생각의 씨앗이며, 결국에는 생각에 폭발적인 능력을 불러옵니다.

　그리스도인은 평생 성경을 읽습니다. 성경은 그리스도인에게 신앙과 실행의 기준이자 표준이며 또한 생명의 양식이기에, 그리스도인들은 하나님의 말씀을 읽고 듣고 암송합니다. 하지만 질문이 없는 성경 읽기는 죽은 독서입니다. 성경을 읽으면서도 질문을 하지 않는다면 성경에서 얻을 수 있는 상상력, 창의력, 통찰력을 얻을 수 없기 때문입니다. 성경을 많이 읽어도 변화나 성장이 없는 이유는 물음표 읽기가 아닌 마침표 읽기를 하기 때문입니다.
　질문이 없는 성경 읽기는 주는 먹이만 받아먹는 새장 안의 새와 같습니다. 틀을 부수고 새장 밖으로 나가 넓은 창공에서 활공하려면 물음표를 붙여야 합니다. 물음표는 생각의 씨앗이자 삶에 풍성한 열매를 불러오는 원동력입니다. 물음표에는 자신의 편견과 고정관념을 깨고 사고의 확장을 넘어 자신의 삶을 변화시킬 수 있는 힘이 있습니다.

기독교의 역사를 보십시오. 물음표 없는 성경 읽기는 하나님의 형상을 지닌 인간을 교리의 노예로 만들었습니다. 지금도 많은 이단들이 그 실수를 계속하고 있습니다.

성경에는 많은 질문이 나옵니다. 특히 인간을 향한 하나님의 질문은 신앙의 근간을 결정짓는 주춧돌이 됩니다. 차동엽 신부는 《잊혀진 질문》으로, 배철현 교수는 《신의 위대한 질문》으로 성경을 질문의 프레임으로 보는 방법을 알려 주었습니다. 그들의 연구와 노력은 뛰어난 역작이지만 학문적인 훈련을 받지 않은 사람들이 대하기에는 조금 버거워 보였습니다. 그래서 그들이 보여준 질문의 프레임을 빌려 누구나 쉽게 신앙생활에 적용할 수 있는 설교로 녹여 내고 싶었습니다.

모방의 위험을 감수하면서 이 일에 나선 것은, '하나님의 질문'은 혼자 독점할 수 있는 것이 아니기 때문이며, 지금 이 시대가 답해야

할 너무도 중요한 질문이기 때문입니다. 더 나아가 성도들을 하나님의 질문 앞에 서게 하여 믿음을 고양시키고 바른 삶을 살게 하려는 목회적인 간절한 바람 때문입니다. 여기저기 금이 가서 물이 줄줄 새는 바가지 같은 설교집이지만, 오직 하나님께 영광이 되고 성도들에게는 신앙생활에 격려가 되기를 소망합니다.

2021년 9월에

최현규

목차

머리말 _ 마침표와 물음표 • 4

신앙은 질문이다 • 마 16:13-20	11
네가 어디 있느냐? • 창 3:6-13	29
네 아우 아벨이 어디 있느냐? • 창 4:1-10	52
여호와께 능하지 못한 일이 있겠느냐? • 창 18:1-15	77
독자를 바칠 수 있느냐? • 창 22:1-14	100
네 이름이 무엇이냐? • 창 32:21-32	128
네 손에 있는 것이 무엇이냐? • 출 4:1-9	159
내가 모를 줄 알았느냐? • 삼하 12:1-15	180
네가 어찌하여 여기 있느냐? • 왕상 19:9-18	210
누가 나를 위해 갈꼬? • 사 6:1-13	242

네가 성내는 것이 옳으냐? • 욘 4:1-11	269
이 마른 뼈들이 살아날 수 있겠느냐? • 겔 37:1-10	296
땅의 기초를 놓을 때 너는 어디 있었느냐? • 욥 38:1-11	323

▶ 산티아고 순례길의 표지석은 순례자들에게 경청과 통찰의 준비가 됐느냐고 묻고 있다.

신앙은 질문이다

마 16:13-20

서울에서 열렸던 G20 정상회담

G20 정상회담이 2010년 11월 11일부터 12일까지 서울에서 열렸습니다. 이 회담에서 가장 주목 받은 사람은 미국의 버락 오바마 대통령이었을 것입니다. 버락 오바마 대통령의 폐막 기자회견에서 있었던 일입니다. 회견 중에 오바마 대통령은 개최국의 공을 인정하여 첫 번째 질문권을 한국 기자들에게 주었습니다. 그런데 침묵만 흐를 뿐 아무도 질문하지 않았습니다. 어색한 시간이 흐르자 중국 기자가 일어나서 아시아를 대표해서 질문하겠다고 나섰습니다.

이것은 언제부턴가 질문을 잃어버린 우리들의 이야기입니다. 우리는 왜 아무 말도 하지 못하는 것일까요? 침묵은 우리에게 익숙합니다. 강의실도 별반 다르지 않습니다. 교수의 말을 경청하거나 열심히 받아 적을 뿐 강의실은 숨 막힐 정도로 조용합니다. 강의를 마친 교수가 질문하라고 하면 순간 정적이 흐릅니다. 모두가 어색하고 불편한 시간입니다.

　우리가 어렸을 때를 생각해 보십시오. 생각이 나지 않으면 내 자녀 혹은 주변의 어린아이들을 떠올려 보십시오. 그때는 모든 게 궁금했습니다. 제 아이들도 하루에 백 번도 넘게 질문을 했습니다. "이게 뭐야? 이건 왜 그래?" 그러던 아이들이 초등학생이 되고 중학생이 되면서 질문을 잃어버립니다. 말을 잃어버린 그날부터 생각을 잃어버렸습니다. 그것을 보며 말이 곧 생각이라는 것을 알았습니다. 이런 상황에서 우리는 오랜 침묵을 깨고 다시 생각의 말문을 열 수 있을까요?

　유대인 부모들은 학교에서 돌아온 자녀에게 이렇게 묻는답니다.
"오늘은 선생님께 어떤 질문을 했니?"
　그 질문을 통해 세상을 변화시키는 많은 인재들이 배출되었습니다. 좋은 질문이 위대한 인생을 만듭니다. 우리의 신앙도 마찬가지입니다. 좋은 신앙인이 되려면 좋은 질문을 해야 합니다. 그래서 예수님은 우리의 삶에 찾아오셔서 우리와 함께 걸으시며 우리에게 의미 있는 질문을 던지십니다. 예수님은 질문을 통해서 자신을 정직하게 돌아보게 하고, 참된 그리스도인이 되는 새로운 삶으로 우리를 인도하십니다. 예수님은 왜 질문을 하신 것일까요?

1. 신앙은 질문이다 (15절)

"이르시되 너희는 나를 누구라 하느냐"(15절).
"예수께서 빌립보 가이사랴 지방에 이르러 제자들에게 물어 이르시되 사람들이 인자를 누구라 하느냐"(13절).

어디에 서 있는가?

사람은 시공을 초월할 수 없습니다. 그리고 어떤 공간에 서 있느냐가 삶의 의미가 될 때가 있습니다. 그런 의미에서 질문 속에 있는 주님의 자리와 우리가 서 있는 자리는 어디인지를 살펴보려고 합니다.

오늘 예수님이 질문을 던지신 장소는 당시 총독의 관저가 있던 지중해 연안의 가이사랴(행 10:1)가 아닙니다. 갈릴리 호수 북방으로 40킬로미터 떨어진 헬몬 산 기슭에 있는 아름다운 마을입니다. 이곳은 헤롯 대왕의 아들 헤롯 빌립(눅 3:1)이 확장하고 세운 도시입니다. 도시 이름은 당시 황제인 디베료 가이사랴와 분봉왕인 헤롯 빌립의 이름을 따서 '가이사랴 빌립보'라고 지었습니다.

이곳을 요약하면 첫째로 고대 시리아인들이 숭배하던 바알 신전이 14개나 산재한 우상숭배가 만연했던 곳이요, 둘째로 헬라의 자연신 팬(Pan)의 출생지로 헬라 신화가 두루 퍼진 곳이며, 셋째로 거대한 대리석 신전이 있어 황제 숭배가 창일한 곳이었습니다. 당시 사람들의 삶과 신앙의 기초가 무엇이었는지를 보게 하는 곳입니다. 바로 그곳에서 주님이 물으신 것입니다.

그렇다면 예수님은 왜 질문하셨을까요? 동기 부여 세미나의 강사인 도로시 리즈(Dorothy Leeds)는 《질문의 7가지 힘》(노혜숙 역, 더난출판사)이라는 자신의 책에서 질문을 통해 조직을 변화시킨 자신의 경험을 소개했습니다. 그녀는 커뮤니케이션 컨설턴트로서 IBM을 포함한 수많은 대기업 간부들을 교육한 경험을 토대로 질문의 7가지 힘을 소개하였습니다.

첫째, 질문을 하면 답이 나온다.
둘째, 질문을 하는 것은 생각을 자극한다.
셋째, 질문을 하면 정보를 얻는다.
넷째, 질문을 하면 주도권을 갖는다.
다섯째, 질문을 하면 마음을 열게 한다.
여섯째, 질문을 하면 귀를 기울인다.
일곱째, 질문에 답하면 스스로 설득이 된다.

예수께서는 이와 같은 질문의 위력을 알고 계셨기 때문에 '비유'와 '질문'을 병행하여 사람들에게 하늘의 진리를 가르치셨습니다. 예수님의 행적이 기록된 사복음서에는 예수께서 던지신 질문이 무려 200개나 기록되어 있습니다. 예수님이 질문의 힘을 알고 사용하신 데는 역사적인 배경이 있습니다.

하브루타(공부하는 파트너를 가지는 것)

유대인은 정말 똑똑할까요? 웹사이트 '유대인 정보'(jinfo.org)에 따르면 1901년부터 2016년까지 노벨상을 받은 사람 중 유대인 수상자는 197명으로 전체 수상자의 22퍼센트, 공동 수상자를 포함하면 36퍼센트입니다. 즉 노벨상의 3분의 1 이상을 유대인이 독식한 것입니다. 유대인 수가 세계 인구의 약 0.2퍼센트에 불과한 것에 비하면 대단한 성취입니다. 이것을 근거로 흔히 사람들은 유대인이 세계에서 가장 똑똑하다고 말하기도 합니다.

그런데 정말 유대인들이 가장 똑똑할까요? 객관적인 정보를 보면 의아할 수 있습니다. 지능지수로 말하자면 평균 I.Q. 세계 1위는 106을 기록한 대한민국입니다. 반면 유대인의 나라 이스라엘은 94로 세계 중상위권 수준입니다. 그럼에도 우리나라는 노벨평화상을 제외하고 노벨상 수상자가 전무합니다. 이런 차이는 과연 어디에서 비롯된 것일까요?

우리나라와 유대인의 주요한 차이로 교육 방법을 꼽습니다. 우리 교육은 보고 듣고 외우는 것인 데 반해 유대인은 질문과 토론을 하는 교육입니다. 유대인들은 자신들이 대화와 토론으로 똑똑하게 '키워진다'고 말합니다. 이런 교육의 중심에 '하브루타'라는 독특한 교육이 있습니다. '하브루타'는 질문하고 대화하고 토론하고 논쟁하는 것, 즉 함께 이야기를 나누는 것을 의미하며 유대인 문화의 바탕이 됩니다.

하브루타란 히브리어 '하베르'(친구)라는 말에서 파생된 말로서 파트너와 함께 대화하고 소통하며 서로가 협력을 키워 나가는 교육 방법입니다. 어떤 상대든, 어떤 주제로든 하브루타를 할 수 있습니다. 이야기를 진지하게 주고받는 것은 질문과 대답이 되고, 곧 대화로 이어지며, 거기서 더 전문화되면 토론과 논쟁이 됩니다. 유대인은 가정에서부터 탄탄하게 훈련하기 때문에 이들의 대화, 토론, 논쟁은 수준급이고, 학교와 사회에서도 환영을 받습니다. 세계 곳곳에서 유대인이 최고로 인정을 받는 것은 하브루타 덕분이라고 합니다.

예수님 역시 어린 시절부터 하브루타 교육을 통해 신앙을 배웠습니다. 누가복음 2장 41-52절에는 예수님의 열두 살 시절을 기록하고 있습니다. 예수님은 유월절에 부모님과 함께 예루살렘에 올라갔습니다. 돌아오는 길에 요셉과 마리아는 예수님을 잃어버렸습니다.

> "사흘 후에 성전에서 만난즉 그가 선생들 중에 앉으사 그들에게 듣기도 하시며 묻기도 하시니 듣는 자가 다 그 지혜와 대답을 놀랍게 여기더라"(눅 2:46-47).

인성을 가진 예수님은 질문을 통해 율법을 배우고 위대한 신앙을 터득하셨습니다.

유대인들에게 신앙이란 정해진 답을 외우는 것이 아닙니다. 신앙은 질문입니다. 그래서 예수님은 예수님에 대한 바른 신앙을 일깨우고자 "너희는 나를 누구라 하느냐?"라고 질문을 하신 것입니다.

우리의 믿음이 풍성해지려면 성경의 질문을 많이 대해야 합니다. 하나님의 질문을 많이 대하고, 묵상으로 내 생각을 토해내야 합니다. 구약성경에서도 에덴동산에서부터 하나님을 질문하시는 하나님으로 소개합니다.

"아담아, 네가 어디 있느냐?"

2. 사랑합니다! 고백을 통한 연합 (16절)

"시몬 베드로가 대답하여 이르되 주는 그리스도시요 살아 계신 하나님의 아들이시니이다."

'알다'라는 말

성경에 나오는 '알다'는 무슨 뜻일까요? 구약성경에 나오는 히브리어 '야다'는 우리말로 번역하면 '알다'입니다. 이것은 단순히 지적인 인식을 의미하는 것이 아니라 경험을 내포하는 단어입니다. 머릿속에서 관념적으로 아는 것이 아니라 현실에서 구체적이고 실질적으로 아는 것입니다. 예를 들어 창세기 4장 1절의 "아담이 그의 아내 하와와 동침하매"에서 '야다'는 '동침하다'입니다. 시편 1편 6절에 사용된 '야다'는 "여호와께서 인정하시나"로 표현해 놓았습니다. 또 아모스 3장 2절의 "내가 땅의 모든 족속 가운데 너희만을 알았나니"에 나오는 '야다'는 하나님께서 이스라엘을 '선택하셨다' 또는 '사랑하셨다'는 의미가 됩니다. 이처럼 '야다'는 '구별하다'(삼하 19:35), '경험으로 알다'(수 23:14), '인식하다'(렘 3:13) 등 여러 의미를 가지고 있습니다.

신약의 헬라어 '기노스코'(γινώσκω)는 구약의 히브리어 '야다'(알다)에 해당하는 단어로 다음과 같은 의미가 있습니다. '알다, 알게 되다'(know, come to know, 마 12:33; 롬 1:21), '배우다, 확실하게 알다'(learn, ascertain, find out, 요 4:1; 행 22:30), '이해하다, 깨닫다'(understand, comprehend, 막 4:13; 눅 18:34; 요 3:10), '인식하다, 주시하다, 파악하다'(perceive, notice, realize, 마 22:18; 요 4:53) 등이고, 성관계를 에둘러서 표

현할 때(euphemism of sex relations, 마 1:25; 눅 1:34)도 씁니다.

이렇게 보면 우리가 주님을 안다고 할 때 그것은 남들이 정리해 놓은 교리로써 안다는 뜻이 아닙니다. 예수님께서 제자들에게 물으신 "너희는 나를 누구라 하느냐?"라는 질문은 예수님에 관한 역사적·과학적 평가를 요구하는 것이 아닙니다. 그것은 예수님과 체험적인 연합을 이루고 있는가에 대한 물음입니다. 이것은 우리가 신앙생활에서 끊임없이 질문해야 할 과제입니다. 그 질문이 우리 신앙을 더욱 성숙하게 할 것입니다. 그래서 예수님은 요한복음에서 포도나무 비유를 통해 계속하여 강조하고 계십니다.

> "내 안에 거하라 나도 너희 안에 거하리라 가지가 포도나무에 붙어 있지 아니하면 스스로 열매를 맺을 수 없음같이 너희도 내 안에 있지 아니하면 그러하리라 나는 포도나무요 너희는 가지라 그가 내 안에, 내가 그 안에 거하면 사람이 열매를 많이 맺나니 나를 떠나서는 너희가 아무것도 할 수 없음이라"(요 15:4-5).

사랑해! 열바다!

어느 교회 목사님이 설교 도중 신도들에게 질문을 했습니다. "세상에서 가장 차가운 바다는 '썰렁해'입니다. 그럼 세상에서 가장 따뜻한 바다는 어디일까요?" 신도들이 머뭇거리자 목사님이 "그곳은 '사랑해'입니다. 우리 모두의 마음이 항상 따뜻한 바다와 같이 사랑하는 마음이 가득하시길 바랍니다"라고 말씀을 맺었습니다.

남편으로부터 사랑한다는 말 한 번 듣는 것이 평생 소원이었던 집사님이 이 유머를 듣고 감동을 받았습니다. 그래서 집에 가서 남편에게 애교를 부리면서 목사님과 같은 질문을 했습니다. "여보, 내가 문제를 낼 테니 한번 맞혀 봐요. 세상에서 가장 차가운 바다는 '썰렁해'래요. 그럼 세상에서 가장 뜨거운 바다는 어디일까요?" 남편이 대답을 못하자 코맹맹이 소리로 힌트를 주면서 말을 했습니다. "아잉. 이럴 때 당신이 나에게 해주고 싶은 말 있잖아!" 그러자 남편이 의미심장한 표정으로 웃음을 지으며 자신 있게 아내에게 외쳤답니다. "열바다!!"

따뜻한 바다는 '사랑해'이고, 더욱 따뜻한 바다는 '널 사랑해'이며, 가장 감동적인 바다는 '너만 사랑해'랍니다. 코로나로 인한 팬데믹 상황으로 세상이 차갑습니다. '사랑해'라는 말로써 따스한 온기를 나누는 우리가 되었으면 좋겠습니다.

주님께서 분주한 사역 가운데서도 제자들에게 정말 듣고 싶었던 말은 무엇일까요? 그것은 고백을 통한 진정한 하나 됨, 연합에 대한 말이었을 것입니다. 주님은 일대일의 연합, 아무도 그 누구도 그 사이에 끼어들 수 없는 연합의 갈망을 가지고 계셨습니다. 그래서 질문하신 것입니다. 그러므로 주님을 사랑한다고 고백하십시오. 주님과 연합하는 놀라운 축복을 누리게 될 것입니다.

3. 따르겠습니다! 고백을 통한 실천(18-19절)

"또 내가 네게 이르노니 너는 베드로라 내가 이 반석 위에 내 교회를 세우리니 음부의 권세가 이기지 못하리라 내가 천국 열쇠를 네게 주리니 네가 땅에서 무엇이든지 매면 하늘에서도 매일 것이요 네가 땅에서 무엇이든지 풀면 하늘에서도 풀리리라 하시고."

예수님의 의도된 질문

취업하기 힘든 요즈음, 젊은이들이 원하는 직장에 취직하려면 많은 관문을 뚫어야 하는데 그중 마지막 난관이 면접입니다. 면접관이 던지는 질문의 핵심을 몰라서 엉뚱한 대답을 늘어놓으면 결코 좋은 인상을 주지 못합니다. 회사들이 면접 시험을 보는 이유는 무엇일까요? 취업 희망자가 회사에서 원하는 인물인지, 그리고 얼마나 회사에 도움을 줄 인재인지 최종적으로 판단하기 위해서입니다. 면접에서는 성격, 자세, 능동적 태도, 화합하려는 인성, 임기응변 능력 등등을 살핍니다. 그래서 회사에서 원하는 알맞은 대답을 하기 위해 지원 회사의 상세한 정보를 익히고, 자신이 왜 필요한 인재인지 납득시킬 사항을 정리해 두고 면접에 임해야 합니다. 거기에다 남들과 다른 독창적인 면을 부각해야 결과가 좋다고 합니다.

면접관들이 질문하는 내용은 모두 다르지만 결국 '너를 우리에게 알려 보라'는 것으로 귀결되는데, 지원자 대부분은 그 의도를 파악하지 못하고 질문에만 매달려 일차원적으로 답한다고 합니다. 예를 들어 취미가 무엇인지 물었을 때 표면적으로 독서니, 여행이니, 자전

거 타기니 하고 대답한다면 탈락할 것이 분명합니다. 그 취미를 통해 그의 인생관이나 성격, 생활의 목표 등이 어떻게 직무와 연결될지를 살펴보려는 의도의 질문이기 때문입니다. 나를 알아보려는 의도가 숨은 질문이라는 걸 깨닫고 슬기롭게 자기를 표현하는 장면으로 연결해야 합니다.

오늘 말씀에서도 예수께서 제자들에게 질문을 던지셨습니다.
"사람들이 나를 누구라고 하느냐?"
이 질문에 대해 제자들은 여기저기서 들은 대로 대답했습니다.
"이르되 더러는 세례 요한, 더러는 엘리야, 어떤 이는 예레미야나 선지자 중의 하나라 하나이다."
그들의 대답을 들으신 예수께서는 중심적인 질문(discussion questions)을 던지십니다.
"이르시되 너희는 나를 누구라 하느냐?"
앞에서 던진 질문이 객관적인 사실을 물은 것이라면, 이번 질문은 주관적인 사실을 물으신 것입니다. 예수께서는 이 질문에 대한 대답을 듣고 싶으셨습니다. 그러자 시몬 베드로가 나서서 용감하게 대답했습니다.
"주는 그리스도시요 살아 계신 하나님의 아들이시니이다."
예수께서는 베드로의 대답에 매우 만족하셨습니다. 그리고 이때로부터 예수 그리스도께서 자기가 예루살렘에 올라가 장로들과 대제사장들과 서기관들에게 많은 고난을 받고 죽임을 당하고 제삼일에 살아날 것을 제자들에게 비로소 가르치셨습니다(마 16:21). 그분께서는 진정한 제자도(弟子道)를 가르치시면서 "이에 예수께서 제자들에게 이르시되 누구든지 나를 따라오려거든 자기를 부인하고 자기 십자가를 지고 나를 따를 것이니라 누구든지 제 목숨을 구원하고자 하면 잃을 것이요 누구든지 나를 위하여 제 목숨을 잃으면 찾으리라"(마 16:24-25) 하고 역설하셨습니다.

여기서 예수님의 의도된 질문을 파악할 수 있습니다. 너희도 예수님과 연합을 이룬 후 예수님의 비전을 붙들고 세상을 향해 나아가겠냐는 질문입니다. 신앙에는 정답은 없습니다. 예수님과 진지한 대화를 통해서 답을 찾아가는 것입니다. 예수님은 마태복음 7장 20-23절에서 이렇게 말씀하셨습니다.

"이러므로 그들의 열매로 그들을 알리라 나더러 주여 주여 하는 자마다 다 천국에 들어갈 것이 아니요 다만 하늘에 계신 내 아버지의 뜻대로 행하는 자라야 들어가리라 그날에 많은 사람이 나더러 이르되 주여 주여 우리가 주의 이름으로 선지자 노릇 하며 주의 이름으로 귀신을 쫓아내며 주의 이름으로 많은 권능을 행하지 아니하였나이까 하리니 그때에 내가 그들에게 밝히 말하되 내가 너희를 도무지 알지 못하니 불법을 행하는 자들아 내게서 떠나가라 하리라."

발굴하던 김동식 선교사

인도네시아 감리교회와의 자매결연 사업을 위해 2016년 2월 27일에 인도네시아를 방문했습니다. 그곳에서 인도네시아에 파송된 감리교 선교사 가족 수련회를 후원하였습니다. 감리교에서 열여섯 가정이 파송되어 있는데 수련회에는 열두 가정이 참석하였습니다.

그곳에서 낯익은 선교사를 만났습니다. 2014년도 인도네시아 감리교 현지 목회자 세미나를 인도할 때 신세를 진 분이었습니다. 그때만 해도 그는 자카르타에 있는 웨슬리 신학교에서 재능 나눔으로 성악을 가르치던 교수이면서 대한항공 자카르타 지사에 근무하고 있었습니다. 당시 저는 일정을 마치고 토요일에 있는 교인 결혼식 주례를 위해 반드시 한국으로 돌아와야 했습니다. 그런데 자카르타에서 공항으로 가는 길이 너무나 막혀 비행기를 놓칠 뻔하였습니다. 그때 그 형제의 도움으로 가까스로 비행기를 탈 수 있었습니다. 그런데 그 형제가 하던 일을 정리하고 선교사로 파송 받아 이번 모임에 참석한 것입니다. 나는 그때의 일을 회상하며 감사의 뜻으로 약간의 여비도 후원했습니다.

그 선교사는 아침 식사를 하면서 자신의 이야기를 들려주었습니다. 그는 16세에 중학교를 졸업한 뒤 인천의 도축시장에서 발골을 배웠습니다. 19세까지 그 일을 하면서 친구의 권유로 교회에 나가기 시작했습니다. 교회에서 주님을 체험하면서 좀 더 의미 있는 일을 하고 싶었습니다. 검정고시로 고등학교 과정을 마치고 공부를 계속하여 음대 성악과에 진학하였습니다. 음대를 졸업한 후 대한항공에 취직되어 해외 지사로 나왔고, 은혜에 감사하여 시간을 내어 자카르타에 있는 감리교 웨슬리 신학교에서 성악을 지도하는 교수로 섬긴 것입니다.

그러다가 주님을 향한 열정이 더욱 넘치는 아내를 만나 결혼하였고, 부부는 논의 끝에 전임 선교사가 되기 위해 신학대학원에 진학하여 지금은 선교사로 파송되어 섬기고 있었습니다.

이것이 주님이 질문하신 이유입니다. "내가 이렇게 사는 게 옳은가?" 계속 묻게 하여 마침내 예수님의 사역을 향해 뛰쳐나가게 하는 열정을 주시려는 것입니다.

앙리 뒤낭의 바뀐 꿈

스위스에 앙리 뒤낭이라는 유명한 은행가가 있었습니다. 그는 그 당시 세계를 석권하던 나폴레옹 황제를 만나고 싶은 꿈, 그리고 자신의 기업을 더욱더 크게 키우고 싶은 욕망이 있었습니다. 나폴레옹은 오스트리아, 프랑스 등 전장에 있었기에 앙리 뒤낭이 그를 만나려고 전쟁터에 갔습니다. 가서 보니 그 광경이 얼마나 참혹했는지 모릅니다. 수많은 사람이 총에 맞에 피를 흘리며 죽어 가고 있었습니다. 이것을 보고 그의 꿈이 바뀌었습니다. 큰 기업체를 일구겠다는 꿈이, 눈앞의 비참한 사람들을 그리스도의 이름으로 도와야겠다는 꿈이 되었습니다. 그는 돌아온 후 부상병, 어려움을 당하는 사람들을 그리스도의 이름으로 돕는 일에 온 생애를 바쳤습니다. 수많은 사업가에게 도움을 요청하며 만든 단체가 바로 적십자사입니다.

앙리 뒤낭, 한 개인으로서의 꿈은 세상에서 더 잘살고 더 풍요로워지는 것이었지만, 불쌍한 사람들을 본 후 그리스도인으로서의 새로운 꿈을 가지게 되었습니다. 그리스도의 사랑으로 그들을 돕겠다는 꿈은 전쟁으로 고통을 겪는 당대의 사람들을 돕는 데서 그치지 않고 시대와 공간을 초월하여, 오늘날 전 세계적으로 적십자가 없는 곳이 없을 정도로 확장되었습니다. 앙리 뒤낭의 꿈은 예수님의 꿈을 닮았습니다. 우리도 예수님과 같은 위대한 꿈을 가져야 합니다. 그러면 예수님의 꿈은 무엇이었을까요?

예수님의 두 가지 비전

예수님에게는 두 가지 꿈이 있었습니다. 첫 번째는 십자가를 지는 꿈이요, 두 번째는 교회를 세우는 꿈이었습니다. '십자가'와 '교회'는 신약성경 전체를 요약하는 단어입니다.

예수님은 십자가를 지는 꿈을 가지고 사셨습니다. 십자가는 죽음입니다. 대부분의 사람들은 성공하여 잘사는 꿈을 갖고 있지만 예수님은 죽기 위한 꿈, 십자가를 지는 꿈을 꾸셨습니다. 사실, 이 십자가는 예수님의 꿈이 아니라 하나님의 꿈입니다. 온 인류를 대속하여 구원하는 것이 하나님의 꿈인데, 그 꿈을 이룬 분이 예수님입니다.

이런 의미에서 진정한 꿈은 내 꿈을 이루는 것이 아니라 다른 사람의 꿈을 이루는 것입니다. 돌아가신 부모님의 꿈을 자식이 이룬다든지, 위대한 사람의 꿈을 내가 성취하는 것입니다. 내 꿈을 이룰 때는 이기심과 욕망이 앞섭니다. 그러나 다른 사람의 꿈을 이루는 것은 헌신과 희생입니다. 예수님은 자신의 꿈을 이루기 위해 세상에 오신 것이 아니라 아버지의 꿈, 온 인류를 구원하기 위해 세상에 오셨고, 그 꿈대로 십자가를 지셨습니다.

꿈에는 대가가 있습니다. 예수님은 십자가를 지기 위하여 '죽음'이라는 대가를 치르셨습니다. 십자가의 결과는 무엇입니까? 온 인류를 향한 구원입니다. 이것이 꿈입니다. 내가 잘살고 잘 먹고 훌륭하게 되는 꿈이 아니라 인류를 살리는 꿈, 병들고 죽어 가는 수많은 영혼들을 구원하는 꿈을 꿀 수 있기를 바랍니다. 예수님의 십자가 덕분에 온 인류는, 여러분과 저는 구원을 받았습니다. 이것은 꿈의 결과입니다. 선한 꿈은 이렇게 멋지고 모든 사람에게 복을 안겨 줍니다.

예수님의 첫 번째 꿈인 십자가가 온 인류를 구원하려는 하나님의 사건이었다면, 두 번째 꿈인 교회는 무슨 의미를 가지는 것일까요? 예수님이 십자가를 지셔야 했다는 것은 많이들 알지만 예수님께 교회를 세우는 꿈이 있었다는 것은 이해하기 힘들 것입니다. 여러분, 십자가가 구원이라면 이것을 전하기 위한 통로가 있어야 합니다. 그것이 교회입니다. 교회가 없었다면 여러분과 저는 구원받지 못했습니다. 주님이 오실 때까지 구원의 십자가의 복음을 온 인류에게 나눠 줄 수 있는 유일한 하나님의 방법이 교회입니다. 그래서 교회를 세우는 것이고, 선교사를 보내는 것입니다. 교회가 없는데 어떻게 사람들이 구원을 받을 수 있겠습니까? 교회는 이런 의미에서 십자가만큼 중요합니다. 그래서 예수님은 두 번째 꿈인 교회를 세우기 위해 혼신의 힘을 다하십니다.

'오직 믿음'의 오해

참된 신앙의 반대는 의심이 아니라 맹신입니다. 욥같이 참된 신앙에는 보이는 현실과 기록된 말씀 사이의 큰 갈등이 있습니다. 그렇기에 진실된 신앙은 우리가 이전에 한 번도 직면해 본 적이 없는 절실한 질문을 일으킵니다. 그리고 그 질문은 우리를 하나님께 향하게 하며, 우리를 겸손하게 합니다. 반면 맹신은 그 어떤 질문도 일으키지 않습니다. 질문이 없으니 하나님을 찾을 필요도 없습니다. 더 나아가 스스로 답을 알고 있다고 생각하니 교만하기 짝이 없습니다.

그 누구보다 하나님을 깊이 신뢰하셨던 예수님께서도 십자가에서 하나님을 향해 "나의 하나님 나의 하나님 어찌하여…!"라고 질문을 던지셨습니다. 하나님을 향하여 절실한 질문을 던지는 자들만이 그 질문의 끝에서 하나님을 만날 것입니다.

역사에 등장했던 많은 이단들은 쉽고 명쾌한 답을 추구했던 자들입니다. 우리의 이성으로는 다 담지 못하는 삼위일체 신앙을 합리적으로 설명하려 했던 자들이 그러했으며, 신비 속에 있는 창조와 종말을 명쾌하게 설명하려 했던 자들도 마찬가지였습니다.

안타깝게도 현대인들도 역시 단순하고 명쾌한 답을 추구하고 있습니다. 그러나 진실한 신앙은 우리의 복잡하고도 깊은 절실한 의문을 일으킵니다. 어떤 의문은 평생을 고민해도 잘 풀리지 않습니다. 신앙은 그런 신비를 인정하는 겸손함입니다. 그러므로 그리스도인은 답을 말하는 사람들이 아니라 하나님께 진지한 질문을 던지는 사람입니다. 답은 우리의 것이 아니라 하나님의 것이기 때문입니다.

오늘 여러분은 하나님을 향해 어떤 질문을 던지고 있습니까? 우리는 신앙생활이란 과연 무엇인지 심각하게 물어보아야 합니다. 물론 우리가 예배드리러 나와서 거룩하게 찬양하고 경배하는 것도 중요합니다. 그리고 하나님께 예물 드리는 것도 신앙생활이요, 매일 말씀을 읽고 기도하면서 하나님의 자녀답게 살아 보려는 것도 신앙생활이요, 교회를 통해서 여러 가지 봉사를 하는 것도 신앙생활입니다. 그러나 좀 더 본질적인 고민을 해보십시오. 신앙생활이란 무엇입니까? 매일 반복하며 주님이 가신 길을 나도 따라가려고 노력하는 것 아닐까요?

네가 어디 있느냐?

창 3:6-13

신의
위대한
질문

　　해외여행을 하는 사람들이 공통적으로 힘들다고 느끼는 것은 장시간 견뎌야 하는 비행기 탑승 시간일 것입니다. 대부분의 사람들은 그 지루하고 고된 시간을 기내에서 방영하는 영화를 보거나 잠을 자며 보냅니다. 저 역시 그 두 가지를 다 시도해 보았지만 둘 다 잘 되지 않아, 저 나름대로 적응하는 방법을 생각해 냈습니다. 바로 독서입니다. 10시간 왕복 거리면 400-500쪽짜리 책 한 권은 충분히 읽을 수 있었습니다.

　　2015년 감리사협의회에서 스페인에 다녀오면서 서울대학교 종교학과 교수인 배철현 교수의 《신의 위대한 질문》이라는 책을 읽었습니다. 2015년 한국에서 가장 인기 있는 인문학 강사로 TV에서 그의 강연을 몇 차례 들었을 때 시원스럽게 시대를 갈파하는 메시지에 매료되었습니다. 하버드 대학교에서 고대 근동 연구로 박사학위를 받은 이유 때문인지 헬라어, 히브리어는 물론 고대 이란어, 인도어 등 다양한 고대 언어에 정통하였으며, 그를 바탕으로 펼쳐 내는 강의 또한 흥미롭기 그지없었습니다.

《신의 위대한 질문》은 구약성경을 보는 법을 담고 있습니다. 저자는 성서 속에 담긴 하나님의 질문들이야말로 우리가 어떤 삶을 살아야 하는지 묻는 중요한 키워드라고 말합니다. 이렇게 질문을 통해 성경의 핵심을 바라보면 하나님은 멀리 있는 것이 아니라 자기 자신 안에 있으며, 인간 내면의 신성을 찾아 그대로 실천하려는 노력이 신앙이자 종교임을 알게 된다고 저자는 말합니다. 그는 이 책을 통해 교리에 갇힌 종교, 원칙에 갇힌 삶에서 벗어나 인간 내면의 위대함을 찾게 하려는 노력을 기울입니다. 저도 그 책의 골격을 근간으로 구약성경 속에 나타난 하나님의 질문과 답을 찾아보고 성도들이 생활에 적용할 수 있도록 설교체로 정리하려고 합니다.

구약성경에서 하나님이 인간에게 첫 번째로 하신 질문은 "아담아, 네가 어디 있느냐?"라는 말씀입니다. 선악과를 따 먹고 나무 사이에 숨은 아담을 향해 던지신 이 질문의 의미는 과연 무엇일까요?

1. 존재의 정체성(10절)

"이르되 내가 동산에서 하나님의 소리를 듣고 내가 벗었으므로 두려워하여 숨었나이다."

하나님의 형상으로서의 인간

하나님이 인간을 창조하실 때 그 모습은 창조의 면류관이었습니다.

"하나님이 이르시되 우리의 형상을 따라 우리의 모양대로 우리가 사람을 만들고 그들로 바다의 물고기와 하늘의 새와 가축과 온 땅과 땅에 기는 모든 것을 다스리게 하자 하시고 하나님이 자기 형상 곧 하나님의 형상대로 사람을 창조하시되 남자와 여자를 창조하시고"(창 1:26-27).

이 말씀은 인간이 '하나님의 형상'대로 창조되었음을 선포합니다. 여기서 말하는 '하나님의 형상'에 대한 해석은 초대교회 교부들로부터 현대 신학자에 이르기까지 다양한데 크게 두 가지 견해로 나눌 수 있습니다. 첫째는 인간이 지닌 하나님의 형상은 인간만이 갖고 있는 이성, 도덕성, 종교성, 인격성 또는 창조적 재능 같은 것이라고 보는 견해입니다. 이는 존재유비(存在類比)로서의 인간은 하나님의 존재를 닮았다는 뜻입니다. 둘째는 관계유비입니다. '하나님의 형상'이라는 성경의 표현은 하나님과 사람의 관계가 부모와 자식의 관계처럼 아주 각별함을 나타낸다고 보는 견해입니다.

아무튼 하나님이 인간을 창조하실 때 그 모습은 하나님의 형상을 닮은 신성으로 충만한 것이었습니다.

그러나 동산 나무 사이에 숨은 아담과 하와의 모습은 자신에 대한 자부심과 자신감을 모두 잃어버린 모습이었습니다. '두려워하고 숨는 모습'은 자기 정체성을 상실한 인간의 전형적인 모습입니다. 하나님의 형상을 따라 지음 받은 존재의 모습은 부끄러울 게 없었습니다. 인간은 창조의 영광이었고, 창조의 절정이었습니다. 하지만 지금은 그 모습을 상실한 채 숨으려고만 하고 있습니다. 하나님의 명령을 어기고 좌절스러운 모습을 한 채 세상 속에 숨고 또 숨으려는 인간의 모습을 반영하고 있습니다.

여기에서 하나님이 아담에게 "네가 어디 있느냐?"라고 물으신 것은 그의 정체성을 찾아 주려는 깨우침의 음성이었습니다. 하나님은 지금 아담에게 이렇게 말씀하고 싶으신 것입니다.

"아담아! 너는 그렇게 세상에 숨어서 어깨를 펴지 못하고 눈치 보면서 살아가야 할 존재가 아니야. 너는 내가 나의 형상을 따라 지은 존귀한 작품이거든. 그러니 열등감을 깨고 너의 정체성을 찾아!"

"당신은 누구입니까?"라는 질문에 우리는 대답할 수 있어야 합니다. 대부분의 그리스도인들이 이런 질문에 확실하게 대답하지 못합니다. 내가 어떤 사람인지, 내가 예수를 믿고 어떤 사람이 되었는지를 잘 이해하고 있어야 합니다. '예수를 믿은 당신의 정체가 무엇이냐?'는 질문에 대답할 수 있어야 합니다. 정체성을 잃어버리면 하나님의 축복도 다 잃어버립니다.

만약 우리가 우리의 정체성을 잘 알게 되면 저항심이 생깁니다. 사탄과 맹렬한 전쟁을 할 용기가 생깁니다. 그런데 많은 그리스도인들이 타협을 해버립니다. 자신의 정체성을 알려고도 하지 않고 관심 조차 없습니다.

창세기는 모세오경의 첫 번째 성경입니다. 전통적으로 모세가 저술했다는 견해가 많습니다. 그 관점에서 볼 때 창세기의 첫 번째 독자는 누구겠습니까? 광야의 이스라엘 백성입니다. 모세가 볼 때 광야 백성의 문제는 정체성의 문제였습니다.

이스라엘 백성들은 하나님의 약속을 받은 선민이라는 사실을 몰랐습니다. 하나님의 축복을 받은 백성이라는 정체성을 상실하고 광야를 걸어갔습니다. 광야는 곧 세상입니다. 세상을 살아가는 동안에 정체성을 잃어버린 운명이라는 것이 얼마나 비극적인 것인지 우리는 알아야 합니다. 이스라엘 백성들은 자신의 존재와 하나님의 선민이라는 정체성을 몰랐습니다. 하나님의 강력한 주권과 권세를 잃어버렸습니다. 하나님의 약속도 잊어버렸습니다. 하나님의 약속을 받은 선민이라는 정체성을 모르고 멸망에 이르렀던 것입니다.

지금 내가 당하고 있는 저주와 낭패도 사실은 정체성의 상실에 원인이 있습니다. 정체성을 찾는 싸움에서 능력이 나옵니다. 정체성을 깨달으면 '이것은 내가 아니다, 지금 현재의 모습은 내가 아니다, 정녕 이것은 내가 아니다, 하나님께서 내게 주신 모습이 아니다, 싸워야겠다, 물리쳐야겠다'는 생각을 하게 됩니다. 다음과 같은 의식이 생깁니다.

"그런즉 누구든지 그리스도 안에 있으면 새로운 피조물이라 이전 것은 지나갔으니 보라 새것이 되었도다"(고후 5:17).

이 말씀은 그리스도인의 정체성의 일대 변혁을 약속한 말씀입니다. 정체성을 알면 우리는 지속적으로 마귀와 싸웁니다. 그리스도의 십자가에서 새롭게 되었다는 정체성이 분명한 그리스도인이라면 저항심을 가지고 죄와 끝까지 싸웁니다. 그러나 정체성을 상실했기 때문에 많은 그리스도인들이 죄와 타협을 하고 살아갑니다. 정체성을 상실한 사람은, 자신은 죄와 싸워서 절대 이길 수 없다는 생각부터 하기 때문에 적당히 타협하고 주저앉고 마는 것입니다.

내가 누구인지를 파악하지 못하면 나 아닌 다른 존재가 나의 집에 들어와서 재산권을 행사하며 주인 노릇을 합니다. 수백억의 재산을 가지고 있어도 자신의 소유라는 사실을 모르면 남이 들어와서 주인 행세를 하는 것입니다. 자기의 권리와 권세를 하나도 행사하지 못하고 모두 마귀에게 빼앗기고 맙니다.

그러므로 십자가의 보혈로 과연 내가 어떤 존재가 되었는지 아는 것이 매우 중요합니다. 마귀는 그리스도인들이 자기의 정체성을 아는 것을 가장 싫어합니다. 자기의 정체성을 아는 그리스도인에게서는 마귀가 권리 주장을 하지 못하고 주인 행세도 못하고 쫓겨납니다. 마귀는 끊임없이 위장을 하고 속이는 일을 합니다. 정체성을 알지 못하게 합니다. 오늘 본문에서 마귀가 아담과 하와에게 한 일이 그것입니다.

우리는 지금 내가 알고 있는 내 모습이 진정한 '나'인지 묻고 또 물어야 합니다. '지피지기 백전백승'(知彼知己 百戰百勝)은 지금도 많이 회자되는 명언입니다. 나를 알고 적을 알고 싸움을 하면 당연히 이길 확률이 높습니다. 그런 의미에서 "너 자신을 알라"라는 말은 동서고금을 막론하고 인간사의 본질을 꿰뚫고 있는 가장 중요한 과제를 알려 주고 있습니다. 하지만 이 말을 뒤집어보면, 그만큼 자신을 아는 것이 어렵다는 것을 암시하고 있습니다.

우리 자신이 어떤 사람인지를 아는 방식은 거울을 보고 우리 얼굴 모습을 아는 것과 흡사합니다. 안데르센의 동화 〈미운 오리 새끼〉가 그 사실을 잘 보여줍니다. 오리의 무리에서 부화된 새끼 백조는 자신이 백조인 것을 모르고 오리라고 생각합니다. 다른 오리들이 자신들과 닮지 않았다고 '미운' 오리라고 놀리자 스스로도 호수에 비친 자기 모습을 다른 오리들과 비교합니다. 그러고는 자신도 '미운 오리'라고 믿습니다.

오리들이 못살게 괴롭히자 그 후 다른 곳으로 갔지만 어디에서도 따듯한 대우를 받지 못한 채 방황했습니다. '미운 오리'는 저만치에서 무리를 지어 재미있게 지내는 한 무리의 흰 백조들을 바라보면서 부러움과 좌절감을 느낍니다. 온갖 고생 끝에 성장한 '미운 오리'는 자신이 날 수 있다는 것을 깨닫고 동시에 연못에 비친 자신의 모습이 희고 잘생긴 백조의 모습과 같다는 것을 발견하게 됩니다. 그리고 백조의 무리 속에서 행복하게 삽니다.

우리는 오늘도 내가 알고 있는 내가 진정한 '나'인가를 묻고 또 물어야 합니다. 그래서 하나님도 "아담아, 네가 어디 있느냐?"라고 물으시는 것입니다.

한 노인의 슬픔

한홍 목사님은 《다음 세대의 날개》에서 이런 일화를 소개하고 있습니다.

19세기의 전설적인 화가 단테 가브리엘 로제티(Rossetti)에게 어느 날 한 노인이 스케치북을 들고 찾아왔습니다. 자신이 최근에 그린 그림을 보여주며 유명한 로제티의 평을 받고 싶어서 왔다는 것입니다. 자신이 예술가로서의 재능이 조금이라도 있는지를 솔직히 말해 달라고 했습니다. 로제티는 찬찬히 그림들을 살펴보다가 한숨을 내쉬었습니다. 전혀 가능성이 보이지 않았던 것입니다. 로제티는 최대한 부드럽게 노인에게 솔직한 자신의 생각을 말해 줬습니다.

노인은 실망한 표정이었지만 어느 정도는 각오한 듯 그리 놀라 보이지는 않았습니다. 그러나 노인은 다른 낡은 스케치북 하나를 더 꺼내더니 그 그림들도 한번 봐달라고 했습니다. 자기가 잘 아는 어린 화가 지망생이 그린 그림들이라고 했습니다. 로제티는 노인의 진지한 태도에 이끌려 그 그림들을 살피기 시작했습니다. 이번엔 놀랍게도 그림들이 아주 좋았습니다. 흥분한 로제티는 이 그림을 그린 젊은이는 아주 탁월한 가능성을 갖고 있으며, 바로 전문적인 화가 수업을 시작하도록 격려해야 한다고 말했습니다.

그 말을 듣는 순간 노인은 충격을 받은 듯했습니다. 이상하게 생각한 로제티는 그 그림을 그린 사람이 혹시 노인의 아들이 아니냐고 물었습니다. 그러자 노인이 대답했습니다.

"아닙니다. 사실은 이 그림들도 제 것입니다. 40년 전에 그린 것들이지요. 만약 그때 제게 당신같이 뛰어난 화가가 바로 이런 칭찬을 해주었더라면 얼마나 좋았을까요? 하지만 아무도 그런 말을 해준 사람이 없었기에 저는 그때 너무 힘이 빠져서 포기해 버리고 말았지요."

이 노인의 슬픔은 자신의 정체성을 너무나 늦게 깨달았다는 데서 오는 것이었습니다. 정체성을 잃어버리면 이 노인과 같이 인생을 허비하게 됩니다.

우리는 하나님의 형상입니다. 무엇이든지 얼마든지 될 수 있는 존귀한 존재들입니다. 하나님은 이 질문을 통해서 바로 그 자존감을 일깨우시려는 것입니다. 여러분, 여러분은 하나님의 형상의 자리에 있습니까?

정체성(identity)은 하나님을 만남으로

성경의 몇몇 인물을 보면, 하나님과의 만남을 통해 정체성과 자기의 능력을 다시 발견하는 것은 청소년기뿐 아니라 그 이후에도 일평생에 거쳐 일어난다는 것을 알 수 있습니다. 모세, 이사야, 삭개오 등은 하나님과 예수 그리스도를 만난 후 자신의 모습을 찾고 보다 보람된 일에 헌신하는 삶을 살았습니다. 높은 기독교적 자아존중감은 자신이 하나님과 일대일의 개별적 관계에서 하나님의 각별한 사랑을 받고 있음에 대한 깊은 체험을 하는 데서 우러나옵니다.

슈바이처는 좋은 가문, 높은 학문의 성취를 통해 행복한 삶을 이룩했지만, 그는 이에 안주하지 않고 참된 자신의 존재 의미를 찾기 위해 고민했습니다. 그는 21세 때 자신이 누리는 이러한 행복은 당연히 자기 몫으로 얻어진 것이 아니라 하나님으로부터 부여받은 특별한 은혜임을 인지하고, 은혜 받은 자가 어떻게 살아야 하는가를 깨닫습니다. 그는 "자기 목숨을 얻는 자는 잃을 것이요 나를 위하여 자기 목숨을 잃는 자는 얻으리라"(마 10:39)는 말씀을 통하여 예수 그리스도 안에서 자기를 발견하고 삶의 의미를 찾았습니다.

이런 것을 볼 때 높은 자아존중감은 자신의 내면의 세계에서 하나님을 만남으로 자신을 새롭게 인식할 때 생겨나며, 이로써 보다 차원 높은 목표를 향해 자신을 개발하게 됩니다. 성경은 우리에게 우리는 하나님의 자녀이고(요 1:12; 시 2:7) 새로운 피조물이며(고후 5:17), 하나님의 가족이자(엡 2:19) 택하신 족속, 왕 같은 제사장, 거룩한 나라, 소유 된 백성(벧전 2:9)이라고 말합니다.

2. 신앙의 관계성(8절)

"그들이 그날 바람이 불 때 동산에 거니시는 여호와 하나님의 소리를 듣고 아담과 그의 아내가 여호와 하나님의 낯을 피하여 동산 나무 사이에 숨은지라."

🌱 하나님의 소리를 듣고…낯을 피하여

아담과 하와가 하나님의 명령을 어기고 선악과를 따 먹어 죄를 범했습니다. 인류 최초의 인간이 죄를 지은 것입니다. 죄를 지은 다음에 아담과 하와는 하나님을 볼 수 없어서 숨었습니다. 창세기 3장 8절에 "하나님의 낯을 피하여"라는 말씀을 이해할 수 있습니다. 죄를 지으면 일반적으로 만나기 꺼려지고 눈을 쳐다보지 못합니다. 잘못을 저지르고도 얼굴색이 변하지 않고 눈을 똑바로 쳐다보는 사람은 없습니다. 8절 하반절에 보면, "동산 나무 사이에 숨은지라"는 말씀이 있습니다. 숨었다는 것은 관계가 서먹서먹해졌다는 것입니다. 인간이 죄를 지은 다음에 하나님과의 관계가 서먹해졌습니다. 부끄러워 하나님을 볼 수 없었습니다.

한마디로 아담과 하와는 죄를 지은 다음에 있어야 할 자리에 있지 못했습니다. 하나님 앞에 있어야 하는데 양심적으로 하나님을 바라볼 수 없었습니다. 그래서 동산 나무 사이에 숨었습니다. 그때 하나님이 찾아오셔서 "네가 어디 있느냐?"라고 부르셨습니다.

관계를 묻는 질문

"네가 어디 있느냐?"라는 질문은 하나님과의 관계를 묻는 질문입니다. "너는 떳떳하게 하나님을 만날 수 있는 자리에 있느냐? 너는 아무런 거리낌 없이, 부끄러움 없이 하나님께 나아갈 수 있느냐, 하나님을 '아버지' 하고 부르면 '오냐' 하고 응답하시는 그런 하나님과의 관계를 맺고 사느냐?" 하는 것을 물으시는 질문입니다. "하나님과 떳떳한 관계를 맺고 사느냐, 하나님의 얼굴과 눈을 마주 볼 수 있을 만큼 부끄러움 없는 하나님과의 관계를 이루고 사느냐?" 하는 질문인 것입니다.

하나님은 영적 침체에 빠져 호렙 산 동굴 속에 있던 엘리야에게도 비슷한 질문을 하셨습니다. "엘리야야, 네가 어찌하여 여기 있느냐?"

하나님께서 아담에게 "네가 어디 있느냐?" 하고 물으신 것은 아담이 숨은 곳을 모르시기 때문이 아닙니다. 죄를 지은 아담이 어떤 상황에 있으며, 그 일로 말미암아 하나님과의 관계가 어떠한가를 물으신 것입니다. 아담 자신이 어떤 상황에 있는지, 왜 그렇게 되었는지 아느냐고 물으셨습니다. 하나님께서는 잃어버린 양을 찾는 목자와 같이 아담을 찾아오셨습니다.

"아담아, 왜 네가 나를 피하여 그렇게 숨어 있느냐?"

하와는 동산 중앙의 선악을 알게 하는 나무 앞에서 뱀과 이야기하고 있었습니다.

"여자가 그 나무를 본즉 먹음직도 하고 보암직도 하고 지혜롭게 할 만큼 탐스럽기도 한 나무인지라"(6절).

동산 중앙의 나무는 하나님께서 엄하게 금하신 나무입니다.

"여호와 하나님이 그 사람에게 명하여 이르시되 동산 각종 나무의 열매는 네가 임의로 먹되 선악을 알게 하는 나무의 열매는 먹지 말라 네가 먹는 날에는 반드시 죽으리라 하시니라"(창 2:16-17).

하나님께서 금하신 것은 아예 가까이할 생각을 하지 말아야 합니다. 하와는 그런 나무 앞으로 다가가 바라보고 침을 삼키며 뱀과 위험한 대화를 계속하였습니다. 결국 뱀의 유혹에 넘어가 선악과를 따 먹고, 자기 남편에게도 주어 먹게 하였습니다. 아담과 하와는 피해야 할 뱀과는 사이좋게 지내고, 가까이하고 깊이 교제해야 할 하나님은 피하고 숨는 관계가 된 것입니다.

인간이 '하나님의 형상'이라는 말의 원어적인 직역은 '하나님의 틀'이라는 의미입니다. 사람은 하나님 안에 거할 때 온전한 삶을 살 수 있습니다. 그래서 이사야는 예언합니다.

"오호라 너희 모든 목마른 자들아 물로 나아오라 돈 없는 자도 오라 너희는 와서 사 먹되 돈 없이, 값 없이 와서 포도주와 젖을 사라 너희가 어찌하여 양식이 아닌 것을 위하여 은을 달아 주며 배부르게 하지 못할 것을 위하여 수고하느냐 내게 듣고 들을지어다 그리하면 너희가 좋은 것을 먹을 것이며 너희 자신들이 기름진 것으로 즐거움을 얻으리라" (사 55:1-2).

유혹의 자리는 가까이 가지 말고 피해야 합니다. 하나님께서 금하셨으니 선악을 알게 하는 나무는 근처에도 가지 말고 쳐다보지도 말았어야 합니다. 유혹의 자리, 죄의 자리를 떠나지 않고 기웃거리는 것은 위험천만한 일입니다. 그러므로 이단에 빠진 자들이 접근해 올 때도 아예 상대하지 말아야 합니다. 그런 자들과 만나고 이야기하고 따라가다가 멸망에 빠지는 어리석은 자들이 많습니다. 요셉은 유혹의 자리를 박차고 떠났습니다. 다윗은 유혹의 자리에서 떠나지 않다가 결국 죄에 빠졌습니다. 하와는 유혹의 자리를 떠나지 않다가 범죄하였고, 남편 아담도 같은 신세가 되었습니다.

죄가 들어오자 그들의 눈이 밝아져 자기들이 벗은 줄을 알고 무화과나무 잎으로 치마를 만들어 입었습니다. 늘 교제하던 하나님의 낯을 피하여 숨었습니다. 하나님과의 관계가 깨어진 것입니다. 또 부부 사이의 관계도 깨어져, 서로에게 죄를 전가하였습니다. 죄가 들어가면 모든 관계가 깨어집니다. 우울증에 빠진 사람은 다른 사람 만나기를 두려워하고 피합니다. 하나님과 멀어진 사람도 영적으로 병든 상태여서 교회를 피합니다.

아담과 하와가 하나님과의 교제 안에 있을 때에는 모든 것이 정상이고 행복하였습니다. 아담과 하와가 하나님의 말씀 안에 있을 때에는 하나님과의 교제가 즐겁고 기다려졌습니다. 그러나 불순종하고 죄를 범하자 모든 것이 파괴되고 끊어졌습니다. 자기가 있어야 할 자리를 잃고, 하나님께서 정해 주신 자리를 벗어날 때 인간은 불행에 빠집니다.

관계 회복을 원하시는 하나님

누가복음 15장에는 잃은 양의 비유(3-7절), 잃은 돈의 비유(8-10절), 잃은 아들의 비유(11-32절)가 나옵니다. 이 세 비유는 공통적으로 '잃은 것을 찾으시는 하나님의 사랑'을 보여주고 있습니다. 있어야 할 위치를 떠난 것에 대해 관계의 회복을 말씀하고 있습니다. 양은 목자의 우리에 있어야 했습니다. 양이 목자의 우리를 떠나면 양이 아닙니다. 돈은 주인의 주머니에 있어야 합니다. 아들은 아버지의 집에 있어야 했습니다. 위치를 떠난 것 때문에 타락하고 범죄하게 되어 관계가 깨어지고 있습니다.

누가복음 15장의 세 번째 비유는 매우 유명한 탕자의 비유입니다. 이 비유에서 사람이 하나님의 품을 떠나서는 안 되는 이유를 교훈하고 있습니다. 탕자 곧 작은아들은 자기에게 돌아올 유산을 미리 달라고 해서 둘러메고 아버지의 집을 떠났습니다. 아들은 아버지를 떠나는 것이 자유이고 해방인 줄 알았습니다. 아버지의 잔소리, 아버지의 책망, 아버지의 지시, 그 모든 것으로부터 해방입니다. 아들로서 지켜야 할 도리와 책임감으로부터도 해방입니다. 먹고 싶은 것 마음대로 먹고, 사고 싶은 것 마음대로 사고, 놀고 싶은 것 마음대로 놀고, 입고 싶은 것 마음대로 입으며, 아버지의 눈치를 안 보고 사는 완전 자유인의 자리로 갔습니다. 아버지를 떠난 것입니다. 그러면 아들은 참 행복할 것 같았습니다. 즐거울 것 같았습니다. 신날 것 같았습니다.

그러나 결과는 그렇지가 않았습니다. 행복인 줄 알았는데 행복이 아니었습니다. 자유일 것 같았는데 자유가 아니었습니다. 즐거울 것 같았는데 그것은 한때일 뿐 슬픔이 되고 말았습니다. 신날 것 같았는데 신나는 것은 잠시일 뿐 고통이 되어 밀려왔습니다. 그래서 둘째 아들은 누가복음 15장 17절에서 이렇게 고백합니다.

"이에 스스로 돌이켜 이르되 내 아버지에게는 양식이 풍족한 품꾼이 얼마나 많은가 나는 여기서 주려 죽는구나."

처량한 신세로 전락했습니다. 아버지를 떠난 결과는 굶주림, 불안과 고독, 실패와 죽음뿐이었습니다. 아들에게 생명의 길, 구원의 길은 다시 회개하고 아버지께로 돌아오는 길이었습니다.

아담과 하와도 마찬가지입니다. 하나님의 말씀에 불순종하여 선악과를 따 먹고 범죄하고 하나님의 낯을 피하여 숨어 있었습니다. 선악과를 먹으면 하나님과 같아져서 즐겁고 행복하고 신나고 자유를 누릴 줄 알았는데 무서운 불안과 공포와 죽음뿐이었습니다.

아담이 할 수 있는 것, 그리고 해야 하는 것은 "아담아, 네가 어디 있느냐?" 하시는 하나님의 질문이 자신에게 회개의 기회를 주시는 사랑의 음성임을 깨닫는 것뿐이었습니다. 아담과 하와가 범죄하고 하나님을 피해서 숨는 것이 아니라 탕자처럼 아버지께로 회개하고 돌아오는 것이 사는 길이었습니다.

"아담아, 네가 어디 있느냐?"

이것은 회개하고 돌아오라는 하나님의 부르심이었습니다. 하나님을 두려워 피하지 말고 회개하고 돌아오라는 것입니다. 하나님과의 관계를 회복해야 한다는 말씀입니다. 회개하고 돌아오면 아버지와 아들의 관계가 다시 회복된다는 말씀입니다. 하나님 아버지께서는 진정으로 아담과 하와가 잘못을 회개하고 돌아오기를 원하셨기에 "네가 어디 있느냐?" 하고 물으셨습니다. 범죄하고 숨어 있는 인간을 찾으시고 부르시는 하나님 아버지는 그들이 진정으로 회개하고 돌아와서 관계가 회복되기를 원하셨습니다.

3. 삶의 목적성(9절)

"여호와 하나님이 아담을 부르시며 그에게 이르시되 네가 어디 있느냐."

아예카!

배철현 교수는 《신의 위대한 질문》에서 하나님의 첫 번째 질문인 "아담아, 네가 어디 있느냐?"(창 3:9)에 대해서 히브리 원어적인 접근을 하고 있습니다. 이 질문은 히브리어로는 딱 한 단어인 '아예카'(אַיֶּכָּה)입니다. 하나님이 인간에게 건네신 첫 단어가 이렇게 간결하고 군더더기가 없다니 놀라울 따름입니다. 이 질문에서 '어디'는 인간으로서 마땅히 깨닫고 도달해야 하는 완벽한 자기만의 장소, 하나님이 개인에게 할당하신 장소를 의미합니다. 하나님은 아담에게 '너는 그 장소를 아느냐?', '그 장소에 있느냐?' 혹은 '그 장소를 찾아가는 중이냐?'라고 묻고 있는 것입니다(배철현, 53-54쪽).

　이 질문은 아담과 하와가 하나님의 금령, 동산 중앙에 있는 나무의 열매는 먹지 말라는 말씀을 무시하고 뱀의 유혹에 빠져 선악을 알게 하는 나무의 열매를 따 먹고 눈이 밝아져 자신들의 벗었음을 알고 나무 사이에 숨어 있을 때 하신 질문입니다. 모든 것을 다 아시는 전지전능하신 하나님은 왜 아담을 향하여 "네가 어디 있느냐?" 하고 물으신 것일까요? 이는 아담에게 주신 사명을 일깨우려 하심입니다.

우주의 원칙, 마아트

　배철현 교수는 하나님의 첫 번째 질문을 강해하면서, 사람에게는 세상에 태어날 때부터 그에게만 주어지는 특별한 임무가 있다고 밝힙니다. 그 임무를 신약성경에서는 '달란트'라 합니다. 인생에 있어서 가장 큰 죄는 자신이 반드시 해야 할 일을 알지 못하고 그것을 찾으려고도 하지 않으며 그것을 위해 최선을 다하지 않는 것입니다.

　고대 이집트인들은 건물의 중심, 신전의 중심, 우주의 중심을 타조의 깃털로 표시했으며 바로 이것을 '마아트'라고 불렀습니다. 피라미드가 4,700년이 지난 오늘날에도 여전히 건재하는 이유는 지면의 높낮이와 평평함, 그리고 견고함을 고려해 가시적인 중심이 아니라 실질적인 중심, 즉 마아트를 찾았기 때문입니다. 마아트는 자신에게 맡겨진 고유한 미션을 찾는 행위입니다. 고대 이집트인들에게 구원이란 자신에게 주어진 미션을 깨닫고, 자신에게 맡겨진 그 마아트를 이루기 위해 최선을 다하는 것입니다.

아담이 갈 길

창세기 1장 28절은 "하나님이 그들에게 복을 주시며 하나님이 그들에게 이르시되 생육하고 번성하여 땅에 충만하라, 땅을 정복하라, 바다의 물고기와 하늘의 새와 땅에 움직이는 모든 생물을 다스리라 하시니라"라고 기록하고 있습니다. 하나님은 성경을 통해 영원 전부터 간직하고 계셨던 마음의 계획을 피조세계 가운데 드러내 보이시고, 이를 특별히 당신의 형상대로 지으신 아담과 하와에게 알려 주셨습니다. 인간은 처음부터 하나님의 각별하신 배려와 은총 속에서 '창조의 면류관'으로 지음을 받았으며, 이제 모든 피조물의 대리통치자로서 하나님의 통치권을 위임받기에 이릅니다.

하나님께서는 모든 자연 만물을 먼저 만드시고 맨 나중에 하나님의 형상대로 인간을 지으심으로 모든 피조물 중에 으뜸이요 모든 창조의 면류관으로서 인간의 위치를 높여 주셨습니다. 이것은 인간의 가치와 그 존귀함이 여타의 피조물보다 월등하다는 단순한 상대적 우월성을 강조하려는 것이었다기보다는, 하나님의 계시를 드러내시고 그것을 진행시키심에 있어서 하나님의 통치의 대리자로서 각별한 관심과 애정과 교제의 대상으로서의 특별한 위치를 차지하고 있음을 의미하는 것이라고 하겠습니다.

하나님께서는 본문을 통해서 그분에게 지음을 받은 일체의 피조물들을 아담의 손에 붙이시고, 그에 대한 통치와 관리와 경영을 인간에게 위임하셨습니다. 피조물의 대리통치자로서 말입니다. 이것은 엄청난 권한의 양도입니다. 그러나 권한은 주어진 만큼에 비례해서 거기에 상응하는 책임이 뒤따르는 법입니다.

이제 아담과 하와는 단순히 피조물의 일원으로서 하나님과의 관계를 갖는 것이 아니라 창조주 하나님의 절대권한과 권위를 위임받은 대리인으로서, 그분의 소유를 위탁받은 청지기로서, 그러나 관계의 본질상 창조자 하나님의 종으로서의 역할을 충성스럽게 감당할 막중한 책임을 부여받았습니다. 비록 그들에게 통치자로서의 권한이 주어지기는 했으나 그것은 어디까지나 위임된 대리적 권한이기에 실제 통치권자인 하나님의 뜻과 생각을 바르게 시행하고 적용해야 한다는 것이 전제됩니다.

신학적으로는 창세기 1장 28절의 하나님의 언약을 '문화명령'(文化命令)이라는 용어로 설명하기도 합니다. 여기서 '문화'란 인간이 자신에게 계시하신 하나님의 뜻의 구체적 성취를 위해 피조물을 선용하는 가운데 창의적이고 창조적으로 자신의 능력을 펼쳐나가는 전인격적 활동을 의미합니다. 그러기에 인간에게는 하나님으로부터 맡겨진 하나님의 소유를 그분의 생각과 기뻐하시는 뜻을 좇아서 정직하고 성실하게 경영하고 관리해야 할 막중한 책임과 의무가 주어져 있습니다. 이런 원리에 입각해서 살아가는 삶의 성격을 청지기적 삶이라고 부릅니다.

따라서 모든 인류는 창조주 되시는 하나님 앞에서 누구를 막론하고 청지기의 직분으로 살아가야 할 위치에 서 있는 것입니다. 어느 누구도 예외일 수 없습니다(고전 4:7). 당초 계획하셨던 천상적 하나님나라의 문화가 하나님의 백성들에 의해 권세 있게 발휘되고 전개되므로 마침내 하나님 나라를 실현하고자 하신 것입니다. 정리하면, 창세기 1장 28절이 인간에게 주신 하나님의 문화명령이고, 이런 문화명령은 인간이 창의적이고 창조적이고 전인격적으로 활동하여 궁극적으로 하나님의 뜻을 성취시키는 것으로 발전되어야 한다는 말입니다.

그렇다면 창세기 1장 28절에 담긴 하나님의 문화명령이 요구하는 최종적 단계는 무엇일까요? 바로 하나님 나라입니다. 이렇게 하나님께서는 창조의 면류관인 아담에게 모든 피조물의 통치권을 대리적으로 위임하셔서 마침내 세상 가운데 하나님의 나라의 통치가 구체화되며 권세 있게 역사되기를 소원하셨습니다.

아담은 지금 그 자리를 잊었습니다. 하나님은 "네가 어디 있느냐?"라는 질문을 통해서 아담이 자기의 본연의 사명을 발견하고 그 꿈을 향해 나가기를 원하셨던 것입니다.

그리스도인의 사명

1939년 뉴욕 항을 떠나 독일로 가는 배에 한 청년이 승선하였습니다. 아직 젊은 나이에 독일로 향한 데에는 나름대로의 이유가 있었습니다. 당시 독일은 히틀러 정권이 일으킨 세계대전에 광분해 있었으며, 유대인 대학살과 같은 인류 역사상 가장 끔찍한 만행을 저지르고 있었습니다. 그러나 안타깝게도 독일의 교회는 이런 비인간적인 만행를 바라보면서도 침묵하고 있었습니다. 아니, 오히려 "히틀러 만세"를 외치고 있었습니다. 이러한 독일 교회의 잠을 깨우고 하나님의 공의를 선포하고자 이 청년은 조국 독일을 향해 갔습니다. 그가 바로 디트리히 본회퍼입니다. 그날 그의 일기장엔 다음과 같은 내용이 기록되어 있었습니다.

"나의 장래에 대하여 그동안 파도처럼 일던, 몹시도 불안해하던 마음이 이제 잔잔해졌다. 내가 갈 길을 확실히 알게 되었기 때문이다."

독일로 돌아간 그는 나치의 학정에 침묵만 지키고 있던 교회를 일깨우고 히틀러의 죄상을 공격했습니다. 그 유명한 '바르멘 선언'을 한 결과 그는 투옥되었습니다. 그의 탁월한 학문적 자질을 알고 있던 미국의 교회는 그를 구출하려고 백방으로 애를 썼습니다. 그러나 본회퍼는 유니온 신학교 교장에게 다음과 같은 서신을 띄웠습니다.

"나는 독일에 돌아온 것을 조금도 후회하지 않고 힘차게 일하고 있습니다. 그리고 내가 여기서 해야 할 일이 무엇인가를 분명히 알고 있습니다."

본회퍼는 결국 39세의 젊은 나이에 교수대의 이슬로 사라졌습니다. 그러나 그는 행복한 인간이었고, 성공한 목사였습니다. 왜냐하면 그는 자기가 걸어가야 할 방향과 목표와 할 일을 확실하게 알고 있었을 뿐만 아니라 그 길을 가는 것에 자신감과 긍지를 가지고 살았기 때문입니다.

우리도 기독교인으로서 주님을 기쁘시게 하고 우리가 하는 모든 일 가운데 주님의 일을 가장 꼭대기에 두도록 노력해야만 합니다. 그러나 어떤 성도들은 자신의 개인적인 즐거움이나 계획에 차질이 없을 때만 시간과 재능을 주님께 드립니다. 하나님을 첫 번째에 버금가는 중요한 자리에 두려고 마음은 먹지만 주님과 주님에 대한 봉사를 가장 중요한 자리에 두기를 주저합니다. 예수님의 신실한 제자가 되기 위해서는 모든 일에서 하나님을 으뜸 되는 자리에 올려놓아야 하며, 그분께서 우리의 모든 필요를 보살펴 주신다는 것을 전적으로 믿고 의지해야 합니다. 그리스도를 가장 우선하는 사람에게 하나님은 그의 가장 큰 축복을 주십니다.

당신은 주님을 당신의 삶에서 첫 번째로 모시고 있습니까?

네 아우 아벨이 어디 있느냐?

창 4:1-10

형제의 난

"이대로 당할 수만은 없다카이. 굼벵이도 꿈틀거린다 안 카더나. 하물며 의식 있는 인간이 이런 수모를 당하다니…. 세상에 이런 일은 있을 수 없는 기라."

1984년 9월 중순 태풍경보가 발령 중이던 어느 날 밤, 부산 해운대 별장에서 이병철의 장남 이맹희는 치를 떨며 긴 한숨을 삼켰다. 그의 손에는 브라우닝 6연발 엽총이 들려 있었는데, 치를 떨 때마다 그는 엽총을 들고 있는 손에 힘을 주며 손가락을 방아쇠에 걸었다. 누구든 나타나기만 하면 당장 쏴 죽이고 싶은 분노의 심정뿐이었다. 이윽고 현관문에서 건장한 사내 둘이 들어오더니 주춤거리며 말했다. "삼성 비서실에서 왔습니다." 이맹희는 방아쇠를 당겼고, 사내들은 문이 부서져라 달아나기 바빴다.

이 소설 같은 이야기는 2012년 중앙일보 기자 출신의 작가 이용우 씨가 출간한 《삼성가의 사도세자 이맹희》라는 책의 첫 대목입니다. 이맹희 씨는 이병철 삼성그룹 창업자의 장남이지만 삼남 이건희 씨에게 삼성의 경영권을 넘겨준 인물입니다. 2012년 "아버지로부터 받을 유산을 이건희가 가로챘다"면서 소송을 하자 동생(이건희)으로부터 '형'이 아니라 '그 양반'이라는 소리를 들은 사람입니다. 한국 현대 기업 역사에 굵직한 획을 그은 삼성그룹 형제간 분쟁의 주인공이기도 합니다.

피도, 눈물도, 우애도, 가족의 정도 없는 형제간 경영권 분쟁. 좋게 이름 붙여 주면 '형제의 난'이지만 솔직히 표현하면 '가족 막장 드라마'쯤 되는 사건들이 잊을 만하면 한 건씩 터져 나옵니다. 작은 기업에서 발생한 옛날 이야기가 아닙니다. 삼성, 현대, 두산, 롯데, 효성, 금호… 자칭 타칭 한국을 대표하는 글로벌 기업에서 21세기에 일어난 일들입니다. 경제협력개발기구(OECD) 소속 국가들 중 어디에도 톱클래스의 기업들이 무더기로 형제간에 치고받는 경우는 없습니다. 그러나 우리나라는 재계 1위(삼성), 2위(현대자동차), 5위(롯데), 7위(현대중공업), 13위(두산), 18위(금호아시아나), 22위(현대), 25위(효성)가 형제끼리 크게 다투었고, 롯데, 금호, 효성그룹은 아직도 형제끼리 치고받는 중입니다.

그들이 보여준 막장의 끝은 인간적으로 보기에도 처참할 지경입니다. '왕자의 난'으로 현대자동차 그룹과 현대중공업 그룹 등 차포를 뗀 채 현대그룹을 물려받았던 정몽헌 전 회장은 2003년 스스로 목숨을 끊었습니다. 동생과의 경영권 분쟁에서 패해 두산그룹을 떠났던 박용오 전 두산그룹 회장 역시 2009년 스스로 목숨을 끊었습니다. 막장의 끝은 역시 롯데 그룹인데, 2016년 일어난 장남과 차남의 경영권 분쟁 과정에서 차남이 "아버지의 정신이 오락가락한다" 하면서 아버지를 총괄회장 자리에서 해고하는 희대의 모습을 연출하기도 했습니다.

잃어버린 가치, 형제

조선 건국 초기 왕위를 놓고 왕자들끼리 다투다가 이방원이 형제들을 제거하고 왕이 되었습니다. 그 후에 형제들 사이에서 유사한 분쟁이 생기면 '형제의 난' 혹은 '왕자의 난'이라고 부릅니다. 이 말은 특히 재벌가의 경영권을 차지하기 위한 형제들의 암투를 지칭하기도 하고, 재산 상속을 둘러싸고 치열한 법정 분쟁을 벌이는 형제들을 빗대는 말이 되기도 하였습니다.

우리 사회에서 사회 지도층에 있는 사람들이 앞장서서 형제간에 다툼을 벌이는 바람에 '형제애'라는 말을 잃어버렸습니다. '한 부모 슬하에서 태어나 피를 나눈, 하늘이 맺어 준 관계'라는 의미는 사라지고, 이해관계에 따라 얼마든지 남남이 될 수 있는 사이로 인식되기에 이르렀습니다.

　그 소중한 가치를 현대사회의 경쟁논리에 손쉽게 팔아넘긴 대가로 얻는 게 무엇일까요? 우리는 더 자유롭고 인간다우며 풍요로운 사회를 이루었을까요? 오히려 세상에서 아무도 믿을 수 없다는 불신의 사회, 삭막한 세상이 되어 가고 있습니다.

　출애굽의 지도자 모세에게도 같은 고민이 있었습니다. 애굽에서 430년간 노예 생활을 하다가 자유를 찾아 나온 이스라엘 백성들은 이제 약속의 땅에 들어가서 새로운 세상을 만들어야 했습니다. 하나님의 공의가 실현되고 인간이 인간을 구속하지 않으며 진리가 사람들을 자유롭게 하는 세상을 만들어야 했습니다. 그 첫 번째 조건이 하나님의 형상을 따라 지음 받은 신앙적인 존재인 나를 발견하는 것이었습니다. 그것이 최초 인간 아담에게 질문한 "아담아! 네가 어디 있느냐?" 하는 하나님의 질문의 의미였습니다.

　그다음으로 필요한 것은 무엇일까요? 본문의 가인과 아벨의 이야기를 통해 들려주는 '형제애'입니다. 이스라엘 백성이 광야의 모진 고통을 이겨내고 하나님의 백성다운 평화의 나라를 만들기 위해 그들에게 가장 필요한 것은, 양식이나 군대가 아니라 하나님의 자녀라는 '형제애' 인식이었습니다. 모든 이념과 종교를 뛰어넘어 세상 모든 사람이 한 형제라는 의식을 가질 때 하나님이 원하시는 평화로운 세상을 이루게 된다는 말입니다.

　그렇다면 하나님이 가인에게 질문하신 "네 아우 아벨이 어디 있느냐?"라는 질문의 의미는 무엇일까요?

1. 형제는 공존적 존재다(1-2절)

"아담이 그의 아내 하와와 동침하매 하와가 임신하여 가인을 낳고 이르되 내가 여호와로 말미암아 득남하였다 하니라 그가 또 가인의 아우 아벨을 낳았는데 아벨은 양 치는 자였고 가인은 농사하는 자였더라."

공존적 존재

아담과 하와는 에덴동산에서 추방된 후 에덴동산 동쪽에 터를 잡고 세상 생활을 시작합니다. 그들이 가장 먼저 한 일은 "생육하고 번성하라"는 하나님의 명령에 따라 자식을 낳은 일입니다. '아담이 그의 아내와 동침하였다'에서 '동침하매'(야다)의 원뜻은 '속속들이 알다', '체험적 지식을 갖다'는 뜻입니다. 부부간의 성행위는 단순한 육체관계가 아니라 서로를 보다 깊이 이해하고 애정을 나누는 정신적, 영적 상호 교류 관계여야 함을 교훈해 줍니다.

아담은 가인을 낳은 후에 "내가 여호와로 말미암아 득남하였다"라고 고백합니다. 이 말의 문자적 뜻은 '여호와로부터', '하나님의 도우심으로 말미암아'입니다. 이는 아담과 하와가 자신의 득남을 하나님의 선물로 인정하고 있을 뿐 아니라 '여자의 후손'(창 3:15)에 대한 약속의 성취로 이해했음을 나타내 줍니다. 그들은 바로 아들을 앞세워 다시 에덴동산으로 들어갈 꿈에 부풀어 있었을 것입니다.

또한 2절에 보면 "그가 또 가인의 아우 아벨을 낳았는데"라고 기록합니다. 여기서 '아우'라는 말이 중요합니다. 출산에 의하여 처음 세상에 존재하게 된 가인과 아벨이 어떤 존재이고 어떤 관계인지를 알려 주는 말이기 때문입니다. 아우의 원어 '아흐'는 '한 형제'(창 9:5, 27:6, 45:14), '골육, 친척'(창 12:5, 28:2), '동족'(레 25:46) 등을 뜻합니다. 이는 단순한 혈연관계에 앞서 서로를 떼놓을 수 없는 본원적 사랑과 신뢰를 중요시하는 단어입니다. 이들은 서로 한 몸인 것처럼 사랑하고 신뢰해야 할 존재로 태어난 것입니다.

일의 영역과 공존에 대한 이해

하나님은 서로의 일을 통해서 형제간에 사랑과 신뢰를 이루도록 하셨습니다. 본문 2절은 가인과 아벨의 생업을 소개합니다. 아벨은 양 치는 자이고, 가인은 농사짓는 자라고 했습니다. 여기서 중요하게 보아야 할 말은 '일'이라는 말입니다. 일에는 영역이 있습니다. 사람이 영역 문제로 맞서다 보면 동업자라는 의식을 잊기 쉽습니다. 영역을 따지다 보면 더 차지하고 싶은 생각이 앞섭니다. 그러나 농업과 목축은 서로 보완적인 관계입니다. 서로 정복하고 굴복시켜야 할 대상이 아닙니다. 함께 일함으로 다 같이 풍요로워질 수 있는 관계입니다. 이 사실을 잊을 때 비극이 시작됩니다.

가인과 아벨은 같은 일을 경쟁적으로 하는 사람들이 아니었습니다. 동생은 양 치는 자, 형은 농사하는 자로서 각각 농업과 목축업에 종사하며 함께 일하는 존재로 살아가게 하셨습니다. 엿새 동안 힘써 일하라(창 1:28)는 하나님의 문화명령(cultural mandate)은 단순히 인간은 노동을 하며 살아가야 하는 존재라는 뜻을 초월합니다. 가인과 아벨이, 그리고 세상에 있는 모든 인간들이 서로를 집어삼켜야 할 존재가 아니라 서로를 이해하고 협력하며 살아가야 할 동역자, 동업자 의식을 가져야 한다는 것입니다. 이것이 우리 인류를 향한 하나님의 뜻입니다.

이것을 역사적으로 보여준 사건이 여리고 성을 정복한 후에 벌어진 아간의 범죄입니다(수 7:1-5). 가나안의 첫 번째 성인 여리고는 하나님께 온전히 바쳐진 첫 열매였습니다. 그러므로 하나님께서는 그 성에 속한 모든 것을 하나님께 구별하여 드리라고 지시하셨습니다. 그러나 이스라엘 백성이 하나님께 드려진 물건에 손을 대서 하나님 앞에 죄를 짓게 됩니다. 그 물건에 손을 댄 사람은 유다 지파 세라의 증손, 삽디의 손자, 갈미의 아들 아간이었습니다. 그는 여리고 성의 모든 물건에 손을 대지 말라는 경고를 받았음에도 불구하고 그 경고를 무시했습니다.

여기서 '범죄했다'는 단어(마알)는 하나님을 거역하고 배반하는 범죄 행위를 의미합니다. 여호수아나 다른 이스라엘 백성은 그의 범죄 행위를 보지 못했지만 하나님은 이를 똑똑히 보고 계셨습니다. 아간의 범죄로 '여호와의 진노'는 아간뿐 아니라 이스라엘 백성 전체를 무력하게 만들고 말았습니다.

아간의 범죄는 아이 성 정복에 실패를 가져왔고, 이스라엘 온 백성을 큰 비탄에 빠뜨렸습니다(4-5절). 이스라엘은 하나님 앞에서 언약 공동체였기 때문에 아간 한 사람의 범죄는 곧 이스라엘 전체의 범죄가 되었던 것입니다. 이는 마치 한 지체가 고통을 당하면 온몸이 고통을 받는 것과도 같습니다(Keil). 하나님은 언약의 백성들을 교육하셨습니다. 혼자만 잘살겠다는 시도, 공존의 존재임을 망각하게 하는 시도를 철저히 단절하셨습니다. 그렇기에 우리도 이젠 세상을 향해서 널리 열린 마음을 가져야 합니다. 다음의 노래가 그 사실을 잘 알려줍니다.

작은 연못 (김민기 곡, 양희은 노래)

깊은 산 오솔길 옆 자그마한 연못엔
지금은 더러운 물만 고이고 아무것도 살지 않지만
먼 옛날 이 연못엔 예쁜 붕어 두 마리
살고 있었다고 전해지지요 깊은 산 작은 연못

어느 맑은 여름날 연못 속에 붕어 두 마리
서로 싸워 한 마리는 물 위에 떠오르고
여린 살이 썩어 들어가 물도 따라 썩어 들어가
연못 속에선 아무것도 살 수 없게 되었죠
깊은 산 오솔길 옆 자그마한 연못엔
지금은 더러운 물만 고이고 아무것도 살지 않죠

푸르던 나뭇잎이 한 잎 두 잎 떨어져
연못 위에 작은 배 띄우다가 깊은 속에 가라앉으면
집 잃은 꽃사슴이 산속을 헤매다가
연못을 찾아와 물을 마시고 살며시 잠들게 되죠

해는 서산에 지고 저녁 산을 고요한데
산허리로 무당벌레 하나 휘익 지나간 후에
검은 물만 고인 채 한없는 세월 속을
말없이 몸짓으로 헤매다 수많은 계절을 맞죠
깊은 산 오솔길 옆 자그마한 연못엔
지금은 더러운 물만 고이고 아무것도 살지 않죠
지금은 더러운 물만 고이고 아무것도 살지 않죠

   모든 생명체에는 자기 생존의 본능이 있다고 합니다. 그래서 기본적으로 이기적인 습성을 갖습니다. 그런데 아무런 생각 없이 그냥 인간의 본능과 습성을 따르다 보면 세상 모든 사람들은 배타적인 관계에 놓입니다. 각자 자기의 본능에만 충실하게 되고 결국 양육강식의 정글이 되고 맙니다. 그런 배타와 경쟁의 세계에 살면 모두가 피곤하고 사나운 존재가 됩니다.
   그래도 할 수만 있다면 우리는 우리가 사는 세상을 조금이라도 바꾸려는 노력을 해야 합니다. 어떤 이들은 말합니다. "어차피 함께 행복해지는 공존의 세상은 불가능하니까 내가 혼자 노력한다 해도 결국은 나만 손해 본다!"라고 말입니다. 그러나 하나님은 결코 그렇게 보시지 않습니다. 우리가 마음을 열기만 하면 서로 함께 살아가야 할 공존의 존재라는 의식을 가지고 얼마든지 서로를 포용하면서 살아갈 수 있다는 것입니다.

   1964년 도쿄 올림픽을 앞두고 일본은 좁은 메인 스타디움을 확장하는 공사를 진행했습니다. 주변의 건물을 철거하다가 꼬리에 못이 박힌 도마뱀 한 마리를 보았습니다. 못을 보니 3년 전 스타디움을 건설할 때 사용했던 것이었습니다. 그렇다면 못에 박혀 3년 동안 움직일 수 없었을 텐데 어떻게 그때까지 살아 있는지 궁금해하던 차에, 다른 도마뱀이 먹이를 물고 다가왔습니다. 못에 박힌 도마뱀은 친구가 가져다주는 먹이 덕분에 살았던 것입니다. 아마 처음에는 고통이 커서 음식조차 먹지 못했을 것입니다. 그러나 위험을 무릅쓰고 와준 친구 덕에 의지를 가지고 열심히 살아왔을 것입니다. 인부들은 못에 박혀 있던 도마뱀을 풀어 주었고, 도마뱀을 보며 '친구'라는 단어를 새롭게 깨달을 수 있었습니다.

우리는 함께 살아가야 할 존재입니다. '네가 없으면 나도 없다'는 절박한 의식을 가지고 살아야 합니다.

2. 형제는 예배적 존재다 (3-5절)

"세월이 지난 후에 가인은 땅의 소산으로 제물을 삼아 여호와께 드렸고 아벨은 자기도 양의 첫 새끼와 그 기름으로 드렸더니 여호와께서 아벨과 그의 제물은 받으셨으나 가인과 그의 제물은 받지 아니하신지라 가인이 몹시 분하여 안색이 변하니."

모세의 의도

아담의 두 아들 가인과 아벨은 인류 역사의 첫 번째 형제입니다. 가인은 첫 번째 아들이자 형인데 농사를 짓는 자였습니다. 아벨은 두 번째 아들이자 동생인데 양을 치는 자였습니다. 이들이 각자 수고한 것으로 하나님께 제사를 드렸습니다. 가인은 땅의 소산으로 제물을 삼아 제사를 드렸고, 아벨은 양의 첫 새끼와 그 기름을 제물로 삼아 제사를 드렸습니다. 그런데 하나님께서 아벨의 제사는 받으시고, 가인의 제사는 받지 않으셨습니다.

왜 이런 일이 발생했을까요? 이에 대한 신학자들의 해석은 많습니다. 어떤 신학자들은 제물의 차이를 들었습니다. 가인의 제사는 피 흘림이 없었고, 아벨의 제사는 피 흘림이 있었기 때문이라는 것입니다. 그러나 이런 제사 법전은 출애굽 시대 레위기에서 완성되었습니다. 그리고 레위기를 보면 짐승만 제물로 올리지 않았습니다. 곡식의 제사도 있었습니다. 그러므로 가인의 제사를 받지 않으신 것은 다른 것에서 이유를 찾아야 할 것입니다. 그 답은 다음 구절에서 찾을 수 있습니다. 본문 6-7절을 보십시오.

"여호와께서 가인에게 이르시되 네가 분하여 함은 어찌 됨이며 안색이 변함은 어찌 됨이냐 네가 선을 행하면 어찌 낯을 들지 못하겠느냐 선을 행하지 아니하면 죄가 문에 엎드려 있느니라 죄가 너를 원하나 너는 죄를 다스릴지니라."

여기서 우리는 창세기의 저자 모세의 의도를 살펴보아야 합니다. 모세가 당시 청중인 출애굽한 백성들에게 이런 이야기를 한 이유는 무엇이겠습니까? 제사라고 해서 하나님을 다 기쁘게 해드리지는 못한다는 것입니다. 이스라엘 백성들의 오해가 있었습니다. 그들은 하나님이 제사를 광적으로 받으신다는 착각을 하였습니다. 드려 주기만 하면 모든 것이 해결된다고 생각했습니다. 하나님은 제사에 걸신들린 분이 아닙니다. 제사드리는 사람의 상태에 관계없이 제사만 드리면 넙죽넙죽 받아 주시는 하나님이 아니라는 말입니다.

하나님이 가인의 제사를 받지 않으신 것은 제물의 문제라기보다 제사를 드리는 사람의 문제로 보아야 합니다. 하나님은 제사드리는 사람의 중심을 보시는 분입니다.

"여호와는 마음이 상한 자를 가까이하시고 충심으로 통회하는 자를 구원하시는도다"(시 34:18).

"여호와의 산에 오를 자가 누구며 그의 거룩한 곳에 설 자가 누구인가 곧 손이 깨끗하며 마음이 청결하며 뜻을 허탄한 데에 두지 아니하며 거짓 맹세하지 아니하는 자로다"(시 24:3-4).

신구약성경 전체의 정신에 비추어 봤을 때, 제사에서 빼놓을 수 없는 요소는 죄를 덮어야 한다는 것입니다. 우리도 종교적인 본능이나 의무감에서 예배드릴 수 있습니다. 그러나 예배를 통해서 속죄가 없다면 오히려 더 악해집니다. 분노가 더 끓어오르고, 갈증은 더해 갑니다. 이런 예배를 드리고 나면 가인처럼 예배 후에 오히려 죄를 지으러 갑니다.

예배 후에 가인은 분노했습니다. 분노는 언제 생깁니까? 첫째로 무시당하거나 거절당할 때, 둘째로 정당하게 대우받지 못할 때입니다. 가인은 하나님이 자신의 제사를 받지 않자 얼굴을 들지 않습니다. 항의 표시를 하며 시위하는 것이지요. 그러자 하나님이 즉각 "네가 안색이 변함은 어찌 됨이냐? 네가 선을 행하면 어찌 낯을 들지 못하겠느냐?"라고 물으십니다. 가인에게 예배는 불편하고 해치워야 하는 하나의 종교의식이었습니다.

그는 죄로 치닫고 있으면서 자신의 삶을 돌아보지 않았습니다. 완전하지 못한 인간 사회에서는 부당한 대우를 받거나 사회적 차별로 인해 무시당할 수 있습니다. 그러나 공평하신 하나님께서도 그렇다고 생각하는 것은 어리석은 행동입니다. 가인은 하나님이 자신의 제사를 받지 않으시자 엉뚱한 곳에서 화풀이를 합니다. 하나님께서 아벨의 제사는 받아 주시자 그를 미워하기 시작했습니다. 미움은 더욱 싹을 틔워 결국 아벨을 죽이는 데까지 이르고 맙니다.

아벨에게 도움을 청했다면?

그렇다면 가인이 그 분노를 이기려면 어떻게 해야 했을까요? 하나님은 "선을 행하라"고 말씀하십니다. 여기서 선을 행하라는 말은 인간적인 차원의 선행을 말하는 것이 아닙니다. '하나님께 나아가라!'는 뜻을 지닌 말입니다. 한마디로 그분과 교제하라는 것입니다. 즉 하나님의 방법으로 다시 예배를 드리라는 것입니다. 가인이 정말로 하나님이 받으시는 제사를 드리고 싶었다면, 제사가 받아들여진 아벨을 제사장 삼아 다시 드렸으면 됐을 것입니다. 그가 그렇게 형제와 은혜 받는 방법을 나누고 다시 단을 쌓았다면 분노도 사라지고, 하나님의 더 큰 위로가 있었을 것입니다.

그러나 가인은 그것을 거부했습니다. 가정에서의 위치나 기대감 때문에 그의 자존심이 거부하게 만들었을지도 모릅니다. 그러나 분명히 알아야 할 것은, 예배의 주체는 하나님이시고 구원은 하나님께로부터 온다는 사실입니다. 만일 구원이 인간으로부터 온다면 세상에서 교만하고 잘난 사람들이 다 차지해 버렸을 것입니다.

구원이 하나님께로부터 오기에 우리의 교만을 시험하는 걸림돌이 있습니다. 교리적으로는 십자가, 교회, 예수님 등입니다. 그래서 바울은 고린도전서 1장 18절에서 "십자가의 도가 멸망하는 자들에게는 미련한 것이요 구원을 받는 우리에게는 하나님의 능력이라"라고 하였습니다.

본문에서 가인의 교만을 시험하는 걸림돌은 아우였습니다. 여기에 중요한 교훈이 있습니다, 세상적인 신분을 다 떠나서 형제는 같이 예배를 드리고 은혜를 나누어야 하는 존재라는 것입니다. 형제들에게 은혜를 끼치고, 형제들에게 은혜를 구할 수 있어야 합니다.

내 잔이 넘치나이다

《내 잔이 넘치나이다》는 소설가 정연희 권사님이 쓰신 책입니다. 이 이야기는 제가 청년 시절에 정연희 권사님이 목동교회에 간증하러 와서 하신 말씀이기도 합니다. 정연희 권사는 대학교 3학년 때 동아일보 신춘문예에 당선되어 작가로 등단하였습니다. 그가 이화여대를 다니던 시절, 전도와 채플 시간 강요 때문에 기독교에 반감을 갖기도 하였습니다. 가난한 친정을 벗어나고자 결혼한 정연희 권사는 1966년에 이혼을 한 후 왕성한 작품 활동을 했으나 늘 공허감에 쫓기는 인생을 살았습니다. 1973년는 간통죄로 피소당했는데 이 일이 하나님을 만나는 계기가 됩니다. 1975년 세례를 받고 하용조 목사와 함께 성경공부를 시작하며 인격적으로 하나님을 만났습니다. 그리고 절망 가운데 만나 주신 하나님께 감사하면서 《내 잔이 넘치나이다》라는 신앙소설을 집필하였습니다. 찬송가 "눈을 들어 하늘 보라"를 작곡하신 박재훈 선생의 친구 맹의순이라는 실제인물에 관한 이야기입니다.

맹의순 선생은 평양 장대현(章台峴)교회 맹관호 장로의 아들이었습니다. 부친 맹 장로는 평양의 소문난 부자였습니다. 그는 조선신학교를 다니며 남대문교회 전도사로 섬기던 믿음의 청년이었고, 그의 가족은 6·25 전쟁 전에 서울로 월남하였습니다. 그러던 중 6·25 전쟁이 터져서 남쪽으로 피난 가던 길목에서 미군의 포로가 되었습니다. 당시 미국 사람들은 최전선 2마일 안에서 잡힌 사람은 피난민이건 학생이건 간에 모두 포로로 취급하였기 때문에 공산군 간첩으로 오인되어 거제도 포로수용소 신세를 지게 되었습니다. 그러나 그는 그런 상황을 비관하지 않고 오히려 수용소 내에서 교회를 만들어 포로들을 섬기고 복음을 전했습니다.

전쟁이 끝나고 맹 선생의 신분이 확인되었기에 수용소를 나갈 수 있었습니다. 그러나 그는 자원하여 수용소에 남아 가장 열악한 형편에 있는 중공군 포로들을 섬겼습니다. 특히 병든 환자를 위해서 혼신의 힘을 다했습니다. 중공군 환자를 돌보다가 과로로 병에 걸려, 어느 날 밤에 결국 세상을 뜨고 말았습니다. 맹의순 선생의 장례식 때 중공군 포로들이 쓴 추모시가 낭독되었습니다.

맹의순 선생 영전에 드립니다. 평화의 왕자, 화평의 사도(使徒), 인애(仁愛)의 왕, 우리에게 사랑의 증인이셨던 맹의순 선생이 가시다니…오늘 밤 귀 교회에서 우리의 위로자였고 사랑과 존경의 표적이었던 맹 선생의 추도 예배를 드린다기에 우리 모든 사람들의 뜻을 모아 서둘러서 이 글월을 드립니다.

우리는 서로 말이 통하지 않던 이방인이었습니다. 우리처럼 포로의 옷을 입은 그가 미국 군인 의사들을 도우며 우리의 병동을 찾아오던 초기에 우리는 그를 경멸하고 무시했습니다. 그러나 그의 얼굴은 늘 온화했고, 우리를 돕는 그의 행동은 희생정신으로 언제나 꾸밈없이 한결같았습니다. 우리는 대개 그저 전쟁(戰爭)이라는 것에 화가 났고, 우리를 전장(戰場)에 보낸 사람이 누구인지 모르지만 그들을 죽도록 원망했습니다. 그러한 우리들에게 맹 선생은 십자가의 도를 가르치기 시작하셨습니다. 우리 동료 중에 글씨를 전혀 모르는 사람들에게까지 일일이 글씨를 가르치며 선생은 찬미가(讚美歌)를 불러 주셨고, 나무십자가를 안고 다니며 그 뜻을 성심껏 전해 주셨습니다.

선생은 새벽 1시, 2시면 늘 병동에 오셨습니다. 초저녁에 치료와 간병을 맡았던 사람들도 모두 물러가고 나서 중환자들이 심하고 무거운 고통에 시달리는 그 시간에 선생은 고통을 다스리는 천사로 우리들 앞에 오신 것입니다. 선생은 하늘에서 보낸 천사였습니다. 깊은 밤 신음 소리가 낙수처럼 쏟아질 때 선생은 인자의 큰 그릇이 되어 우리들의 온갖 고통과 신음을 다 받아 담고 고통과 신음을 들어냄으로써 하나하나 편안히 잠들도록 재워 주는 천사로 오시는 것이었습니다.

선생의 한 손에는 성경책이, 그리고 다른 한 손에는 물통이 들려 있었습니다. 선생은 움직이지 못하는 환자를 골고루 만져 주고 주

물러 주면서 그렇게도 간절하게 기도를 하십니다. 우리는 그 말을 알아들을 수 없었지만 그의 기도를 듣고 있으면 기승하던 고통이 사라지고 신음과 함께 목이 타서 잠 못 이루던 육체가 편안한 잠의 품에 안기게 되곤 하였습니다. 겨울이면 따뜻한 물로, 여름이면 시원한 물로 우리들의 얼굴을 씻어 주고 손을 닦아 주십니다. 때로는 발도 씻겨 주십니다. 넉넉지 않은 수건을 정성껏 깨끗하게 빨아 가며 한 사람 한 사람 고루 씻어 주십니다.

선생이 쓰러지던 마지막 날 밤, 선생은 마지막 환자까지 다 씻기시고 일어나면서 눈물을 흘리며 시편 23편을 중국말로 더듬더듬 읽어 주셨습니다. "여호와는 나의 목자시니 내게 부족함이 없으리로다." 다 봉독하신 뒤 높은 곳을 바라보며 다시 한 번 말씀하셨습니다. "내 잔이 넘치나이다. 내 잔이 넘치나이다." 우리는 다 그의 얼굴을 보며 그 말씀을 따라 외웠습니다. "내 잔이 넘치나이다. 내 잔이 넘치나이다." 이 말씀과 함께 선생은 마지막 환자를 씻긴 물통과 대야를 들고 일어나다가 그대로 그 자리에 쓰러지셨습니다.

우리는 통곡했습니다. 염치없는 우리가 선생을 돌아가시게 했다고 우리는 통곡했습니다. 그러나 우리는 맹 선생을 만나기 위해서라도 예수 안에 있어야 한다는 것을 깨닫고 있습니다. 우리는 버려진 것이 아니라는 것을 알고 있습니다. 우리는 맹 선생과 함께 주 안에 있습니다. 그러나 우리는 통곡합니다.

— 거제리 포로수용소 중공군 병동의 환자들 일동

무엇이 분노로 이글거리는 중공군 포로들의 마음을 녹인 것일까요? 스물여섯 살 청년의 영적 형제애가 이념으로 얼음장같이 차가워진 마음을 녹이고, 예수 사랑으로 하나 되는 은혜를 체험하게 했습니다.

그렇습니다. 우리가 세상의 상식을 넘어 사랑을 실천하고, 이념과 종교를 넘어 예수님의 사랑을 실천하는 일은 이 깊은 신학적인 이해에서 출발하는 것입니다. 우리는 남이 아니고, 적도 아닙니다. 함께 예배드리고 은혜를 받아야 할 예배적 존재입니다. 그래서 성경은 서로 은혜를 나누고 누려야 하는 세상을 이루기 위해서, 만민 구원을 위해서 기도하고 간구하라는 것입니다.

3. 형제는 돌봄의 존재다 (9절)

"여호와께서 가인에게 이르시되 네 아우 아벨이 어디 있느냐 그가 이르되 내가 알지 못하나이다 내가 내 아우를 지키는 자니이까."

두 번째 질문의 신학적 의미

본문 9절에서 하나님이 가인에게 "네 아우 아벨이 어디 있느냐?"라고 물으신 것은, 성경의 인간 이해에 대한 근원적인 물음입니다. 인간은 자기의 생존본능만을 위해 혼자 살아가는 존재가 아니라는 것입니다. 사람은 서로를 돌보고 돌봄을 받으며 살아가는 존재라는 것입니다. 하나님의 질문에 대한 가인이 대답은 하나님의 뜻을 분명하게 보여줍니다. 본문 9절에서 하나님께서 가인에게 "네 아우 아벨이 어디 있느냐?"라고 물으실 때 가인은 "내가 동생을 지키는 자입니까?"라고 반문하며 거칠게 반항합니다. 그러나 그는 '내 아우를 지키는 자'였어야 합니다.

　오늘도 하나님이 저와 여러분에게 이 두 번째 질문을 계속하십니다. "네 남편이 어디 있느냐? 네 아내가 어디 있느냐? 네 자식이 어디 있느냐? 네 친구가 어디 있느냐? 주 안에 있느냐, 세상 속에 있느냐?"를 묻고 또 물으십니다. 여러분, 믿지 않는 내 남편의 문제는 누구의 책임입니까? 물론 믿는 아내의 책임입니다. 믿지 않는 내 아내, 물론 믿는 남편의 책임입니다. 믿지 않는 부모, 형제, 다 믿는 우리의 책임입니다. 하루 속히 그들을 전도해서 주 안으로, 그리스도 안으로, 하나님 안으로 인도해야 할 사명이 저와 여러분 속에 있음을 명심하시기를 바랍니다.

　하나님께서 다시 가인에게 나타나셔서 "네 아우가 어디 있느냐?"라고 물으신 것은 가인이 아벨을 죽인 것을 몰라서 이렇게 물으신 것이 아닙니다. 이 물음은 가인으로 하여금 아벨을 죽인 것이 죄라는 것을 깨닫게 하시고, 또 그 죄를 회개하도록 하려고 하는 회개를 촉구하는 물음입니다. 그런데도 가인은 양심의 가책을 느끼거나 회개하는 태도를 보이기는커녕 "내가 알게 뭐요! 내가 아우를 지키는 자입니까?"라고 오히려 하나님을 속이고 하나님께 반항하는 대답을 하였습니다.

　여기 "알지 못하나이다"라는 말은 '나는 처음부터 알지 못한다'는 의미를 지니고 있습니다. 그러니까 가인이 "내가 알지 못하나이다"라고 말한 것은 자기가 아벨을 죽여 놓고도 전지전능하시고 공의로우신 하나님을 두려워할 줄 모르는, 일종의 반항적인 태도입니다.

여기서 '지키는 자'는 '돌보는 자, 시중을 드는 자, 파수꾼' 등을 의미합니다. 가인은 형으로서 마땅히 동생인 아벨을 돌보며 지켜 주어야 할 인간적인 책임이 있는 자였습니다. 우리에게도 형제의 형편과 처지를 염려해야 할 사명이 있습니다. 빌립보서 2장 3-4절에 "아무 일에든지 다툼이나 허영으로 하지 말고 오직 겸손한 마음으로 각각 자기보다 남을 낫게 여기고 각각 자기 일을 돌볼 뿐더러 또한 각각 다른 사람들의 일을 돌보아 나의 기쁨을 충만하게 하라"라고 말씀합니다.

사랑하는 성도 여러분! 형제에게 관심이 얼마나 있습니까? 이웃을 얼마나 사랑하십니까? 하나님은 오늘 우리에게 "네 형제가 어디 있느냐? 그 형제와 어떤 관계를 맺고 있느냐?"라고 질문하십니다. 우리는 나의 이웃이 누구이며, 나의 이웃과 어떤 관계를 맺고 있는가에 대하여 대답할 수 있어야 합니다.

하나님 사랑의 척도

성경은 내가 하나님을 얼마나 사랑하는지 수시로 점검할 수 있는 척도와 장치를 주셨습니다. 내가 이웃과 어떤 관계를 맺고 있는가를 보면 알 수 있습니다. 하나님을 사랑하는 사람은 반드시 이웃을 사랑하게 됩니다. 그러므로 이웃을 얼마나 사랑하는가를 보면 하나님을 얼마나 사랑하는가를 알 수 있습니다. 성경도 이웃 사랑이 하나님 사랑의 척도임을 분명하게 가르쳐 줍니다.

마태복음 22장 34-40절을 보면, 한 율법사가 예수님을 찾아와 질문하였습니다. "율법 중 어느 계명이 가장 큽니까?" 예수님은 이렇게 대답하셨습니다.

"네 마음을 다하고 목숨을 다하고 뜻을 다하여 주 너의 하나님을 사랑하라 하셨으니 이것이 크고 첫째 되는 계명이요 둘째도 그와 같으니 네 이웃을 네 자신같이 사랑하라 하셨으니 이 두 계명이 온 율법과 선지자의 강령이니라."

예수님은 성경이 가르치는 가장 큰 율법을, 첫 번째는 하나님을 사랑하는 것이고, 두 번째는 이웃을 사랑하는 것이라고 말씀하셨습니다. 갈라디아서 5장 14절에서 사도 바울은 "온 율법은 네 이웃 사랑하기를 네 자신같이 하라 하신 한 말씀에서 이루어졌나니"라고 하였습니다. 사도 바울은 여기에 하나님을 사랑하라는 계명을 기록하지 않았습니다. 그렇다면 예수님이 말씀하신 첫 번째 계명을 잊어버린 것일까요? 아닙니다. 바울은 이웃 사랑의 계명 안에 이미 하나님 사랑의 계명이 포함되어 있음을 알았습니다. 이웃을 사랑하는 것이 하나님을 사랑하는 것이라는 것을 포함하여 이야기한 것입니다.

요한일서 4장 20-21절에서 사도 요한은 "누구든지 하나님을 사랑하노라 하고 그 형제를 미워하면 이는 거짓말하는 자니 보는 바 그 형제를 사랑하지 아니하는 자는 보지 못하는 바 하나님을 사랑할 수 없느니라 우리가 이 계명을 주께 받았나니 하나님을 사랑하는 자는 또한 그 형제를 사랑할지니라"라고 하였습니다. 사도 요한도 하나님 사랑에 대한 계명과 이웃 사랑에 대한 계명을 나눌 수 없다고 말합니다.

사랑하는 성도 여러분! 우리의 신앙생활 중에서 교회생활은 매우 중요합니다. 예배 생활, 말씀 생활, 기도 생활, 봉사 생활, 교제 생활 등은 신앙생활에 있어서 빠져서는 안 되는 것들입니다. 그러나 신앙 생활의 척도는 일상에서 드러나야 합니다. 가정생활, 직장생활, 사회생활에서 신앙이 묻어나야 바른 신앙생활을 한다고 말할 수 있습니다. 그렇기 때문에 하나님을 사랑하는 사람은 하나님의 형상대로 지음 받은 이웃을 사랑하지 않을 수 없습니다. 신앙과 생활의 일치는 이웃을 사랑하는 삶을 통하여 나타납니다.

위대함의 DNA, 묵상과 컴패션

지금은 서울대학교 교수직을 사임한 배철현 교수(종교학과)가 현대기아차 인문학 콘서트에서 "위대함의 DNA, 묵상과 컴패션"이란 제목으로 강연을 했습니다. 그는 "무엇이 위대한 국가, 위대한 기업, 위대한 사람을 만드는가? 우리가 닮으려고 노력하고 삶의 기준으로 삼는 위인들의 공통점은 무엇인가?"라고 질문하면서 두 가지 중요한 요인을 말하는데, 첫째는 묵상이라고 밝힙니다. 세상은 자신에게만 온전히 시간과 정성을 투자하는 '묵상'을 습관화한 사람에 의해서 변화했다는 것입니다. 둘째는 '컴패션'입니다. 누구보다도 감동적으로 그 사실을 밝힌 사람이 미국 대통령 버락 오바마라고 분석합니다.

2004년 7월, 민주당 전당대회에서 2004년 대선 후보로 존 케리 상원의원을 지명합니다. 존 케리 의원은 당시 무명에 가까운 한 인물에게 기조연설을 맡겼는데 바로 민주당 상원의원에 출마한 오바마였습니다. 그는 전당대회에 참여한 민주당원뿐만 아니라 TV를 통해 시청하고 있는 미국인들에게 호소했습니다.

"만일 시카고 남부에 글을 읽지 못하는 소년이 있다면, 그 아이가 제 아이가 아닐지라도, 그 사실은 제게 중요합니다. 만일 어딘가에 약값을 지불하지 못하는 노인이 의료비와 월세 중 하나를 택해야 한다면, 그녀가 제 할머니가 아닐지라도 제 삶마저 가난하게 됩니다. 만일 어떤 아랍계 미국인이 정당한 법적 절차 없이 체포당했다면, 그것은 제 시민권을 침해 당한 것입니다."

군중은 연설에 숨을 죽였습니다. 그들의 마음속에 숨겨졌던 자비와 희망의 불씨에 다시 불을 붙였습니다. 몇몇 사람은 감격의 눈물을 흘리기 시작했습니다. 오바마의 연설은 절정을 향해 치닫고 있었습니다.

"저는 근본적인 믿음이 있습니다. 저는 제 동생을 지키는 자입니다! 저는 제 여동생을 지키는 자입니다! 이것이 바로 이 나라를 작동하게 하는 것입니다. 우리가 개인적인 꿈을 추구하지만 이것이 우리로 하여금 하나의 미국이란 가족으로 모이게 합니다."

여기서 '저는 제 동생을 지키는 자입니다'라는 구절은 성경 창세기 4장 9절에서 아벨 살인 사건 이후 하나님이 하셨던 질문에 대한 새로운 대답이었습니다. 오바마는 성서의 내용을 깊이 묵상한 자였습니다. 거기에서 발견한 공감의 힘으로 미국 국민을 감동시켰고, 마침내 흑인 최초로 미국 대통령에 올랐습니다. 우리 그리스도인들은 이런 세상에 맞서 사랑의 능력을 회복해야 합니다.

조선 시대에는 곡비(哭婢)라는 종이 있었다고 합니다. 초상집에 돌아다니면서 울어 주는 노비가 곡비입니다. 곡비는 흘리는 눈물의 양에 따라 일패, 이패, 삼패로 등급을 매겼습니다. 일패 곡비는 국상 때 차출되는 사람입니다. 이렇게 울어 주고 받는 대가를 누대(淚代)라고 하는데 국상일 때 누대는 베 다섯 필이었다고 합니다. 그만큼 우는 일이 대단하고 쉽지 않다는 말이겠지요.

우리는 이 시대의 곡비가 되어야 합니다. 지금 사람들은 우는 일을 싫어합니다. 그러나 하나님의 일에 열매를 거두기 위해서는 눈물이 있어야 합니다. 탈무드에서 "천국의 문은 기도에 대해서는 닫혀 있더라도 눈물에 대해선 열려 있다"라고 했습니다. 우리 시대는 울 일이 있는데도 울지 않는 데서 문제가 생깁니다. 오늘날은 천박한 웃음이 난무하고 참된 동정과 사랑의 눈물은 찾아보기 힘든 세상입니다.

"즐거워하는 자들과 함께 즐거워하고 우는 자들과 함께 울라"(롬 12:15).

우는 자들과 함께 우는 긍휼 사역이야말로 예수님을 가장 닮아갈 수 있는 시급한 사역입니다. 하나님은 지금도 "네 아우가 어디 있느냐?"라고 우리 시대 그리스도인들에게 묻고 계십니다.

여호와께 능하지 못한 일이 있겠느냐?

창 18:1-15

절벽에서
손
놓기

　한 남자가 혼자서 밤에 산길을 걷고 있었습니다. 그러다 그만 발을 헛디뎌 낭떠러지로 떨어지고 말았습니다. 지푸라기라도 잡으려는 심정으로 팔을 뻗은 남자는 다행히도 절벽 사이로 삐져나온 나무뿌리를 잡았습니다. 남자는 매달린 채 젖 먹던 힘을 다해 기도했습니다. "오 하나님, 도와주십시오!" 큰소리로 울부짖자 하나님께서 나타나셔서 남자에게 물으셨습니다. "네가 진정 나를 믿느냐?" "네, 그렇습니다." "내가 너를 구해 주리라 믿느냐 말이다." "그렇고말고요." 다급한 남자는 겁에 질린 목소리로 대답했습니다. "그럼 무엇이든 내가 말하는 대로 하겠느냐?" "물론입니다." "그렇다면 그 손을 놓아라." 이 말을 들은 남자는 절벽 위를 향하여 다음과 같이 외쳤습니다. "여보세요! 그 위에 또 다른 분은 없나요?"

교회에 많이 알려진 유머입니다. 우리 역시 삶의 현장에서 비슷한 경험을 많이 합니다. 내 힘으로는 도저히 해결할 수 없는 불가능한 상황 앞에서 때로는 낙심하고 좌절하며 아파합니다.

본문의 아브라함도 그랬습니다. 하나님의 부르심을 따라 고향 친척 아버지의 집을 떠난 후 그는 신앙의 여정에서 많은 이적과 하나님의 도우심을 경험했습니다. 그러나 가장 결정적인 약속, 즉 네 후손을 하늘의 별처럼 바닷가의 모래처럼 많게 하겠다는 언약의 응답은 눈앞에 보이지 않았습니다.

어느덧 세월은 속절없이 흘러 24년이 지났습니다. 다른 약속들은 몰라도 자신을 통해 자식을 낳는 일은 불가능한 일이라고 체념하고 있을 때 여호와 하나님은 지나가는 나그네의 모습으로 아브라함의 가정을 방문하여 자식을 낳을 것이라는 언약을 확인하십니다. 아무리 믿음 좋은 아브라함 부부이지만 그 말은 믿을 수 없었습니다. 속으로 그 말에 회의를 가졌을 때 여호와 하나님께서 질문하십니다.

"여호와께 능하지 못한 일이 있겠느냐?"

이 질문은 이 시대에 불가능한 상황 앞에서 좌절하고 있는 모든 그리스도인을 향한 질문입니다. 과연 하나님이 하신 이 질문의 의미는 무엇일까요?

1. 관점을 바꾸라 (11-12절)

"아브라함과 사라는 나이가 많아 늙었고 사라에게는 여성의 생리가 끊어졌는지라 사라가 속으로 웃고 이르되 내가 노쇠하였고 내 주인도 늙었으니 내게 무슨 즐거움이 있으리요."

아브라함과 사라의 관점

'관점'이란 말은 사물이나 상태를 볼 때에 그 사람이 보고 생각하는 태도나 방향, 처지를 뜻합니다. 비슷한 말로 시각(視角)이 있습니다. '시각'은 어떤 것을 보고 이해하는 기본적인 생각이나 자세를 뜻하지요. 사물을 어떤 시각으로 보느냐에 따라 그 생각이나 행동, 결과가 달라집니다. 20세기 최고의 화가 피카소의 의의는 무엇입니까? 그때까지의 전통적인 화가들의 시각을 뛰어넘어 모든 사물을 다중적인 시각으로 보았다는 데 있습니다.

관점과 시각의 중요성을 볼 수 있는 예가 있습니다. 우리가 흔히 포스트잇(붙임쪽지)이라고 부르는 사무용품이 있습니다. 손쉽게 붙였다 뗄 수 있는 붙임쪽지가 처음에는 실패작이었습니다. 스펜서 실버는 접착력이 강한 풀을 만들다가 잘 떨어지고 끈적거리지 않는 이상한 풀을 만들었습니다. 그는 풀이 잘 붙지 않으니 실패작이라고 생각하였습니다. 그러나 동료인 아서 프라이는 다른 관점, 즉 잘 붙지 않는 것을 쉽게 붙었다 떨어지는 것에 초점을 맞추어 보았습니다. 실패작이라고 생각했던 물건이 관점에 따라 멋진 발명품이 된 것입니다. 관점을 다르게 한다는 것은 이처럼 멋진 일입니다.

본문 11절에 "여성의 생리가 끊어졌는지라"는 말은 사라가 더 이상 아이를 가질 수 없을 정도로 노쇠했음을 보여줍니다. 이것이 사라에게 아이가 생길 것이라는 주님의 언약에 회의를 갖게 하는 가장 주요한 요인이었습니다. 그래서 사라는 아이를 낳을 것이라는 하나님의 말씀을 들었을 때 웃었습니다(12절). 이미 여자로서의 기능을 상실했는데 하나님께서 아이를 주신다고 하니 우습게 생각한 것입니다.

사람들은 대부분이 그렇습니다. 인간에게는 한계가 있을 수밖에 없습니다. 특히 사라는 자연의 흐름에 따라 아이를 가질 수 있는 상징인 생리마저 끊어졌기 때문에 하나님을 믿을 수 없었던 것입니다. 그래서 "내게 무슨 즐거움이 있으리요"라고 하면서 자조적으로 웃었습니다. 그러나 바로 이렇게 사람이 한계점에 도달했을 때, 바로 그때가 또 다른 시발점입니다. 내 모든 것을 내려놓는 그때가 바로 하나님께서 하시도록 하는 출발점입니다.

사라가 웃은 이유

하나님의 천사가 아브라함에게 내년에 얻게 될 자녀에 대하여 말씀하실 때 사라는 그 말을 믿지 못하고 웃고 맙니다. 인간적인 이유 때문입니다. 자신이 나이가 많아 늙었고 남편인 아브라함 역시 늙었기 때문에 아이를 가지고 낳는 것이 불가능하다고 생각한 것입니다.

우리는 하나님을 믿는다고 고백하면서도 우리의 생각 안에 하나님을 가두어 둘 때가 적지 않습니다. 아브라함과 사라에게는 아들이 필요했지만 자기들의 육체적 한계를 들어 출산이 불가능하다고 생각했습니다.

> "아브라함과 사라는 나이가 많아 늙었고 사라에게는 여성의 생리가 끊어졌는지라 사라가 속으로 웃고 이르되 내가 노쇠하였고 내 주인도 늙었으니 내게 무슨 즐거움이 있으리요 여호와께서 아브라함에게 이르시되 사라가 왜 웃으며 이르기를 내가 늙었거늘 어떻게 아들을 낳으리요 하느냐"(11-13절).

이 말은 사라가 전능하신 하나님을 보지 않고 자신의 입장만을 생각하고 있음을 잘 말해 주고 있습니다. "여호와께 능하지 못한 일이 있겠느냐"라는 말씀은 '무능한 자신을 보지 말고 전능하신 하나님을 바라보라'는 뜻입니다. 믿음이란 '하나님이 나를 보시는 그 시선으로 내가 나를 보는 것'입니다.

왜 사라가 하나님의 말씀을 의심했습니까? 하나님을 바로 알지 못하였기 때문입니다.

포터 주교가 대서양을 횡단하고 있을 때였습니다. 그는 귀중품을 가지고 있었는데 함께 방을 쓰는 사람을 믿을 수가 없어서 경리과장을 찾아가서 좀 맡아 달라고 부탁을 하였습니다. 그랬더니 경리과장이 "어려울 것이야 없지요"라고 하면서 한마디 말을 덧붙였습니다.

"그런데 주교님과 함께 묵으시는 분도 제게 똑같은 부탁을 하였습니다."

사람도 서로 모르면 의심이 생기는 법입니다. 하나님에 대해서도 마찬가지입니다. 우리 하나님은 창조자이십니다. 온 세상 만물을 창조하신 전능한 분입니다. 따라서 초자연적 방법으로 자녀를 낳게 하시는 것도 하나님께는 별일이 아닙니다. 그러나 많은 사람들은 이 전능하신 하나님을 바로 깨닫지 못하고 있습니다. 그래서 히브리서 11장 6절에서 하나님의 말씀은 이렇게 선포합니다.

"믿음이 없이는 하나님을 기쁘시게 하지 못하나니 하나님께 나아가는 자는 반드시 그가 계신 것과 또한 그가 자기를 찾는 자들에게 상 주시는 이심을 믿어야 할지니라."

그렇습니다. 우리는 하나님의 존재를 믿어야 합니다. 하나님은 우리가 행한 대로 갚으시는 분이심을 믿어야 합니다. 사라는 바로 이런 신앙을 가지고 있지 못했습니다. 마가복음 9장 23절에서는 "예수께서 이르시되 할 수 있거든이 무슨 말이냐 믿는 자에게는 능히 하지 못할 일이 없느니라 하시니"라고 말씀합니다.

지금도 하나님은 우리에게 물으십니다. "하나님께 능하지 못한 일이 있겠느냐?" 그러므로 우리는 확신을 가져야 합니다. 하나님은 살아 계시고, 능력이 많으신 전능하신 분이며, 우리를 사랑으로 돌보고 계신다는 확신을 가져야 합니다.

하나님은 이 질문을 통해서 사라의 관점을 변화시키셨습니다. 자신의 관점으로만 문제를 보지 않고 하나님의 관점으로 내려다보게 하신 것입니다. 관점의 변화는 굉장히 중요합니다.

유다 백성이 바벨론에 포로로 잡혀갈 때 하나님이 예레미야 선지자에게 땅을 사라고 하셨습니다. 나라가 망해서 포로로 끌려가는데 땅을 사서 땅문서를 항아리에 넣어 잘 보관하라는 것입니다. 이것은 그가 다시 돌아올 것이고, 그때 이 땅을 이용할 수 있게 된다는 의미였습니다. 그러자 예레미야가 말했습니다.

> "슬프도소이다 주 여호와여 주께서 큰 능력과 펴신 팔로 천지를 지으셨사오니 주에게는 할 수 없는 일이 없으시니이다"(렘 32:17).

포로가 된 것은 슬픈 일이지만 하나님은 능히 하지 못하실 일이 없으니 그렇게 될 줄로 믿는다는 것입니다.

스탠리 탬의 재기

몇십 년 전에 있었던 실화입니다. 미국에 스탠리 탬(R. Stanley Tam)이라는 기업가가 있었습니다. 그는 플라스틱 회사를 운영하다 네 번이나 도산하였고, 더 이상 소망이 없는 상태였습니다. 그러던 어느 날 환상 중에 물에 빠진 베드로가 예수님의 손을 붙잡고 구조되는 것을 보았습니다. 그것을 본 후에 그는 큰 신앙적 결심을 하였습니다.

"이제는 더 이상 사람의 손을 붙들지 않고 주님의 손을 붙들고 사업을 하리라!"

그는 자기 회사의 사장은 이제부터 예수님이며 사장이신 예수님께 수익금의 51퍼센트를 드린다고 결단하고, 새벽마다 기도하여 다시 사업을 시작하였습니다. 그는 1년에 200만 달러 이상을 버는 사업가가 되었습니다. 그에게 달라진 것이 있다면, 이전에는 예수님보다 돈이 더 중요했으나 신앙적 결심을 한 후에는 돈보다 예수님이 더 중요해졌다는 것입니다. 그는 돈을 벌어서 기쁜 것보다 예수님을 체험한 것 때문에 더 기뻤습니다. 그는 바쁜 사업 중에도 가는 곳마다 자신이 만난 예수님을 간증하였습니다.

사라의 마음속에서 왜 불신앙이 사라지지 않았습니까? 몇 가지 이유가 있습니다. 첫째, 매튜 헨리가 주석에서 설명했듯이 사라는 이 일에서 2차적 원인만 생각하고 1차적 원인에 대해서는 생각하지 않았습니다. 2차적 원인이란 아브라함과 사라의 육체적인 능력이고, 1차적 원인은 하나님의 능력입니다. 2차적 원인으로 불가능해도 1차적인 원인으로는 얼마든지 가능합니다.

누가복음 1장에 천사가 마리아에게 "네가 아들을 낳을 것이다"라고 했습니다. 자연법칙으로 보면 처녀가 아들을 낳는 것은 불가능합니다. 하지만 천사가 "성령이 네게 임하시고 지극히 높으신 이의 능력이 너를 덮으시리니 네가 잉태하여 아들을 낳을 것이다"라고 말했을 때 마리아는 "주의 여종이오니 말씀대로 내게 이루어지이다"라고 고백하며 받아들였습니다. 마리아는 인간의 능력으로는 불가능해도 하나님이 하시면 된다고 믿었고, 사라는 인간의 관점에만 붙들려 있었기 때문에 불가능하다고 생각했습니다.

우리의 삶 가운데 내 능력으로 안 되는 일이 많아도 포기하지 말고 하나님의 능력으로 된다는 믿음을 가지시기 바랍니다. 내가 죽게 되었더라도 하나님이 고치시면 살 수 있고, 내가 어려운 일에 빠졌어도 하나님의 능력으로 빠져나올 수 있습니다.

왜 영혼의 눈을 하나님께로 향하지 않는가?

우리의 심령의 눈이 어디를 향하고 있습니까? 요한복음 11장 39절에 보면, 나사로가 죽었을 때 주님께서 무덤의 돌을 옮겨 놓으라고 하셨습니다. 그때 마르다는 "죽은 지가 나흘이 되었으매 벌써 냄새가 나나이다"라고 대답합니다. 마르다의 눈은 죽은 나사로와 불가능하다고 생각하는 자신에게 고정되어 주님을 바라보지 않고 있습니다. 마태복음 14장 28-30절에서 베드로도 비슷한 시선을 가지고 있었습니다.

> "베드로가 대답하여 이르되 주여 만일 주님이시거든 나를 명하사 물 위로 오라 하소서 하니 오라 하시니 베드로가 배에서 내려 물 위로 걸어서 예수께로 가되 바람을 보고 무서워 빠져 가는지라 소리 질러 이르되 주여 나를 구원하소서 하니."

베드로의 눈이 주님을 향할 때는 불가능도 가능하였지만 그 눈이 풍랑을 향했을 때 모든 가능성은 무너지고 말았습니다.

이스라엘 백성이 가나안 땅에 들어갈 때, 모세가 정탐꾼을 보냈습니다. 정탐꾼 열두 명 중에서 하나님을 의지한 여호수아와 갈렙은 "저들은 우리의 밥"이라고 하면서 들어가자고 했지만, 상대의 신장과 견고한 성을 먼저 본 나머지 열 명은 스스로 메뚜기라는 자화상을 그리며 불가능하다고 했습니다. 우리의 눈이 하나님을 향할 때, 우리에게는 무엇이든지 가능합니다. "여호와께 능하지 못한 일이 있겠느냐"라는 말씀은 우리의 눈을 하나님께 향하라는 뜻입니다.

2. 삶을 긍정하라 (13절)

"여호와께서 아브라함에게 이르시되 사라가 왜 웃으며 이르기를 내가 늙었거늘 어떻게 아들을 낳으리요 하느냐."

광야 백성의 세 가지 고질병(痼疾病)

본문에서 아브라함과 사라가 하나님과 대화를 주고받는 내용을 요약하면 두 가지입니다. 하나님은 아브라함의 능력이나 상태에 관계없이 자식을 주겠다고 하시고, 아브라함과 사라는 이미 육체적으로 생산할 나이는 지났기 때문에 안 된다고 합니다. 이에 하나님께서는 삶의 태도에 관한 것을 질문으로 깨우치려고 하십니다.

부정적인 태도를 견지하다 보면 어떤 일이든 할 수 없을 이유만 보입니다. 하나님은 1년 뒤에 이삭을 주시기 전에 그들을 치유하셔야 했습니다. 그들의 인생에 대한 태도와 자세가 바뀌지 않는 한 그들 가정에 아무리 자식을 준다 한들 언약의 후손으로 기르지 못할 것이 뻔합니다. 언약의 후손은 언제 어디서나 하나님의 약속을 믿고 그 약속에 근거하여 '할 수 있다, 하면 된다'는 긍정적인 믿음을 소유해야 합니다. 그래서 하나님은 아브라함과 사라 속에 가득한 안 된다는 자세를 일소하기 위해 질문하셨습니다. "왜 너 자신만 생각하고 절망하고 있느냐?"라고 반문하시는 것입니다.

출애굽기 17장 1-7절에는 출애굽한 이스라엘 백성이 여호와의 명령대로 신 광야에서 떠나 르비딤에 장막을 쳤을 때 마실 물이 없어 원망하고 불평한 사건이 기록되어 있습니다. 그들이 시내 산과 가까운 르비딤에 도착했을 때 장정이 60만 명가량이었고 중다한 잡족이 따라나왔기에 전체 인구는 200-300만 명에 이르렀을 것입니다. 뿐만 아니라 양과 소와 심히 많은 생축도 있었습니다.

그들에게 가장 필요한 것은 먹을 양식과 마실 물이었습니다. 그런데 르비딤에는 마실 물이 없었습니다. 백성들은 모세를 원망하며 다투기 시작했습니다. 목이 갈한 군중은 모세에게 돌질을 할 상태에까지 이르렀습니다. 위기에 직면한 모세는 하나님께 부르짖었고, 자신의 어려운 사정을 모두 여호와께 아뢰었습니다. 하나님은 모세의 기도에 응답하셔서 지팡이로 호렙 산 반석을 치라고 명하셨고, 반석에서 생수가 솟아나게 하셨습니다. 여기에 보면 이스라엘 백성들의 고질병 세 가지가 나타나 있습니다.

첫째, 모세와 하나님을 원망하는 원망병입니다.

"그들이 모세에게 대하여 원망하여 이르되…"(출 17:3).

이스라엘 백성이 광야에서 걸린 병 중에 가장 큰 병은 불평불만 하는 병, 바로 원망병입니다. 그들이 광야에서 가장 많이 가졌던 감정은 불평이었습니다. 어떠한 상황에서든 먼저 불평하고 원망하는 것은 심각한 병입니다. 모세는 이러한 백성들의 원망을 '하나님을 시험하는 행위'로 규정하였습니다. 이스라엘 백성들의 원망은 하나님의 존재와 인도하심 자체에 대한 의심을 내포하고 있기 때문입니다(출 17:7).

이스라엘 백성들의 원망병은 하나님께서 이스라엘을 인도하신다는 사실에 대한 부인이라고 할 수 있습니다. 이것은 참으로 어리석고도 패역한 배신 행위였습니다. 하나님께서 이스라엘을 어떻게 대우하셨습니까? 그들이 애굽의 쇠풀무 속에서 고통으로 부르짖을 때 하나님은 열 가지 대재앙을 애굽에 내려 그들을 구해 주셨습니다. 그들이 애굽의 군사들에게 쫓길 때 길 없는 곳에서 바다를 열어 안전하게 인도하셨습니다. 그들이 양식이 없어 굶주릴 때 하늘에서 매일 만나를 내려 배 불리신 것이 그날 아침까지도 계속되었습니다.

이토록 고마운 하나님을 향해 어떻게 원망할 수 있단 말입니까? 그들은 오히려 지금까지 인도해 오신 하나님께 감사해야 했고, 험한 광야에서 200만 명 이상의 사람들을 먹이신 하나님을 찬양해야 마땅했습니다. 그리고 또다시 모든 문제를 해결해 주실 하나님을 믿고 잠잠히 주님의 도우심을 간구해야 했습니다. 그랬다면 하나님은 지체하지 않고 반석을 열어 물을 내셨을 것입니다. 무한한 감사를 해도 모자랄 하나님께 그들은 오히려 원망과 불평을 쏟아내고 있습니다. 그들은 하나님을 원망하고 불평함으로 그들의 불신앙과 패역함을 스스로 드러내는 것은 물론 하나님을 시험하는 잘못을 범하고 말았습니다. 그리하여 당장은 하나님의 긍휼하심으로 마른 목은 축일 수 있었지만, 결국 약속의 땅 가나안에는 들어가지 못하였습니다.

둘째, 애굽의 기억에 잡혀 있는 과거병입니다. 출애굽기 17장 3절을 보십시오.

"…당신이 어찌하여 우리를 애굽에서 인도해 내어서 우리와 우리 자녀

> 와 우리 가축이 목말라 죽게 하느냐."

이스라엘 백성들은 광야에서 과거를 그리워하였습니다. 걸핏하면 애굽으로 돌아가고 싶어 하였습니다. 그들은 과거병, 향수병에 걸려 있었습니다. 그들은 미래를 바라보지 못하고 자꾸 과거만 되돌아보았습니다. 미래 지향적이 아니라 과거 지향적이었습니다. 솔직히 그들이 외치는 과거가 무엇이 그렇게 자랑스럽습니까? 애굽의 노예로서 극심한 부역에 시달리며 하나님께 구원을 부르짖었던 고통스런 기억밖에 더 있습니까? 그런데도 그들은 현재와 과거를 비교하면서, 고센 땅에서의 삶에 대한 향수병을 버리지 못했습니다. 이스라엘 백성들은 몸은 애굽을 나왔지만 마음은 여전히 애굽의 종교, 애굽의 문화에서 벗어나지 못하고 있었습니다.

출애굽한 이스라엘 백성들의 목표는 가나안이었습니다. 그러나 그들은 가나안을 포기하고 애굽으로 다시 돌아가자고 했습니다.

> "이에 서로 말하되 우리가 한 지휘관을 세우고 애굽으로 돌아가자 하매"(민 14:4).

가나안 땅은 아낙 자손들이 살고 있고, 그곳 주민들의 성곽은 튼튼하며 그들은 무기도 많이 가지고 있으니 겁이 난다는 것입니다. 광야의 이스라엘은 도전하는 자유인이 되기보다 차라리 배부른 종이 되기를 원했습니다. 성도 여러분! 실패자는 자꾸만 과거를 돌아보지만 성공자는 미래를 봅니다. 큰일을 하는 사람은 항상 미래 지향적인 눈을 가지고 있습니다. 사도 바울의 고백을 들어보십시오.

"형제들아 나는 아직 내가 잡은 줄로 여기지 아니하고 오직 한 일 즉 뒤에 있는 것은 잊어버리고 앞에 있는 것을 잡으려고 푯대를 향하여 그리스도 예수 안에서 하나님이 위에서 부르신 부름의 상을 위하여 달려가노라"(빌 3:13-14).

셋째, 하나님의 은혜를 쉽게 잊어버리는 은혜 망각병입니다.

"… 그들이 여호와를 시험하여 이르기를 여호와께서 우리 중에 계신가 안 계신가 하였음이더라"(출 17:7).

르비딤까지 험난한 여정을 인도해 오신 하나님께 감사하기는커녕 마실 물이 없다 하여 그동안 베풀어 주신 은혜를 모두 잊어버리고 오히려 하나님의 존재를 의심하기까지 하였습니다. 놀랍고도 무서운 일입니다. 그들에게 베풀어 주신 하나님의 은혜가 얼마나 위대합니까? 주님의 은혜가 아니면 그들이 어떻게 애굽의 쇠풀무에서 빠져나올 수 있었겠습니까? 애굽 전역에 무서운 재앙이 내릴 때에 이스라엘이 사는 고센 땅에는 아무런 해가 없었습니다. 실로 놀라운 은혜입니다. 그런데 그들은 이 은혜를 쉽게 잊어버렸습니다. 그들이 제대로 된 하나님의 백성이라면 문제가 생길 때마다 이렇게 외쳤어야 합니다.

"하나님이 어제 기적을 주셨으니 오늘도 기적을 주시리라 믿고 감사합니다!"

승리한 사람들은 은혜를 잊어버리지 않았습니다. 다윗을 보십시오. 17세 홍안의 소년이었지만 골리앗과 맞서는 긴장의 순간에도 하나님의 보호의 손길을 생생히 기억해 냈습니다. 사무엘상 17장 34-35, 37절에서 "주의 종이 아버지의 양을 지킬 때에 사자나 곰이 와서 양 떼에서 새끼를 물어가면 내가 따라가서 그것을 치고 그 입에서 새끼를 건져내었고 그것이 일어나 나를 해하고자 하면 내가 그 수염을 잡고 그것을 쳐죽였나이다…여호와께서 나를 사자의 발톱과 곰의 발톱에서 건져내셨은즉 나를 이 블레셋 사람의 손에서도 건져내시리이다"라고 고백합니다. 다윗의 힘은 하나님의 은혜를 기억하는 믿음에서 나온 것입니다.

보오미 거울의 재기

경기도 파주에 있는 보오미 거울은 아주 잘나가는 거울 제조업체였습니다. 대지 4,500평에 건평 2,300평 규모의 완전 자동화 공장을 가동하면서 현대, 삼성, 대림 등 국내 1천여 건설업체에 납품했습니다. 매년 20퍼센트씩 매출이 늘어났고, 1997년에는 거울 하나로 170억 원의 매출을 올렸습니다. 일반 유리보다 5배나 더 강한 강화유리 생산 공장도 세웠습니다. 거칠 것이 없었습니다. 1991년에 큰불이 나서 수십억 원 대의 자동화 라인이 잿더미가 되는 바람에 완전히 쪽박을 찰 뻔했지만 오뚝이처럼 재기한 저력도 있었습니다.

그러나 한 중소 건설업체로부터 받은 22억 원짜리 어음이 부도나는 바람에 연쇄 부도를 맞고 말았습니다. IMF 외환 위기가 한창이던 1998년 1월 보오미 거울은 77억 원의 빚을 지고 무너졌습니다. 다들 어려웠던 때라서 기댈 데도 없었습니다. 매출은 줄어들었고 현금이 아니면 원자재도 살 수 없었습니다. 당시 53세의 이용덕 사장은 자살도 생각했습니다. 그렇게 무력하기는 처음이었습니다. 가족들은 닭똥 같은 눈물만 흘렸습니다. 서울 불광동의 자택이 경매로 넘어갔고, 처자식은 원당의 맏사위 집으로 가야 했습니다. 허공에 붕 떠 있는 것 같은 시간이 계속됐습니다. 뭔가에 쫓기는 듯한 불안감도 생겼습니다. 33년간 오로지 거울에만 매달려 온 외길 인생이 이렇게 하루아침에 물거품이 되는가 싶어 원통하기도 했습니다.

그는 피신할까 하는 생각도 들었지만 이내 마음을 바꿔 먹었습니다. 속옷 다섯 벌, 트레이닝복 한 벌을 가방에 챙겨 공장 숙직실로 향했습니다. 맞아 죽더라도 자신이 다 책임질 테니 흔들리지 말라고 직원들을 독려했습니다. 도망갈 줄 알았는데 당당하게 공장 숙직실에서 전화를 받자 채권자들이 희한하다는 듯이 들이닥쳤습니다. 기필코 회사를 살려 내겠다는 말에 채권자들이 조용히 물러갔습니다. 당시 교회 집사였던 그는 하나님 앞에 두 손을 모으지 않을 수 없었습니다.

"하나님, 제 인생이 이렇게 끝나는 것입니까? 하나님께서 시련을 허락하실 때는 감당할 만큼만 주신다는데 제가 이 시련을 이길 수 있도록 도와주옵소서."

그는 모든 것이 하나님께 달려 있는 듯이 기도했고, 또 모든 것이 자신에 달려 있는 듯이 뛰었습니다. 부도 후 그는 1년 내내 공장 숙직실에서 지냈습니다. 나머지 재산도 다 처분했습니다. 노후에 귀농하려고 사뒀던 강원도 홍천의 1만 평 농지도 팔고, 창업 때 본사 자리였던 연신내 땅도 팔고, 자식 명의로 사 두었던 청주의 상가도 팔았습니다. 그렇게 해서 20억 원의 빚을 갚았지만 40억 원을 더 갚아야 회사를 정상화시킬 수 있었습니다.

건설 경기 침체로 매출을 더 늘릴 수 없었습니다. 그러나 그는 포기하지 않았습니다. 오히려 최신 설비를 수입하기 위해 8억 원을 투자하는 역공법을 썼습니다. 다들 미쳤다고 했지만 드디어 김 서림 방지 거울을 개발함으로써 일본 시장과 미국 시장을 뚫을 수 있었습니다. 종업원이라야 70명이 전부였지만 해마다 20억 원씩, 3년간 모두 60억 원의 빚을 갚아 냈습니다. 그는 감격의 눈물을 흘리며 하나님께 감사드릴 수 있었습니다.

하나님은 팬데믹 상황에서 두려워하는 성도들에게 물으십니다. "여호와께 능하지 못한 일이 있겠느냐?"

3. 염려하지 말라(14절)

"여호와께 능하지 못한 일이 있겠느냐 기한이 이를 때에 내가 네게로 돌아오리니 사라에게 아들이 있으리라."

전능하신 하나님의 의미

창세기 18장에 아브라함은 마므레 상수리 수풀 근처에서 장막을 치고 살고 있었습니다. 마므레는 헤브론이라고도 하는데 예루살렘에서 남쪽으로 30킬로미터 떨어진 곳입니다. 마므레에는 상수리나무와 동굴이 많았습니다. 그래서 아브라함은 자기 아내 사라가 127세로 죽었을 때 헷 족속에게서 동굴을 샀는데 그 이름이 막벨라 굴입니다. 여기에 사라가 묻히고 아브라함도 175세로 죽었을 때 이곳에

묻혔습니다.

아브라함이 이곳에 거주하고 있을 때 세 사람이 나타났습니다. 세 사람 중에 한 분은 여호와 하나님이셨습니다.

"여호와께서 아브라함에게 이르시되…"(창 18:13).

지금까지 하나님은 아브라함 앞에 여섯 번 나타나셨습니다. 앞의 다섯 번은 주로 환상 혹은 영적인 존재로 나타나셨는데 창세기 18장에서는 사람의 모습으로 나타나셨습니다. 사람의 모습으로 나타나셨기 때문에 아브라함이 더 가깝고 친숙하게 느꼈을 것입니다. 본문에 세 사람이 나타난 시간은 오후 2시쯤이었습니다. 햇볕이 뜨거워 아무도 여행하지 않을 시간에 세 사람이 아브라함의 장막을 방문했습니다. 아브라함은 세 사람이 보통 사람이 아닌 비범한 존재라는 것을 알아보고 즉시 발 씻을 물을 가져오고 엎드려서 절하며, 떡과 버터와 우유 그리고 송아지 요리를 대접합니다. 여호와께서 아브라함을 방문하신 이유는 사라에게 하나님의 약속을 재확인시키시기 위해서였습니다.

본문 14절에서 "여호와께 능하지 못한 일이 있겠느냐"라고 질문하신 의도는 무엇일까요? 우리는 주일 예배 때마다 사도신경을 암송합니다. 그 첫 소절이 "전능하사 천지를 만드신 하나님 아버지를 내가 믿사오며"입니다. 하나님의 질문에 대해서 우리는 전지전능을 믿는다고 고백하는 것입니다. 그렇다면 과연 그 의미는 무엇입니까? 하이델베르크 요리문답 26번 질문은 "'전능하사 천지를 만드신 하나님 아버지를 내가 믿사오며'라고 고백할 때에 당신은 무엇을 믿으며 말합니까?"입니다. 이에 대한 답은 다음과 같습니다.

"영원하신 우리 주 예수 그리스도의 아버지를 믿습니다. 그는 무(無)로부터 하늘과 땅과 그리고 그 속에 있는 모든 것을 만드셨고, 그의 영원하신 뜻과 섭리로 만물을 붙드시고 섭리하시며, 그의 아들 예수 그리스도 때문에 그분을 나의 하나님, 나의 아버지로 믿습니다. 그리고 나의 영혼과 육체에 필요한 모든 것을 공급하여 주실 것을 아무 의심 없이 믿습니다. 한 걸음 더 나아가서 이 눈물의 고통 속에서 그가 나에게 보내는 무슨 악한 것일지라도 그것을 선으로 바꾸어 주실 것을 믿습니다. 왜냐하면 그분은 능력이 있고 전능하신 하나님이시며 신실하시며 그렇게 하시기를 원하시기 때문입니다."

그러니까 하나님의 창조를 믿고 그분을 하나님이라 부르며, 아버지로 부를 수 있는 이들은 크게 세 가지를 믿는 것입니다. 첫 번째, 하나님께서 그의 영광을 위해 무(無)에서 하늘과 땅과 그 안에 있는 모든 것을 창조하셨으며, 그 창조는 그의 말씀의 권능에서 기인한 것이고, 그분의 영원하신 경륜과 섭리로써 지금도 우주를 다스리고 간섭하고 지키신다는 것입니다. 두 번째, 그 하나님은 예수 그리스도의 아버지라는 것이며, 세 번째는 그분은 예수를 통해 나의 아버지가 되신다는 것까지 믿는 것입니다.

🌱 부모 없는 아이들

회개하라고 하면 어떤 사람은 "난 죄지은 것 없습니다" 하고 버팁니다. 하지만 무엇을 입을까, 무엇을 먹을까 걱정하는 자체가 바로 죄입니다. 부모가 있는 아이들은 어른들을 믿습니다. 못된 어른이라도 믿으면 어른들은 아이들을 함부로 대하지 않습니다. 아이들은 아직 세상을 판단하지 못합니다. 어른이 되기 전에는 먹을 것, 입을 것을 자기 손으로 구하지 않습니다. 아직 미숙한 상태에서 먹을 것, 입을 것을 근심해서 "우리가 나서야지!" 하며 거리로 나오면 그 아이의 미래는 보장되지 못합니다. 하나님의 전능하심을 믿지 않는 사람은 아버지의 얼굴을 보며 한숨을 푹푹 쉬는 아이와 같습니다.

"제가 아버지를 가만히 보니까 못 믿겠어요. 실직할 것 같고, 무능한 것 같고. 그동안은 아버지가 위대해 보였는데, 사실 요즘은 회의가 많이 들어요. 학교도 가야 하는데, 앞날이 캄캄해요."

그렇게 말하면 아버지 마음이 어떻겠습니까? 참담하지만 아버지는 이렇게 말합니다.

"얘, 걱정하지 말아라. 내가 너 하나 못 먹일 것 같으냐?"

하나님의 심정이랑 똑같습니다. 그래서 사라에게 "여호와께 능하지 못한 일이 있겠느냐?"라고 물으신 것입니다.

1997년에 개봉한 〈인생은 아름다워〉(1997, Life Is Beautiful, La vita è bella)라는 영화가 있습니다. 파시스트 무솔리니가 이탈리아를 통치하던 1930년대 말, 로마에 갓 상경한 시골 총각 '귀도'는 운명처럼 만난 여인 '도라'에게 첫눈에 반합니다. 남자 주인공 귀도는 결국 아름다운 여인 도라와 극적으로 만나 사랑에 빠집니다. 시공무원과 약혼한 사이였던 도라는 귀도의 순수한 영혼과 유머에 사로잡혀 그와 도망쳐 보금자리를 꾸미지요. 그로부터 5년 뒤, 두 사람은 다섯 살 난 아들 조슈아와 함께 책방을 열어 평화롭고 행복하게 살아갑니다.

그러나 나치가 이탈리아를 점령하면서 이들의 평화는 일순간에 무너지고 맙니다. 유대인이었던 귀도는 아들 조슈아와 함께 강제 수용소에 끌려갑니다. 유대인이 아니었던 아내 도라는 독일군의 저지에도 불구하고 사랑하는 가족의 뒤를 따라나섭니다. 귀도는 수용소에서 살아남아 돌아가는 그날까지, 어린 아들로 하여금 단 한순간도 공포스럽고 잔혹한 현실을 느끼지 못하게 하기 위해 조슈아에게 거짓말을 하기 시작합니다. '자신들은 재미있는 놀이를 하기 위하여 특별히 선발된 사람들이며 1,000점을 먼저 따는 사람이 1등상으로 진짜 탱크를 받아 고향에 돌아갈 수 있다'고 말입니다. 어린 조슈아는 순수한 시선으로 바라보며 아빠의 말처럼 서서히 1등 놀이에 몰입하기 시작합니다.

독일의 패전이 눈앞에 다가온 순간, 그때까지 940점을 땄던 귀도는 전쟁이 끝났음을 알고 아내 도라를 찾기 위해 분장을 하고 뛰어다니다가 들켜서 처형 장소로 끌려갑니다. 그 상황 속에서도 자신을 보고 있는 조슈아를 위해 병정놀이를 하는 것처럼 우스꽝스러운 걸음으로 끌려갑니다. 아버지의 아들에 대한 사랑을 가장 크게 느꼈던 부분으로 정말 애잔한 장면이었습니다. 다행히 아내와 아들은 살았지만 귀도는 아들을 구하고 목숨을 희생하는 슬픈 엔딩으로 영화가 끝이 납니다. 이처럼 세상의 아버지도 자녀를 위해서 희생을 아끼지 않습니다. 하물며 하늘 아버지는 어떻겠습니까?

여호와 하나님의 질문은 끝까지 아브라함과 함께하시겠다는 사랑의 메시지입니다. 그를 보호하고 지키시겠다는 언약의 확답입니다. 따라서 본문에서 여호와 하나님이 하신 질문은, 삶의 한계 상황에서 절망하고 두려워하며 낙심 중에 있는 아브라함에게 염려하지 말라는 위로의 말씀입니다. 그렇기에 "여호와께 능하지 못한 일이 있겠느냐?"라는 말씀은 무거운 짐 진 자들, 인간의 힘으로 해결할 수 없는 문제들에 눌려 있는 사람들을 초대하는 말씀입니다. "왜 너의 무거운 짐을 내게로 가지고 오지 않고, 무능한 너 자신의 힘으로 해결하고자 하느냐?"라는 촉구가 들어 있는 말씀입니다.

하나님은 지금도 우리의 문제들을 당신께 가지고 나오기를 원하십니다. 그래서 예수님은 마태복음 11장 28절에서 우리를 초대하셨습니다.

"수고하고 무거운 짐 진 자들아 다 내게로 오라 내가 너희를 쉬게 하리라."

독자를 바칠 수 있느냐?

창 22:1-14

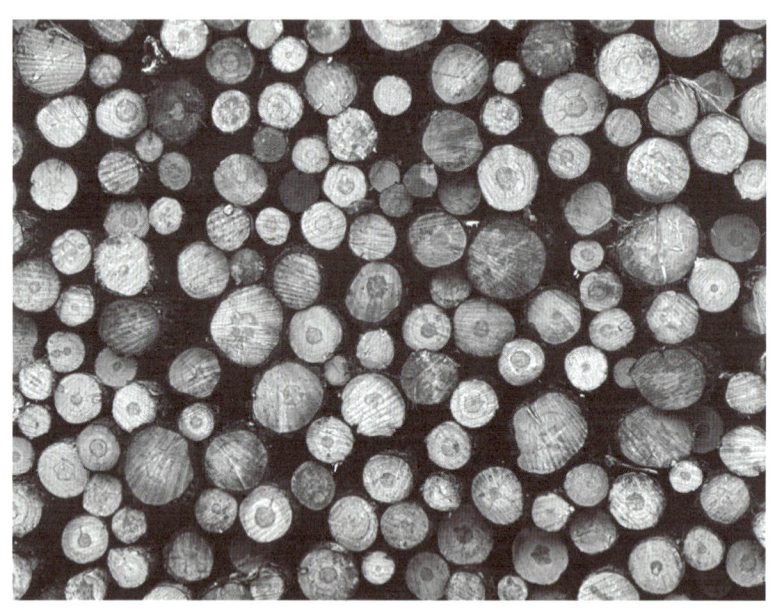

해외
여행
준비물

'준비물'(準備物)이란 단어가 있습니다. 어떤 일을 하기 위하여 미리 준비해야 할 물건을 뜻합니다. 해외여행을 예로 들면, 준비할 것이 많습니다.

- 여권(반드시 유효기간 확인)
- 신용카드(비자카드, 마스터카드 등 해외에서 사용할 수 있는 것으로 준비)
- 여행자수표와 현지 화폐(비율은 수표 3 : 현금 7 정도가 적당)
- 하드케이스(일정과 짐의 크기를 고려)
- 작은 가방(관광 시 어깨에 맬 수 있는 가방, 휴대하기 편한 크기)
- 티셔츠, 속옷, 양말(일정에 맞추어 준비)
- 모자(열대 지역 방문 시에는 야구모자보다 사방에 챙이 있는 것)
- 수영복, 선글라스, 선크림(야외에서 보내는 시간이 많으니 꼭 준비)

- 의약품(조제의 어려움이 있으니 장기간 복용하고 있는 의약품이 있다면 꼭 준비하고 피로회복제, 감기약, 지사제, 밴드는 소량으로 준비)
- 카메라(여분의 배터리도 출발 전에 꼭 확인)

이것 중에서 사소한 것이라도 빠뜨리면 여행 일정이 아주 불편해집니다. 2016년 4월에 감리사 해외 연수를 위해 공항에 나갔을 때의 일입니다. 주일 오후 예배까지 마치고 공항에 도착해서 탑승권을 받고 탑승장으로 들어갔습니다. 그런데 무엇인가 놓고 온 듯 찜찜했습니다. 알고 보니 여행 중 필요한 경비를 환전해 놓고는 두고 온 것입니다. 얼마나 당혹스럽던지요. 그러나 그것은 대체할 방법이 있기에 그나마 다행입니다. 여권처럼 핵심 준비물이 빠지면 계획했던 일 자체를 할 수 없게 됩니다.

아브라함과 독자 이삭 사이에도 이런 일이 있었습니다. 참으로 오랜만에 부자가 먼 여행에 나섰습니다. 그것은 하나님의 지시에 따라 성산이라고 알려진 모리아 산에서 제사를 지내기 위해서였습니다. 사흘 길을 걸어 목적지에 도착했습니다. 그리고 계획했던 제사를 지내려고 하는데 제사의 필수 품목인 양이 보이지 않았습니다. 그때 늙은 아버지를 모시고 왔던 이삭이 질문합니다. "번제할 어린양은 어디 있나이까?" 나중에 다윗과 솔로몬이 성전을 세운 곳, 예수님이 십자가에 달리신 성소가 된 장소, 바로 모리아 산에서 던진 이 질문은 무엇을 의미하는 것일까요?

1. 네가 나를 사랑하느냐?(12절)

"사자가 이르시되 그 아이에게 네 손을 대지 말라 그에게 아무 일도 하지 말라 네가 네 아들 네 독자까지도 내게 아끼지 아니하였으니 내가 이제야 네가 하나님을 경외하는 줄을 아노라."

아케다(Aqedah)

배철현 교수의 설명에 의하면, 유대인들은 창세기 22장에 등장하는 이삭의 번제 이야기를 '아케다'(Aqedah)라고 부른답니다. 이 이야기를 이해하기 위해서는 상상이 필요합니다. 아무런 배경도 없이 하나님이 등장해 아브라함에게 무지막지한 요구를 합니다. 잠시 이 장면을 여러분에게 실제 일어난 사건이라고 가정해 보십시오.

소파에 편하게 앉아 눈을 지그시 감고 다음을 상상해 보십시오. 당신은 다시 어린아이가 되었습니다. 방 안에서 장난감을 가지고 놀고 있는데 방문이 열리면서 아버지가 등장합니다. 아버지가 평상시와 달리 멀리 여행을 가자고 제안합니다. 아버지는 당신을 차에 태우고 한참을 달려 시골 한적한 곳에서 내려 걷습니다. 당신과 아버지는 아무런 말이 없습니다. 마침내 당신이 아버지에게 묻습니다.

"아빠, 우리 어딜 가는 거야?" 아버지는 "가면 알아"라고 간단히 대답합니다.

이윽고 산을 오르기 시작합니다. 정상에 오르자 아버지가 당신에게 말합니다. "바위 앞에 서서 움직이지 말아라." 그런 후 아버지는 품 안에서 권총을 꺼내더니 당신에게 겨누고 방아쇠를 당기려 합니다. 당신은 악몽에서 깨어납니다.

이 악몽이 창세기 22장 1-19절에 기록되어 있는 아케다입니다. 아케다는 히브리어로 '묶기'라는 뜻입니다. 아브라함이 자신의 외아들 이삭을 신에게 바치기 위해 제단 위에 묶어 올려놓은 사건을 총체적으로 지칭합니다.

창세기 22장의 내용을 읽어 보면 아브라함은 미친 사람처럼 행동합니다. 아브라함은 아들을 제물로 바치라는 음성을 듣고 그 아들을 사막으로 데려가 무참히 살해하여 신에게 바치려는 광신도입니다. 아브라함은 유대교, 그리스도교, 이슬람교에서 신앙의 조상이며 하나님의 명령에 대한 순종의 화신으로 알려져 있습니다. 자신이 가장 사랑하는 것을 희생시키라는 하나님의 명령을 받고 두려움과 떨림의 심정으로 따릅니다. 아케다를 해석해 왔던 키에르케고르, 지그문트 프로이트, 그리고 칼 융은 모두 아브라함에게 초점을 맞춰 그의 신앙을 여러 각도에서 찬양합니다(배철현, 124-125쪽).

이제야 네가 하나님을 경외하는 줄을 아노라

하나님은 아브라함에게 '하나님을 경외하는 자'(야레 엘로힘, יְרֵא אֱלֹהִים)라는 별명을 지어 주십니다. '경외'의 히브리어는 '야레'입니다. 〈미쉬나〉(Mishnah) '선조들의 어록' 1장 3절을 보면 경외에 대한 설명이 나옵니다.

"대가를 받기 위해 주인을 위해 봉사하는 노예처럼 되지 마십시오.

대가를 기대하지 않고 주인을 위해 봉사하는 사람처럼 행동하십시오. 그러면 하늘의 경외(야레)가 당신에게 깃들 것입니다."

탈무드에 의하면, '야레'는 인생에 있어서 자신이 반드시 해야 하는 일을 깨달은 자가 그 일을 자발적으로 할 때 그 행위자에게 서서히 더해지는 카리스마입니다. '야레' 없이 경전을 연구하는 사람은, 보물창고로 들어갈 수 있는 열쇠를 가지고 있으나 밖으로 나오는 열쇠는 없는 금고지기와 같다는 것입니다. 하나님을 경외하는 자는 자신이 가진 도구로 아름다운 작품을 만드는 지혜로운 예술가입니다(배철현, 《신의 위대한 질문》 중에서).

시험의 목적

여기에 하나님께서 아브라함과 이삭을 시험하신 목적이 나옵니다. 하나님은 아브라함이 일생을 다하는 순간까지, 세상적으로 가질 것을 다 가진 후에도 진심으로 하나님을 사랑하는 여부를 알고 싶으셨습니다. 그리고 이것을 통하여 우리가 여호와를 믿는다, 경외한다는 것의 본질을 알려 주고 싶으셨던 것입니다.

종교, 신앙, 복음의 핵심은 사랑입니다. 그리고 사랑한다면 사랑하는 대상을 위해서 절대적으로 순종하게 되어 있습니다. 기독교의 가장 중요한 덕목으로서 사람들은 '순종'을 꼽습니다. 천주교는 이를 '순명'이라고 합니다. 목회자들이나 신부들은 평신도에게 순종할 것을 가르칩니다. 하나님의 말씀에 순종하고 그리스도의 가르침에 순종하는 것은 교인이라면 마땅히 취해야 할 덕목입니다.

순종은 창세기 22장의 중심 주제입니다. 학자들은 창세기 22장의 모리아 산 이야기를 일컬어 '아케다 사건'이라고 부릅니다. 아브라함은 100세에 겨우 얻은 외아들 이삭을 밧줄로 결박하였습니다. 늦게 낳아서 금지옥엽으로 키우고 있던 아들을 결박한 것입니다. 하나님께서 아브라함을 시험하여 그 외아들을 번제물로 바치라고 명령하셨기 때문입니다. 이 명령의 목적은 아브라함을 시험하는 데 있었습니다(창 22:1).

시험은 연단의 기회이기도 합니다. 하나님은 아브라함에게 무엇을 시험하셨습니까? 아브라함이 외아들 이삭을 하나님보다 더 사랑하는지 여부를 하나님은 점검하신 것입니다. 하나님이 천사를 시켜서 아브라함을 제지시키며 하신 말씀 속에 이 시험의 목적이 나와 있습니다.

"이제야 네가 하나님을 경외하는 줄을 아노라."

그렇다면 하나님은 왜 그리도 사랑을 확인받고 싶어 하시는 것일까요? 이것은 예수님이 부활하신 후에 베드로에게 나타나셔서 물으신 질문 속에 잘 나와 있습니다.

예수님의 질문 (요 21:15-19)

요한복음 21장 15절에 보면 부활하신 주님은 베드로에게 나타나셔서 "요한의 아들 시몬아, 네가 이 사람들보다 나를 더 사랑하느냐?"라고 질문하십니다. 왜 주님께서 베드로의 사랑을 확인하기를 원하셨을까요? 그것도 세 번씩이나 다짐을 받으면서 말입니다. 요한복음 21장을 잘 관찰해 보면 주님의 질문과 베드로의 답변, 그리고 주님의 명령이 하나의 덩어리로 연결되어 있는 것을 볼 수 있습니다. 또한 이것은 베드로의 죽음에 대한 예언과 "나를 따르라"는 주님의 명령과 긴밀하게 연결되어 있습니다. 주님께서는 지금 이렇게 말씀하고 계십니다.

"베드로야, 네가 정말 나를 사랑하느냐? 그렇다면 내 교회를 돌보아 주겠니?"

주님을 사랑한다는 것은 예수님의 양 떼인 교회에 대한 책임을 받아들인다는 뜻입니다. 그리스도에 대한 우리의 헌신은 그의 양 떼인 교회에 대한 헌신으로 나타나야 합니다. 주님을 사랑하는 사람은 교회를 사랑할 수밖에 없습니다. 이것이야말로 주님을 사랑하는 사람이 피할 수 없는 책임입니다.

주님께서 맡기신 교회를 대하는 여러분의 태도는 어떠합니까? 주님을 사랑하기에 교회를 사랑하십니까? 주님께 헌신하기에 교회에 헌신하고 계십니까? 여러분의 헌신의 정도를 생각해 보십시오. 주님을 사랑한다는 고백에 걸맞은 헌신이라고 생각하십니까?

주님께서 말씀하시는 헌신의 정도는 어떤 것일까요? 주님께서는 베드로에게 말씀하십니다. "베드로야, 네가 정말 나를 사랑하느냐? 네가 나를 정말로 사랑한다면 내 양을 맡아 주겠니?" "물론이지요. 주님. 주님의 양 떼를 잘 돌보겠습니다."

우리 모두 여기까지는 말할 수 있을 것 같습니다. 그런데 주님께서 또 말씀하십니다.

"아참, 그런데 베드로야, 내 양 떼를 돌보다가 네가 목숨을 잃을 일이 생길 것이다. 그런 일이 닥친다 하더라도 넌 나를 따라야 한다. 나와의 약속을 지켜야 하고, 나에 대한 사랑을 증명해야 한다."

이제야 주님께서 똑같은 질문으로 다짐을 받고 확인하시는 이유를 알겠습니다. 주님을 사랑하지 않고서는 주님의 양 떼를 돌보는 일도, 주님의 뒤를 따라 죽음을 각오해야만 하는 그 길을 걷는 일도 할 수 없음을 아셨기 때문입니다. 그 사랑이 아니고서는 베드로가 아무것도 할 수 없음을 아셨기 때문입니다. 예수께서 시몬 베드로에게 물으십니다.

"네가 이 사람들보다 더 나를 사랑하느냐?"

베드로는 이 질문으로 깨달은 바가 있습니다. 자신은 그동안 예수를 사랑했다고 여겼습니다. 그러나 사실상 자기를 위해 예수를 따랐다는 사실, 자신의 욕심에 매달리면서 예수를 좇았다는 것을 깨달았습니다. 그리고 예수를 사랑한 것이 아니라 자신을 사랑하고 자신의 것을 지키기 위해 예수를 수단으로 이용했다는 사실을 알게 된 것입니다. 그러자 예수를 향한 진실한 사랑을 고백합니다.

"내가 주님을 사랑하는 줄을 주님께서 아십니다."

베드로의 태도가 변했습니다. 사랑한다고 말해야 소용이 없음을 깨달았습니다. 사랑은 고백이 아니라 사명에 대한 헌신입니다.

우리의 필요가 채워지지 않을 때

우리가 살다 보면 하나님의 사랑이 의심될 때가 있습니다. 우리의 필요가 채워지지 않을 때입니다. 먹어야 하는데 먹을 것이 없을 때, 입어야 하는데 입을 것이 마땅치 않을 때, 건강해야 하는데 건강이 부실하여 삶이 힘겨울 때…. 이런 필요들이 때로는 걱정을 넘어 하나님의 사랑을 의심하게 하는 단초가 될 수 있습니다. 이럴 때마다 "자기 아들을 아끼지 아니하시고 우리 모든 사람을 위하여 내주신

이가 어찌 그 아들과 함께 모든 것을 우리에게 주시지 아니하겠느냐"(롬 8:32) 하는 말씀을 기억해야 합니다. 우리를 위해 목숨도 아끼지 않고 주신 하나님의 위대한 사랑이 함께하고 있습니다.

사랑하는 성도 여러분, 우리는 지금 누구를 바라보고 있습니까? 우리를 위해 독생자를 아끼지 아니한 하나님에게로 마음의 초점을 맞추십시오.

하나님의 사랑이 의심될 때는 시련이 겹칠 때입니다. 그래서 바울 사도는 로마서 8장 35절에서부터 선포합니다.

"누가 우리를 그리스도의 사랑에서 끊으리요 환난이나 곤고나 박해나 기근이나 적신이나 위험이나 칼이랴."

바울 사도는 그리스도의 사랑으로부터 우리를 끊을 수도 있다고 생각되는 대표적인 인생의 시련을 일곱 가지로 제시하고 있습니다. 환난이란 외적인 환경에서 가해 오는 압력과 고난입니다. 곤고란 마음의 극심한 걱정과 불안을 의미합니다. 박해란 신앙 때문에 받는 모든 고난을 말합니다. 기근은 굶주림입니다. 적신이란 벌거벗음을 뜻하는데, 가난으로 인한 벌거벗음뿐만 아니라 사회적인 소외까지를 포함합니다. 위험은 생명의 손상을 말합니다. 칼이란 순교자들이 당하는 목 베임과 같은 극한 상황을 일컫는 비유적인 표현입니다.

바울이 믿음의 시련 중에 있는 성도들에게 증거하고 싶은 진리가 무엇입니까? 그것은 하나님의 사랑은 택한 자를 버리지 않고 늘 함께해 주시는 사랑이라는 것입니다.

시련이 끊이지 않고 계속되면 별 생각이 다 듭니다. 하나님이 나를 버리신 것은 아닐까? 하나님이 나의 기도를 외면하시는 것은 아닐까? 하나님이 나를 사랑하신다면 왜 이렇게 끝이 보이지 않을까? 하지만 이런 때조차도 우리를 향한 하나님의 사랑이 끊어진 것이 아닙니다. 시련 중에 있을 때 오늘 본문의 말씀을 붙들고 선포하십시오. "누가 우리를 그리스도의 사랑에서 끊으리요. 환난이나 곤고나 박해나 기근이나 적신이나 위험이나 칼이랴. 그것은 변장된 축복일 뿐이야." 그리고 이렇게 외치십시오.

"그러나 이 모든 일에 우리를 사랑하시는 이로 말미암아 우리가 넉넉히 이기느니라"(롬 8:37).

그렇습니다. 사랑이 이깁니다.

"아브라함아, 네 아들 네 사랑하는 독자 이삭을 데리고 모리아 땅으로 가서 내가 네게 일러 준 한 산 거기서 그를 번제로 드리라."

하나님의 이 시험은 아브라함의 급소를 찌른 것입니다. 일상적이고 보편적인 의미로 말하면, "나를 위하여 네 자식을 사지로 보내라. 나를 위하여 이 세상을 포기하라"고 요청하신 것입니다. 다시 말해 "내가 네 자식을 데려가겠다. 이유 없이 순종하겠느냐?"라고 물으신 것입니다.

여러분에게 하나님을 사랑하느냐고 묻는다면 그렇다고 대답할 것입니다. 그리고 하나님을 무엇보다도 사랑하느냐고 묻는다면 아마 그렇게 느낀다는 감정을 토로할 것입니다. 우리가 진실로 누구를 사랑한다면 사랑하는 이를 위하여 내가 어느 정도의 일을 할 마음의 준비가 되어 있느냐고 자신에게 물어보아야 할 것입니다.

하나님은 아브라함에게 사랑의 감정을 물으신 것이 아닙니다. 감정 이상의 사랑의 일, 즉 예수님께서 말씀하신 대로 "아버지나 어머니를 나보다 더 사랑하는 자는 내게 합당하지 아니하고 아들이나 딸을 나보다 더 사랑하는 자도 내게 합당하지 아니하며"(마 10:37), "나의 계명을 지키는 자라야 나를 사랑하는 자"(요 14:21)라고 도전하셨습니다.

하나님은 아브라함의 사랑의 행동, 곧 순종을 물으셨습니다. 아브라함은 위대한 신앙의 사람입니다. 왜냐하면 그는 예나 지금이나 변함없는 순종의 사람이기 때문입니다. 그는 늘 순종으로 그의 신앙을 증명하였습니다. 순종이야말로 진정한 제사입니다.

아브라함은 아침 일찍 일어나 이삭을 데리고 번제에 쓸 나무를 쪼개어 사환에게 지우고 하나님이 일러 주신 곳으로 3일을 행한 다음 모리아 산 입구에서 종들에게 말합니다.

"너희는 나귀와 함께 여기서 기다리라 내가 아이와 함께 저기 가서 예배하고 우리가 너희에게로 돌아오리라."

2. 네가 제물이 될 수 있겠느냐?(7-10절)

"이삭이 그 아버지 아브라함에게 말하여 이르되 내 아버지여 하니 그가 이르되 내 아들아 내가 여기 있노라 이삭이 이르되 불과 나무는 있거니와 번제할 어린 양은 어디 있나이까 아브라함이 이르되 내 아들아 번제할 어린 양은 하나님이 자기를 위하여 친히 준비하시리라 하고 두 사람이 함께 나아가서 하나님이 그에게 일러 주신 곳에 이른지라 이에 아브라함이 그곳에 제단을 쌓고 나무를 벌여 놓고 그의 아들 이삭을 결박하여 제단 나무 위에 놓고 손을 내밀어 칼을 잡고 그 아들을 잡으려 하니."

하나님의 어린양

창세기 22장의 아브라함이 이삭을 희생제물로 바치는 이야기는 유대교의 핵심일 뿐만 아니라 그리스도교 십자가 사건의 핵심이기도 합니다. 세례 요한이 요단 강가에서 세례의식을 베풀고 있을 때, 예수를 보고 말한 첫 마디가 "보라 세상 죄를 지고 가는 하나님의 어린 양이로다"(요 1:29)였습니다.

초기 그리스도교 교부들은 유대교 경전을 그리스도교 경전으로 포함시키면서, 토라에 등장하는 이야기들이 신약성서의 예표라고 생각했습니다. 그 대표적인 예가 바로 아케다 이야기입니다. 〈바나바 편지〉 7장 3절의 기록입니다.

"예수는 제단에 바쳐진 이삭을 통해 예정된 사건을 완성하였다."

특히 성 어거스틴은 《신의 도성》 16장 32절에서, 이삭이 자기 번제에 사용될 나무를 지고 걸어갔던 사실을 예수가 십자가를 지고 골고다 언덕으로 끌려간 사건과 연결지었습니다.

"우리 주님(예수)이 자신의 십자가를 지고 간 것처럼 이삭은 제사의 장소로 자신이 희생될 나무를 지고 갔다."

그러나 이삭은 죽임을 당하지 않았습니다. 왜냐하면 그의 아버지가 그를 죽이는 것이 금지되었기 때문입니다. 그렇다면 그 대신 제물로 바쳐진 숫양은 무슨 의미입니까? 누구의 피로 희생제물이 완성되었습니까? 아브라함이 본 가시덤불에 뿔이 걸린 숫양은 예수가 아니면, 누구겠습니까? 그가 제물로 희생되기 전에 누가 가시면류관을 썼습니까?

아브라함은 이삭에게 번제할 나무를 지우고 자기는 불과 칼을 손에 들고 모리아 산으로 올라갔습니다. 한참을 묵묵히 걷던 이삭이 땀을 식히며 아버지께 불현듯이 묻습니다. "내 아버지여, 불과 나무는 여기 있거니와 번제할 어린 양은 어디 있나이까?" 아브라함은 엉겁결에 "아들아, 번제할 어린 양은 하나님이 자기를 위하여 준비하시리라"고 대답했지만, 이윽고 산에 올라가 번제를 드리게 되었을 때 아브라함은 하나님의 명령을 고백하지 않을 수 없었습니다. "실상은 네가 번제의 양이 되어야 하겠다. 하나님이 너를 번제로 바치라고 말씀하셨다."

이삭은 아버지의 영향을 받고 있었습니다. 이삭은 아마도 눈물을 흘리며 아버지께 순종했을 것입니다. 그들은 죽음을 두려워하지 않았습니다. 히스기야처럼 목숨을 구걸하지도 않았습니다(왕하 20:1-7). 다만 "우리가 살아도 주를 위하여 살고 죽어도 주를 위하여 죽나니 그러므로 사나 죽으나 우리가 주의 것이로다"(롬 14:8)라는 신앙고백에 충실했을 따름입니다. 아브라함은 하나님께 순종하고, 이삭은 아브라함에게 순종함으로 하나님께 순종하였던 것입니다.

이삭의 단호한 결심

아케다 사건은 아버지 아브라함이 아들 이삭에게 희생을 강요한 사건이 아닙니다. 하나님의 명령을 듣고 슬퍼하는 아브라함을 위해 이삭이 스스로 제물이 되겠다고 나선 사건입니다. 그 누구도 죽음 앞에서 의연할 수 없으므로 이삭 역시 두려움과 떨림에 사로잡혔을 것입니다. 그러나 스스로 제물이 되겠다고 결심한 것이 분명합니다. 그것을 증거하는 본문의 두 가지 증거가 있습니다.

첫째는, 이삭의 나이입니다. 본문 5절에 "이에 아브라함이 종들에게 이르되 너희는 나귀와 함께 여기서 기다리라 내가 아이와 함께 저기 가서 예배하고 우리가 너희에게로 돌아오리라 하고"라고 기록되어 있습니다. 이 구절은 아케다 사건의 의미를 푸는 중요한 단어입니다. 이삭을 지칭하는 '이 아이'(나아르)라는 표현은 히브리 원문에서 '건장한 청년'이라고 되어 있습니다.

그런데 왜 이런 번역상의 차이가 있을까요? 경전화 과정에서 차이가 생겼습니다. 기원전 3세기에 히브리어 성경을 헬라어로 번역합니다. 그것을 70인역이라고 합니다. 그리고 서기 5세기에 다시 라틴어로 성경을 번역합니다. 그것을 불가타(Vulgata)라고 합니다. 이들의 잘못된 해석으로 인하여 아케다 사건이 아브라함에 대한 시험으로 둔갑했다는 것입니다. '이 건장한 청년'이라는 히브리 문장을 70인역과 불가타역에서 모두 '아이'로 오역했습니다. 그들은 자신의 외아들마저 하나님에게 바치는 아브라함의 신앙을 칭송하기 위해서 히브리 원문을 일부 오역한 것입니다. 이 번역에 영향을 받은 모든 유럽과 미국의 성서 번역본, 그리고 한국의 성서도 모두 '이 아이'로 번역되어 있습니다.

그렇다면 이삭의 나이는 어떻게 추정할 수 있을까요? 번제를 드리고 난 후 아브라함과 이삭이 집으로 돌아간 일에 대해서는 창세기 23장에 기록되어 있습니다. 1절에 "사라가 백이십칠 세를 살았으니 이것이 곧 사라가 누린 햇수라"고 기록되어 있습니다. 모리아 산의 번제 사건이 있은 지 얼마 후 사라가 죽었습니다. 사라의 나이가 127세라면 이삭의 나이는 37세이므로 이 이야기의 주인공은 이삭이어야 한다는 것입니다.

그렇다면 아케다 이야기는 아버지 아브라함이 아들 이삭에게 영적인 권위를 넘기는 행위라고 말할 수 있습니다. 아브라함과 이삭의 나이를 고려했을 때 이삭의 자발적인 의도가 없이는 불가능한 일입니다. 만일 이삭이 묶이지 않기 위해 저항하거나 도망친다면 결코 이삭을 제물로 바치지 못했을 것입니다. 만일 하나님이 이삭을 시험하신 시점을 찾으라면 바로 이 순간입니다. 이는 이삭에 대한 시험이며, 이삭은 자신의 생명까지 요구하신 하나님의 명령을 기꺼이 따른 순교자입니다. 아브라함의 뒤를 이어 믿음의 조상이 될 만한 덕목입니다.

기독교 4대 교황이자 로마의 주교였던 클레멘트가 고린도 교회에 보낸 편지 '클레멘트1서'에는 다음과 같이 쓰여 있습니다.

"우리의 조상 아브라함이 왜 축복을 받았습니까? 그가 신앙을 통해 진실하게 행동했기 때문이 아닙니까? 이삭은 무슨 일이 일어날지 알면서도 기꺼이 자신이 희생제물이 되기를 허락했습니다."

아브라함은 이삭을 묶을 힘도 의지도 없었습니다. 이삭은 제 스스로 자신을 묶고 제단 위로 올라가 "하나님의 뜻이라면 저를 죽이십시오"라고 아버지께 말합니다. 바로 이 순교적인 결단을 통해서 아브라함의 신앙의 전통을 물려받을 수 있었고, 이 순간 남들의 비웃음을 샀던 늦둥이 어리광쟁이가 아니라 아브라함의 뒤를 이은 신앙의 족장이 된 것입니다.

둘째는, 아브라함과 이삭의 마음을 알려주는 단어를 통해서입니다. 6절에 "두 사람이 동행하더니", 8절에 "두 사람이 함께 나아가서", 19절에 "함께 떠나"라는 구절을 유심히 보아야 합니다. 여기서 '함께'라는 단어의 히브리어는 '에하드'(יחד)인데 이 단어는 '한마음으로 한 사람처럼 함께'라는 뜻입니다. 본문에 저자(엘로히스트)는 히브리 경전 전통인 '침묵 속의 웅변'에 충실해 아브라함과 이삭 간의 심정이나 대화에 대해 침묵합니다. 이들의 마음을 "두 사람이 함께 걸었다"라는 간결하지만 강력한 표현으로 대신합니다.

그는 산 아래에서부터 장작을 지고 올라오며 괴로워하는 아버지의 얼굴을 힐끗힐끗 보았습니다. 내가 왜 이런 곤란한 상황에 처하게 되었는지 자신의 운명을 한탄하기도 했습니다. 그러나 이삭은, 이것이 하나님의 뜻이라면 끝까지 가보기로 합니다. 이삭은 아버지와의 어색한 적막을 깨고 아버지를 안정시키고 싶었습니다. 이삭은 "제가 꼭 번제로 바칠 어린양이 되어야 합니까? 지금이라도 멈추면 안 됩니까?"라고 말하고 싶었는지도 모릅니다. 그러나 그는 이것이 하나님의 뜻이라면 따르겠다고 결심합니다.

이삭의 이 결심은 예수님께서 겟세마네 동산에서 기도하실 때 하나님께 드린 마지막 기도와 같습니다. "내 아버지여 만일 내가 마시지 않고는 이 잔이 내게서 지나갈 수 없거든 아버지의 원대로 되기를 원하나이다"(마 26:42)라는 절규와 같습니다.

기원후 2세기 구약성서를 아람어로 번역한 〈탈굼 네오피티〉에서는 다음과 같은 해설을 덧붙입니다.

"아브라함이 이삭에게 말했다. 내 아들아, 주님께서 자신을 위해 번제를 예비하실 것이다. 그러나 준비하시지 않았다면 네가 번제의 제물이 될 것이다. 이 둘은 굳게 결의하고 함께 걸었다."

신앙이란 무엇입니까? 자기 자신을 제물로 드리는 번제, 헌신입니다. 자기희생과 헌신, 순교의 정신이 신앙의 기적을 일으킵니다. 그래서 바울은 말합니다.

"그러므로 형제들아 내가 하나님의 모든 자비하심으로 너희를 권하노니 너희 몸을 하나님이 기뻐하시는 거룩한 산 제물로 드리라 이는 너희가 드릴 영적 예배니라 너희는 이 세대를 본받지 말고 오직 마음을 새롭게 함으로 변화를 받아 하나님의 선하시고 기뻐하시고 온전하신 뜻이 무엇인지 분별하도록 하라"(롬 12:1-2).

자기 헌신의 기적을 깨달아야 기적을 체험할 수 있습니다.

벽돌 한 장의 기적

존이라는 13세 소년이 필라델피아의 한 벽돌공장에서 일하고 있었습니다. 그는 늘 기도하기에 힘쓰고 찬송을 즐겨 부르고 성경을 열심히 읽었습니다. 그런데 존에게는 한 가지 슬픈 일이 있었습니다. 자기가 다니는 교회에 들어가는 길이 비포장 길이라 비만 오면 질퍽해진다는 것이었습니다. 그것 때문에 믿음이 약한 교인들 가운데는 비가 오는 날에는 아예 교회에 안 나오는 사람도 있었습니다. 그런데도 어른들은 대책을 세우지 않았습니다. 그래서 어린 존이 결심을 했습니다.

"우리 교회의 입구를 내가 벽돌로 포장하리라!"

파란 꿈을 가진 존의 눈앞에는 벌써부터 아름답게 포장된 도로가 비쳐졌습니다.

그 후로 존은 7센트를 받는 하루 임금 중에서 식대를 제하고 난 돈으로 벽돌 한 장을 샀습니다. 매일 한 장씩 벽돌을 사서는 교회 마당에 깔기 시작했습니다. 존이 골목길 포장을 마치려면 2년이라는 시간이 걸릴 것이었습니다. 그러나 그는 조금도 멀다고 느끼지 않았습니다. 하루 일과를 끝내고 벽돌 한 장을 손에 든 채 교회를 향하여 걸어가는 그의 마음은 하늘을 나는 것 같았습니다.

일주일이 지나고, 열흘이 지났습니다. 어린 존의 헌신은 교회 담임목사인 체임버스 목사님을 통해 알려졌습니다. 드디어 이기적인 어른들의 마음이 깨지기 시작했습니다. 얼마 가지 않아 교회의 골목길은 깨끗하게 포장되었고, 교회당도 깨끗이 단장되었습니다.

하나님께서는 이 어린 소년에게 한없이 복을 주셨습니다. 그가 바로 훗날 백화점 왕이라고 불린 존 워너메이커(John Wanamaker, 1838-1922)입니다. 그는 백화점 왕이 된 뒤 자신의 재산을 사회로 환원하기 위해 미국과 전 세계에 YMCA 건물을 수없이 지었습니다. 서울 종로 2가에 있는 YMCA 건물도 그 가운데 하나입니다.

이야기 하나를 더 소개합니다. 유기성 목사의 후배 중에서 중앙아시아 어느 나라에서 선교하는 이가 찾아와 도움을 요청했습니다. 그곳에서 유치원을 운영하기 위해 모금을 하고 있는데 300만 원만 도와달라는 것이었습니다. 그래서 유기성 목사는 주일 저녁 예배에 설교를 하고 간증을 하라고 부탁했습니다. 그 간증을 듣고 교인들이 헌금하는 만큼 도와주겠다고 약속했습니다. 그 후배는 간증을 하면서 그 땅에 복음의 열매가 맺게 하는 데 자신이 거름이 될 수 있다면 분쇄기로 자신을 갈아서 그 땅에 뿌렸으면 좋겠다고 말했습니다. 예배 후에 헌금을 했는데 필요로 했던 액수보다 네 배가 나왔다고 합니다.

성경에 나오는 인물들을 보면 모두가 고난의 터널을 통과한 후에 하나님의 복을 누리는 자리에 올라갔습니다. 어느 한 사람 예외 없이 고난의 강을 건넜습니다. 그런데 이삭은 다른 어떤 인물들보다 고난이 적었습니다. 저는 이삭이 다른 사람들보다 고난이 적었던 이유를 본문에서 찾았습니다. 이삭이 자기의 목숨을 아버지와 하나님께 드렸기 때문에 하나님은 그를 인정하시고 그의 인생을 평탄하게 하셨다고 생각합니다. 하나님은 하나님의 뜻에 순종했던 이삭에게 복을 주신 것입니다.

3. 하나님의 예비하심을 믿느냐? (14절)

"아브라함이 그 땅 이름을 여호와 이레라 하였으므로 오늘날까지 사람들이 이르기를 여호와의 산에서 준비되리라 하더라."

하나님을 아는가?

어떤 사람이 자동차를 10여 년 동안 쓰고 폐차했습니다. 폐차장에서 운전석 밑에 있는 뭔가를 잡아당기니 트렁크가 열리는 것입니다. 그 사람은 그 차를 10여 년 동안 타면서 그런 기능이 있는 것을 그제야 알았다고 합니다. 마찬가지로 우리가 평생 하나님을 섬겨도 시간이 많이 지나서야 하나님에 관해 알게 되는 진리도 있습니다.

창세기 22장에서 이삭의 나이를 20-30대로 본다면 아브라함의 나이는 120-130세 정도였을 것입니다. 그럼에도 그는 하나님에 대해서 다 알지 못했습니다. 하나님은 배우면 배울수록 더 알아야 할 진리가 많은 분입니다. 하나님에 대해 알아가는 것은 한계도 없고 지루함도 없습니다. 신학교 도서관에 가보면 하나님에 관한 수만 권의 책이 있습니다. 하지만 또다시 하나님에 관한 책이 나오는 것을 보면 하나님은 알면 알수록 무한하고 끝도 없이 계속 알아가야 하는 분이라는 것을 알 수 있습니다.

아브라함은 갈대아 우르에서 75세에 하나님을 처음 만났습니다. 그 후 50여 년을 하나님에 대해서 배우고 경험했지만 120세가 넘어서도 여전히 배워야 할 하나님의 진리가 있습니다. 그러므로 하나님을 배우는 것에는 나이 제한이 있을 수 없습니다. 노년기가 되어도 계속해서 하나님을 배워 나가시기 바랍니다.

아브라함이 모리아 산에서 배운 교훈은 매우 기본적이고 단순한 진리였습니다. 기본은 아무리 강조해도 지나침이 없으며, 우리는 언제라도 다시 기본으로 돌아가야 합니다. 세계적인 골프 선수들도 연습할 때는 항상 기본으로 돌아간다고 합니다. 자신의 기본 자세가 혹시 잘못되었는지를 점검해 본다는 것입니다. 우리도 가장 단순하면서 기본적인 신앙의 진리로 항상 돌아가야 합니다.

아브라함이 모리아 산에서 배운 교훈

"아브라함이 그 땅 이름을 여호와 이레라 하였으므로 오늘날까지 사람들이 이르기를 여호와의 산에서 준비되리라 하더라"(창 22:14).

아브라함이 모리아 산에서 배운 진리는 '여호와 이레'입니다. 여호와는 하나님이 모세에게 가르쳐 주신 하나님의 이름인데, 여호와라는 이름과 함께 붙어서 합성된 이름이 여러 가지가 있습니다. 예를 들면 치료해 주시는 하나님을 '여호와 라파', 평강을 주시는 하나님을 '여호와 샬롬'이라고 합니다. 그러면 '여호와 이레'는 무슨 뜻입니까? 두 가지 의미가 있습니다. '하나님이 보신다'(God sees)는 의미와 '하나님이 공급하신다'(God provides)라는 의미입니다. 아브라함이 모리아 산에서 배운 교훈은, 하나님은 보시고 공급해 주시는 하나님이시라는 것입니다.

하나님이 우리 각 사람을 보고 계신다는 진리를 아브라함보다 먼저 깨달은 여자가 있습니다. 바로 아브라함의 종인 하갈입니다. 하갈이 아브라함으로 말미암아 잉태된 사실을 알고 자기의 여주인인 사라를 멸시하다가 쫓겨났습니다. 그래서 광야를 방황하다가 샘물에서 물을 먹고 주저앉아 있었는데, 여호와의 사자가 그 앞에 나타났습니다. 하갈은 사라에게로 돌아가서 복종하라는 말씀을 듣고 돌아가서 이스마엘이 장성할 때까지 평안하게 잘 지냈습니다.

"하갈이 자기에게 이르신 여호와의 이름을 나를 살피시는 하나님이라 하였으니 이는 내가 어떻게 여기서 나를 살피시는 하나님을 뵈었는고 함이라"(창 16:13).

하갈이 방황하면서 아이를 어떻게 낳고 기를 것인가 염려하는 것을 하나님께서 아시고 자신에게 가장 좋은 길로 인도해 주셨다는 것입니다. 그래서 여호와의 이름을 '감찰하시는 하나님'이라는 뜻의 '여호와 로이'라고 불렀습니다. 그리고 하나님을 만난 샘물의 이름을 '브엘라해로이'라고 불렀습니다. '브엘'은 우물이라는 뜻이고, '라해'는 살아 계신 분이란 뜻이고, '로이'는 나를 감찰하신다는 뜻입니다. 그러니까 '브엘라해로이'는 '나를 보시는 살아 계시는 분의 우물'이라는 뜻인 것입니다. 이처럼 아브라함은 자신의 여종 하갈보다도 이 진리를 늦게 배우게 되었습니다. 그렇다면 하나님은 무엇을 보신다는 것입니까? 하나님은 두 가지를 보십니다.

첫째, 하나님은 아브라함의 마음을 다 보고 계셨습니다. 아브라함이 이삭을 얼마나 사랑하는지, 그럼에도 이삭을 기꺼이 하나님께 바치려고 했는지, 아브라함의 마음속에 하나님을 경외하는 참된 마음이 있는지를 다 보고 계셨습니다. 하나님은 우리 마음을 다 보고 계십니다.

"여호와께서 사무엘에게 이르시되 그의 용모와 키를 보지 말라 내가 이미 그를 버렸노라 내가 보는 것은 사람과 같지 아니하니 사람은 외모를 보거니와 나 여호와는 중심을 보느니라 하시더라"(삼상 16:7).

사람은 얼굴을 보지만 하나님은 마음을 보십니다. 그래서 열왕기 기자는 "주는 계신 곳 하늘에서 들으시고 사하시며 각 사람의 마음을 아시오니 그들의 모든 행위대로 행하사 갚으시옵소서 주만 홀로 사람의 마음을 다 아심이니이다"(왕상 8:39)라고 한 것입니다. 이것은 솔로몬이 성전을 봉헌하고 드린 기도 가운데 하나입니다. 하나님은 우리의 마음을 다 아십니다. 우리의 마음을 아시는 분은 오직 하나님 한 분이십니다. 여러분의 마음속에 무엇이 들어 있는지 하나님이 다 보신다는 것입니다. 그러므로 우리 그리스도인들은 마음이 정직해야 합니다.

둘째, 하나님은 아브라함의 마음을 보실 뿐만 아니라 그의 필요도 다 알고 계셨습니다. 아브라함에게는 이삭을 대신해서 번제로 드릴 어린 양이 필요하다는 것을 하나님은 알고 계셨습니다. 그래서 예수님은 "그러므로 그들을 본받지 말라 구하기 전에 너희에게 있어야 할 것을 하나님 너희 아버지께서 아시느니라"(마 6:8)고 말씀하신 것입니다. 우리가 기도하기 전에 우리에게 필요한 것을 하나님은 다 아십니다.

여러분은 지금 무엇이 부족하십니까? 건강이 필요한 분도 있을 것이고, 돈이 필요한 분도 있을 것이며, 명예가 필요한 분도 있을 것입니다. 또 돈도 명예도 다 싫고 마음의 평강이 필요하다는 분도 있을 것입니다. 하나님은 우리의 필요를 다 아십니다.

그런데 하나님이 알기만 하고 아무것도 공급해 주실 능력이 없다면 어떻게 되겠습니까? '저 사람은 저런 필요가 있구나' 하면서 안타까워만 하는 하나님이 어디 있습니까? 하나님은 아실 뿐만 아니라 친히 공급하는 능력이 있으십니다.

아브라함이 두 번째로 배운 진리는, 하나님은 우리의 필요를 보실 뿐만 아니라 친히 공급해 주시는 하나님이라는 것입니다.

"아브라함이 눈을 들어 살펴본즉 한 숫양이 뒤에 있는데 뿔이 수풀에 걸려 있는지라 아브라함이 가서 그 숫양을 가져다가 아들을 대신하여 번제로 드렸더라"(창 22:13).

아브라함이 이삭을 죽이려고 할 때 하나님이 숫양을 공급해 주셨습니다. 하나님의 공급은 가장 정확한 타이밍에 옵니다.

"하나님이 그에게 일러 주신 곳에 이른지라 이에 아브라함이 그곳에 제단을 쌓고 나무를 벌여 놓고 그의 아들 이삭을 결박하여 제단 나무 위에 놓고 손을 내밀어 칼을 잡고 그 아들을 잡으려 하니"(창 22:9-10).

'잡는다'는 동사는 개나 소를 잡을 때만 쓰는 줄 알았는데 아브라함이 이삭을 잡으려고 했다고 나옵니다. 그러니까 아브라함이 폼으로 찌르려고 한 것이 아닙니다. 진짜로 이삭을 죽이려 했습니다. 그때 하나님의 공급이 임했습니다.

"여호와의 사자가 하늘에서부터 그를 불러 이르시되 아브라함아 아브라함아 하시는지라 아브라함이 이르되 내가 여기 있나이다 하매"(창 22:11).

아브라함이 칼로 이삭을 찌르려고 하는 순간 아브라함을 두 번이나 불러 멈추게 하셨습니다. 아브라함이 주위를 둘러보니 숫양이 수풀에 걸려 있어서, 이삭 대신 단 위에 올려놓고 번제로 드릴 수 있었습니다.

하나님이 공급해 주시는 것은 때가 있습니다. 하나님의 때가 되면 우리의 필요를 공급해 주십니다. 공급의 때를 사람이 미리 알 수 있다면 믿음이 필요하지 않습니다. 공급의 때를 모르기 때문에 믿음이 필요한 것입니다. 예를 들어 하나님이 여러분에게 2년 뒤에 100억짜리 복권에 당첨되게 해주시겠다고 가르쳐 주신다면 어떻게 되겠습니까? 아마도 그때부터 은행에서 빌려다가 받기도 전에 100억을 다 쓰고 오히려 빚을 지게 될지도 모릅니다. 공급의 때를 알려 주는 것이 오히려 우리에게 좋지 않은 일입니다. 하나님께 순종하며 살면 공급의 때를 맞이하게 됩니다.

"여호와 하나님은 해요 방패이시라 여호와께서 은혜와 영화를 주시며 정직하게 행하는 자에게 좋은 것을 아끼지 아니하실 것임이니이다"(시 84:11).

하나님은 우리의 해가 되시고, 방패가 되십니다. 그리고 정직히 행하는 사람에게 좋은 것을 아끼지 아니하십니다. 그러므로 우리는 정직하게 행하면 됩니다. 아브라함이 모리아 산에서 깨달은 것은 하나님이 나의 필요를 보고 공급해 주시는 '여호와 이레'의 하나님이시라는 것입니다. 그래서 사도 바울은 빌립보서 4장 19절에서 "나의 하나님이 그리스도 예수 안에서 영광 가운데 그 풍성한 대로 너희 모든 쓸 것을 채우시리라"고 말합니다. 여러분에게 필요가 있다면 하나님의 공급도 있다는 사실을 믿으시고 '여호와 이레'의 하나님을 경험하시기 바랍니다.

어미 곰처럼

이어령 선생의 글에 나오는 이야기입니다. 곰의 모성애는 인간보다 더 깊고 따뜻하다고 합니다. 하지만 어린것이 두 살쯤 되면 어미 곰은 새끼를 데리고 산딸기가 있는 먼 숲으로 갑니다. 어린 새끼는 산딸기를 따 먹느라고 잠시 어미 곰을 잊어버리고, 그 틈을 타서 어미 곰은 몰래 새끼 곰의 곁을 떠납니다. 그렇게 애지중지 기르던 새끼를 왜 혼자 버려두고 떠날까요? 그것은 새끼가 혼자서 살아가도록 하기 위해서입니다. 새끼 곰을 껴안는 것이 어미 곰의 사랑이듯이 새끼 곰을 버리는 것 또한 어미 곰의 사랑입니다. 우리에게도 그런 사랑이 필요합니다.

하나님의 말씀은 능력이 있다

하나님의 말씀에는 이 세상의 어떤 사람의 말과도 비교될 수 없는 능력이 있습니다. 여러분! 미국의 억만장자로 투자의 귀재라 불리는 워런 버핏 아시죠? 그가 2007년도에 일 때문에 중국의 한 호텔에 묵었습니다. 그런데 갑자기 양복 재단사 두 사람이 호텔방으로 찾아와서는 줄자를 가지고 몸의 구석구석을 8분 만에 재고는 나갔습니다. 그리고 3주 후에 미국의 자택으로 양복 세 벌이 배달되었습니다. '다양'이라는 중국의 양복 회사 제품이었습니다. 2009년도에 워런 버핏이 "나는 중국의 다양이라는 양복회사가 만든 양복을 입는다. 빌 게이츠도 입는다. 나는 이 회사의 양복을 아홉 벌이나 가지고 있는데 두 벌을 더 주문하려고 한다"라고 인정하는 말을 한 번 했습니다. 그랬더니 그 한마디에 전 세계의 주식 투자자들이 몰려들어서 다양이라는 양복회사의 주식이 폭등하는 엄청난 일이 일어났습니다. 이 사건을 보면 영향력 있는 사람의 말 한 마디가 얼마나 대단한 능력이 있는지를 알 수 있습니다.

그런데 하나님의 말씀은 워런 버핏의 말과는 비교할 수도 없는 놀라운 능력이 있습니다. 성경은 우리들에게 하나님의 말씀에 순종하라고 명령합니다. 그리고 우리가 하나님의 말씀에 순종하기만 하면 하나님이 주시는 복을 누릴 것이라고 가르쳐 줍니다.

네 이름이 무엇이냐?

창 32:21-32

임계점

　　임계점이란 물질의 구조와 성질이 다른 상태로 바뀔 때의 온도와 압력을 의미합니다. 물은 섭씨 100도에서 끓습니다. 99도가 되면 물이 끓을 것 같은 기분이 듭니다. 하지만 아무리 기다려도 99도에서는 끓지 않습니다. 바로 이 1도의 차이가 변화를 일으키는 것입니다. 액체가 기체가 되는 물리 현상이 발생합니다. 애벌레가 번데기를 거쳐 나비가 되는 현상도 어떻게 보면 임계점을 지나 다른 물리적 형태로 변화하는 현상 중에 하나일 것입니다.

　　사회적 현상에서 임계점을 설명할 수 있는 사례도 많습니다. 아르키메데스가 목욕탕에서 부력의 원리를 발견하고 유레카를 외치는 순간, 뉴턴이 만유인력을 발견하던 순간, 그리고 1차 세계대전 전에 발생한 세르비아 황태자 살해 사건은 사회적인 큰 변화를 가져온 임계점입니다.

임계점에서 가장 중요한 것은 임계점 자체가 아닙니다. 물이 수증기로 변하게 만들기 위해서는 100도까지 끌어올리기 위한 에너지가 필요하듯이 엄청난 노력과 열정적인 누적이 있어야 한다는 것입니다. 에릭슨과 글래드웰은 성공의 임계점은 1만 시간이라고 정의합니다. 1만 시간의 노력과 연습이 전제되어야 세계 최고의 기량을 갖출 수 있다는 것입니다. 1만 시간이라는 양적인 누적이 없다면 그러한 사건들이 임계점으로서의 역할을 다하지 못했을 것이고, 따라서 그다음의 질적 변화의 사건은 나타나지 않았을 것입니다. 그러나 이 1만 시간의 법칙은 재능의 발현을 위해 필요한 최소한의 물리학의 시간을 의미하는 것이지, 흔히 말하는 성공의 법칙과 혼동해서는 안 됩니다.

김병완이라는 작가는 삼성전자에서 연구원으로 10여 년간 종사하다가 불현듯 일이 재미없어지고 회의가 들었습니다. 그래서 사직서를 내고 부산으로 이사하여 무작정 가까운 도서관을 3년간 드나들었다고 합니다. 그는 그곳에서 1년간 3,000권씩 3년간 총 9,000권의 책을 읽고 나서 한 달에 두 권씩 50권의 책을 출간할 정도로 다양한 콘텐츠가 머릿속에서 떠올라 쓸 소재가 넘쳐났다고 합니다. 그는 절대로 책을 쓰기 위해 책을 읽은 것은 아니었다고 합니다. 1,000권 정도 읽으니까 책을 쓸 수 있는 능력이 넘쳐서 책을 쓰게 되었다는 것이죠. 소설가 이문열 씨도 처음에 글을 쓸 생각이 없었는데 1,000권을 읽고 나니 글을 쓸 수 있겠다는 자신감이 생겼다고 합니다.

모든 삶 속에서 임계점은 동일하게 적용됩니다. 임계점을 넘는 자가 바로 달인입니다. 생활의 달인, 운동의 달인, 축구의 달인 등 이런 임계점의 법칙은 영적 생활에서도 마찬가지로 적용됩니다.

비슷한 말로 티핑포인트(Tipping Point)도 있습니다. 예상하지 못한 일이 한꺼번에 몰아닥치는 극적인 변화의 순간, 어떤 상황이 처음에는 미미하게 진행되다가 어느 순간 갑자기 모든 것이 급격하게 변하기 시작하는 극적인 순간을 뜻합니다. 말콤 글래드웰은 저서 《티핑포인트》에서 티핑포인트란 예상하지 못한 일들이 갑자기 폭발하는 바로 그 지점을 일컫는다고 묘사했는데, 이 책이 베스트셀러가 되면서 이 용어도 함께 유명해졌습니다. 인기가 없던 제품이 어떤 일을 계기로 폭발적인 인기를 끌게 되는 극적인 순간이 바로 티핑포인트인 것입니다.

사도 바울이 핍박자에서 전도자가 되는 것과 같은 전환의 순간이 야곱에게도 밀어닥쳤습니다. 일명 얍복 강에서의 철야기도 사건입니다. 형 에서와의 20년 묵은 원한으로 지금까지 그가 쌓았던 모든 것을 잃게 된 순간, 야곱은 하나님께 나아가 사활을 건 기도를 드립니다. 그때 하나님은 야곱에게 응답하시기에 앞서 중요한 질문을 하십니다. 바로 "네 이름이 무엇이냐?"라는 것입니다. 왜 하나님은 그 절체절명의 순간에 이름을 물으신 것일까요?

1. 옛사람에서 새사람으로 (27절)

"그 사람이 그에게 이르되 네 이름이 무엇이냐 그가 이르되 야곱이니이다."

잊히지 않는 20년

한 사람의 인생에서 20년은 결코 짧은 세월이 아닙니다. 요즘 시간 개념으로 따지면 강산이 두 번이나 바뀔 만한 세월입니다. '세월이 약'이라는 옛말을 빌린다면, 어지간한 일들은 다 과거 속에 묻힐 만한 세월이고, 어지간한 상처와 아픔도 다 아물었을 만한 세월입니다. 그런데 야곱과 에서의 갈등은 20년이라는 세월에도 불구하고 아물지 않았습니다. 세월 속에 결코 묻히지 않았습니다. 야곱이 돌아온다는 소식을 들은 에서가 장정 400명을 거느리고 (창 32:6) 야곱을 향해 오는 걸 보면 알 수 있습니다.

야곱은 이 문제를 풀기 위해서 온갖 지혜와 방법을 총동원했습니다. 하나님께 기도한 것은 물론이고, 형의 환심을 사기에 충분한 예물을 보내고, 가족과 소유를 두 떼로 나누어 배치하기도 했습니다. 하지만 이런 노력에도 불구하고 마음이 놓이지 않았습니다. 그렇다고 뒤로 물러날 수도 없었습니다. 하나님께서 가나안으로 돌아가라고 분명히 말씀하셨기 때문에 앞으로 가야만 했습니다. 결국 야곱은 가족들과 모든 소유를 이끌고 얍복 강을 건넜습니다. 얍복 강은 요단 강 동편에 있는 지류입니다. 현재는 요르단에 있는 작은 강입니다.

야곱은 가족들을 앞세우고 나서 뒤에 홀로 남았습니다. 그때 어떤 사람이 날이 새도록 야곱과 씨름하는 아주 기이한 사건이 벌어졌습니다. 둘이서 밤새 씨름을 했습니다. 날이 새도록 씨름을 했는데도 승부가 나지 않자, 야곱을 이길 수 없음을 깨달은 그 사람이 회심의 일격을 가했습니다. 그가 야곱의 허벅지(대퇴부) 관절을 내리치자 야곱은 일순간에 허벅지 관절이 골절되는 큰 상처를 입었습니다. 그런데도 그 사람을 놓아주지 않았습니다. 그 사람은 할 수 없이 야곱에게 사정했습니다. 날이 새려 하니 나로 가게 하라고. 그러나 야곱은 끈덕지게 "당신이 내게 축복하지 아니하면 가게 하지 않겠다"라고 맞섰습니다. 그때 하나님이 야곱에게 하신 질문이 "네 이름이 무엇이냐?"였습니다.

예전에도 이름을 묻다

그런데 본문에서 하나님이 야곱의 이름을 물으신 것은 단순히 그의 신분을 몰라서 던진 질문이 아닙니다. 하나님은 자신이 누구라고 밝히지 않아도 다 아시는 분입니다. 하나님이 이름을 물으신 것은 야곱의 일생에서 한 사건을 생각나도록 하기 위한 것입니다. 야곱의 이름을 묻는 장면은 이전에도 있었습니다. 20년 전 아버지 이삭 앞에서였습니다.

야곱이 장자권을 차지하기 위해 형 에서로 변장하고 아버지에게 갔을 때 이삭이 물었습니다. "아들아, 네가 누구냐?" 야곱은 대뜸 "아버지의 맏아들 에서입니다"라고 대답했습니다(창 27:18-19). 이것은 아버지만 속인 게 아니었습니다. 자기 자신을 속인 것이었고, 형을 속인 것이었습니다. 바로 자신의 이름을 속인 사건 때문에 나그네처럼 타향에서 20년간 떠돌아야 했고, 그의 형제간의 의도 뒤틀리게 된 것입니다. 그로부터 20년이 지난 지금 야곱은 또다시 같은 질문 앞에 섰습니다.

"네 이름이 무엇이냐?"

하나님의 이 질문은 20년 전부터 아버지도 속이고 형도 속이며 자신이 원하는 것을 취하려고 했던 옛사람 야곱을 일깨워 주려는 것입니다. 하나님은 바로 이 질문을 통해, 지금 닥친 위기만을 모면하려고 해서는 안 되며 위기의 근원인 죄 된 자아, 옛사람의 성품인 자아를 깨뜨리고 새사람을 입으라고 초대하셨습니다. 이 질문에 야곱은 대답합니다.

"예, 저는 야곱입니다."

하나님의 질문에 이제야 제대로 대답이 나왔습니다. 야곱, 발꿈치를 잡은 자, 뒤통수를 치는 자기를 제대로 본 것입니다. 이 대답은 바로 자기의 옛사람에 대한 고백입니다. "네, 나는 아버지와 형을 속이고, 나 자신을 속인 자입니다." 자기의 욕망을 이루기 위해서 아버지 앞에서 '아버지의 맏아들 에서'라고 거짓말을 했던 추악하고 더러운 자라는 자기 고백을 한 것입니다.

그렇습니다. "네 이름이 무엇이냐?"라는 질문과 "내 이름은 야곱입니다"라는 대답은 단지 이름을 묻고 답하는 일차원적인 대화가 아닙니다. 이 대화는 '야곱아, 너는 누구냐?'를 묻고 답하는 대화이고, 20년 전 아버지와 형에게 범한 죄악을 묻고 답하는 대화입니다.

여기서 중요한 것은, 야곱이 자기를 야곱이라고 인정하고 고백했기 때문에 이스라엘이 될 수 있었다는 것입니다. 만일 야곱이 야곱 임을 고백하지 않았다면 어땠을까요? 과연 이스라엘이 될 수 있었을 까요? 아마 영원히 야곱으로 남았을 것입니다. 야곱이 이스라엘이라 는 새 이름을 받을 수 있었던 것은 자기가 야곱임을 처절하게 인식 하고 고백했기 때문입니다.

신앙생활에서 옛사람을 버리고 새사람을 입는 거듭남은 구원과 영생을 위한 필수 관문입니다. 그래서 예수님께서도 요한복음 3장 3절에서 니고데모에게 "진실로 진실로 네게 이르노니 사람이 거듭 나지 아니하면 하나님의 나라를 볼 수 없느니라"라고 하신 것입니 다. 하나님은 언제나 자기가 병들었다는 것을 보게 함으로써 치유하 시고, 자기가 죄인 중에 괴수임을 보게 함으로써 의의 자리로 끌어 올리십니다. 구원의 은총은 자기 의를 추구하는 바리새인에게 임하 지 않고, 죄인임을 깊이 인식하고 엎드려 자비를 구하는 세리에게 임 합니다(눅 18:14). 바울이 죄가 더한 곳에 은혜가 더욱 넘친다고 한 것 (롬 5:20)도 같은 이야기입니다. 이것은 모든 그리스도인이 아는 진리 입니다.

그런데 실제로 아는 사람은 그리 많지 않습니다. 많은 그리스도인 들을 보십시오. 말로는 죄인이라고 하면서도 실제로는 자기의 의로 움과 옳음을 내세우지 않습니까? 왜 그러겠습니까? 자기가 죄인이라 고는 하지만 실제로는 자기가 죄인인 것을 모르기 때문입니다. 정말 자기가 죄인임을 알면 자기의 의로움과 옳음을 내세울 수 없습니다. 그가 내세울 수 있는 것은 언제나 자기가 죄인이라는 것, 죄인 중에 괴수라는 것뿐입니다. 그리고 바로 그런 자에게 '이스라엘'이라는 새 이름이 주어집니다. 야곱이 야곱임을 인정하고 고백했을 때 이스라엘이 된 것처럼 말입니다.

옛사람을 벗고 새사람을 입으라

"너희는 유혹의 욕심을 따라 썩어져 가는 구습을 따르는 옛사람을 벗어 버리고 오직 너희의 심령이 새롭게 되어 하나님을 따라 의와 진리의 거룩함으로 지으심을 받은 새사람을 입으라"(엡 4:22-24).

예수님의 가르침을 통해 우리가 벗어 버려야 할 모습을 에베소서 4장 22절에서 자세하게 이야기하고 있습니다.

첫째, 삶의 방식(way of life)입니다. 이는 우리의 가치관과 행동이 모두 변해야 한다는 것입니다. 세상의 기준에서 하나님의 기준으로 가치를 옮겨야 합니다. 그전에 하던 악한 행동들을 계속하면서 우리가 새사람을 입을 수는 없습니다. 우리의 행동도 예수님이 가르쳐 주신 사랑의 행동으로 바뀌어야 합니다.

둘째, 옛 자아(old self)입니다. 나 스스로 생각하는 나의 모습도 바뀌어야 합니다. 예수님이 가지고 계셨던 분명한 자아 인식은 '하나님의 아들'이라는 것입니다. 그렇기에 예수님은 그 모든 사역을 하실 수 있었습니다. 우리가 가지고 있는 자아 인식이 무엇이든 우리는 내가 가지고 있던 자아상은 버려야 합니다. 그리고 하나님의 자녀로서의 새로운 자아상을 가져야 합니다. 나를 얼마나 사랑하시는지, 나를 통해 어떠한 계획을 가지고 계시는지 분명히 인식해야만 하는 것입니다.

셋째, 남을 속이는 부정한 존재(being corrupted by its deceitful desires)입니다. 어떻게 보면 우리 안에 너무 많아서 버리기 가장 어려운 일인지도 모르겠습니다. 내가 아닌 다른 사람을 대하는 것을 말합니다. 다른 사람을 속이고자 하는 욕망으로 우리가 부정해진다고 말합니다. 그런데 남을 속이고자 하는 것은, 즉 나 자신만 생각하는 이기적인 것입니다. 이것을 버리고 예수님이 보여주신 '내 이웃을 내 몸과 같이 사랑'하라는 것입니다.

이렇게 결단하고 옛사람을 벗어 버리면 우리는 심령이 새롭게 됩니다. 우리의 마음가짐이 달라집니다. 그리고 이제 놀라운 변화를 경험하게 됩니다. 진짜 내 자아, 즉 새사람을 경험하는 것입니다. 그 모습을 에베소서 4장 24절은 이렇게 이야기합니다.

> "하나님을 따라 의와 진리의 거룩함으로 지으심을 받은 새사람을 입으라."

얼마나 놀라운 모습입니까? 진짜 내 자아, 새사람의 모습은 하나님을 닮았다고 합니다. 하나님의 의와 진리의 거룩함으로 지음 받은 것이 진짜 내 모습이라는 것입니다. 여러분은 어떤 자아를 원하십니까? 하나님의 자녀로 새로운 삶을 사시는 참된 그리스도인이 되시기를 기도합니다.

길선주 장로의 회개

1907년 1월 주일 저녁 약 1,500명의 사람들이 평양 장대현교회에 모였습니다. 1907년 1월 6일부터 열렸던 평양 장대현교회의 저녁 집회는 날이 갈수록 사람들이 더해 갔습니다.

감리교 선교사 노블(W. Noble)이 사도행전 이후 가장 강력한 성령의 역사라고 평가했던 평양대부흥운동은 1907년 1월 2일부터 15일까지 평양 장대현교회에서 열린 평안남도 도사경회 기간에 일어났습니다. 1906년 하반기 하디가 인도한 평양 선교사 사경회, 한국을 방문한 존스톤이 들려준 웨일스와 인도 부흥운동 소식, 그해 가을 목포에서 일어난 강력한 부흥운동 소식은 평양 지역 선교사들과 교인들에게 큰 도전을 주었습니다. 그들은 1907년 1월 2일부터 열리는 평안남도 도사경회에서도 그 같은 놀라운 은혜의 역사가 나타나기를 사모하며 간절히 기도했습니다. 간절한 기도를 하나님이 외면하실 리 없었습니다.

그해 평안남도 도사경회는 평양지방에서는 가장 큰 규모의 사경회였습니다. 사경회에 참석한 참석자 1,500여 명은 16킬로미터에서부터 멀게는 110킬로미터까지 먼 지방에서 올라온 자들이었습니다. 사경회는 새벽 5시에서 6시까지 열리는 새벽기도회, 9시에서 10시까지의 성경공부, 10시부터 10시 45분까지 기도회, 그리고 15분간 휴식하고 11시에서 12시까지 성경공부를 계속했습니다. 오후에는 2시부터 3시까지 성경공부를 하고, 그 후에는 평양 각 지역으로 흩어져 이 집 저 집을 다니며 전도한 다음 이들을 데리고 저녁 전도 집회에 참석했습니다.

놀라운 평양 대부흥운동은 1월 14일과 15일에 일어났습니다. 기대했던 13일 주일 집회가 무의미하게 끝나자 선교사들과 길선주 장로를 비롯한 교우들은 은혜를 간구하며 전심으로 기도했습니다. 하나님께서 그들의 기도에 놀랍게 응답하셔서 그날 저녁 집회의 분위기는 전날과 전혀 달랐습니다. 한 선교사가 증언한 대로 하나님은 그날 성령을 한국교회 위에 어마어마하게 쏟아부어 주셨던 것입니다.

이날 회개의 포문을 연 사람은 다름 아닌 길선주 장로(1869-1935. 11, 장로교회 목사, 민족대표 33인의 한 사람)였습니다. 그는 1년 전 세상을 떠난 자신의 사랑하는 친구가 죽기 전 재산을 정리해 달라는 부탁을 받고 처리하다가 당시로서는 대단한 금액이었던 100달러 상당의 돈을 사취했습니다. 이날 길선주는 회중 앞에서 그 사실을 공개하며 통회했습니다.

"나는 아간과 같은 자입니다. 나 때문에 하나님께서 축복을 주실 수가 없었습니다. 약 1년 전에 내 친구 중 한 사람이 임종 시에 나를 자기 집으로 불러서 말하기를 '길 장로, 나는 이제 세상을 떠나지만 내 재산을 잘 정리해 주시오. 내 아내는 셈이 약하기 때문이오'라고 부탁했습니다. 나는 내가 잘 돌보아 드릴 테니 염려 말라고 대답했습니다. 그러나 미망인의 재산을 관리하는 중 미화 100달러 상당의 금액을 사취(詐取)했습니다. 나는 하나님의 일을 방해한 것입니다. 내일 아침에 그 돈 전액을 미망인에게 돌려드리겠습니다."

길선주의 회개는 마치 뇌관에 불을 붙인 것처럼 청중들 가운데 성령의 강한 임재가 쏟아져 통회의 역사가 나타났습니다. 고포드 선교사의 증언을 빌린다면, 길선주의 회개가 있은 후 "그렇게 무겁게 짓누르던 방해의 장벽은 별안간 무너져 버리고 거룩하신 하나님께서 친히 임재해 주셨습니다"라고 기록하고 있습니다. 이날 집으로 돌아가기를 원하는 사람은 900명이었습니다. 그들이 돌아가고 남은 600명이 밤이 맞도록 간절히 기도했습니다. 평양 대부흥운동의 역사는 그 남은 자들 가운데 임하였습니다. 14일 저녁 7시에 시작한 집회는 다음 날 새벽 2시, 3시까지 끝나지 않았습니다.

2. 율법에서 복음으로(24-25절)

"야곱은 홀로 남았더니 어떤 사람이 날이 새도록 야곱과 씨름하다가 자기가 야곱을 이기지 못함을 보고 그가 야곱의 허벅지 관절을 치매 야곱의 허벅지 관절이 그 사람과 씨름할 때에 어긋났더라."

야곱의 허벅지뼈

허벅지뼈는 지금까지 야곱이 의지했던 인간적인 수단과 방법입니다. 야곱은 본래 쌍둥이 형제의 둘째로 태어났습니다. 그는 먼저 태어나는 형의 발뒤꿈치를 잡고 태어났습니다. 야곱의 마음속에 늘 형이 되고픈 욕망, 장자가 되고픈 욕망이 있었습니다. 그는 기어이 형을 속이고 형이 받아야 할 장자의 축복을 받고 형의 명분을 취하였습니다. 에서가 형이었지만 장자가 받아야 할 축복을 야곱이 받은 것입니다.

문제는 그때부터 시작되었습니다. 원한을 품은 형 에서가 동생을 죽이려 하자 야곱은 어느 날 틈을 타 외삼촌이 살고 있는 하란으로 망명을 떠났습니다. 그리고 20년의 고생 끝에 대성공을 이루고 떠났던 고향으로 돌아오고 있었습니다.

그러나 20년의 세월이 지났지만 에서의 원한이 풀리지 않았고, 동생이 귀향한다는 소식을 듣고 장정(사병) 400명을 이끌고 동생 일행을 공격하기 위해 출동을 했습니다. 이러한 상황으로 인해 야곱은 심히 두렵고 답답했습니다(7절). 그래서 야곱은 인간적인 수단을 부립니다. 7, 8절을 보면 야곱은 자기의 재산을 두 떼로 나누고 에서가 와서 한 떼를 치면 남은 한 떼는 피하리라고 결심합니다. 그래도 마음이 놓이지 않고, 큰 두려움과 위기에 사로잡힙니다.

야곱은 그날 밤에 지금까지의 삶을 회상하면서 하나님의 축복과 도움을 고백합니다. 에서를 만나는 것에 대한 두려움과 에서가 자기와 가족을 죽일지도 모른다는 두려움으로 하나님 앞에 솔직하게 기도합니다. 그리고 하나님이 약속의 말씀을 붙들고 도와달라고 기도합니다.

이렇게 기도하고 난 후에 야곱은 어떻게 행동했습니까? 야곱은 자신의 소유를 셋으로 나누고 보내면서, 종들에게 에서를 만나면 야곱이 형에게 주는 예물이라고 하라고 했습니다. 혹시 예물로 에서의 감정을 풀 수 있을까 해서입니다.

야곱이 인생의 위기가 왔을 때 하나님 앞에 엎드려 기도한 것은 참으로 잘 한 것입니다. 그런데 하나님께 기도를 했음에도 불구하고 그는 인간적인 수단과 방법으로 예물로 에서의 마음을 사려고 합니다(20절). 야곱은 하나님께 기도하고 나서도 하나님을 의지하기보다는 자기가 가지고 있던 재물로 에서의 마음을 돌리려고 했습니다. 철저하게 인간적인 방법이요 술수입니다. 야곱의 문제 해결의 방법은 하나님을 의지하는 믿음의 방법이 아니라 자기 자신과 재물을 의지하는 방법이었습니다.

이런 야곱의 모습을 우리들에게서도 보게 됩니다. 우리도 하나님 앞에 엎드려 하나님의 약속을 붙잡고 열심히 기도한 후에도 여전히 자신의 방법대로 문제를 해결하려고 합니다. 자기 힘으로 제아무리 붙잡아도 안 되는 게 인생입니다. 시편 127편 1절을 보면 "여호와께서 집을 세우지 아니하시면 세우는 자의 수고가 헛되며 여호와께서 성을 지키지 아니하시면 파수꾼의 깨어 있음이 헛되도다"라고 했습니다. 우리는 문제가 생길 때, 위기가 닥칠 때 인간적인 수단과 방법을 버려야 합니다.

허벅지 관절을 치신 이유

본문에서 하나님이 야곱에게 하신 질문을 이해하려면 하나님께서 야곱의 허벅지 관절을 치신 이유를 생각해 보아야 합니다. 우선 물어야 할 것은 왜 치셨을까 하는 것이고, 또 하나 물어야 할 것은 허리뼈나 목뼈나 다리뼈나 팔뼈도 있는데 왜 하필 허벅지뼈를 치셨을까 하는 것입니다.

사실 어떤 뼈를 치셨는가는 그리 중요한 문제가 아닙니다. 그러나 그것이 왜 치셨는가와 관련이 있기 때문에 생각해 보려 합니다. 이것은 상식의 차원에서 생각하면 됩니다. 허리뼈나 목뼈를 치면 어떻게 됩니까? 온몸이 마비되거나 정상적인 활동을 하는 게 어려워집니다. 결정적인 장애가 생길지도 모릅니다. 다리뼈나 팔뼈를 치면 어떻게 될까요? 상당히 불편하긴 하겠지만 허리뼈나 목뼈처럼 결정적인 장애가 생기지는 않습니다. 그래서 허벅지뼈를 치신 것입니다. 온몸이 마비되는 결정적인 장애는 피하면서도 결코 제거할 수 없는 약함을 갖게 하기에는 허벅지뼈가 적당했기 때문입니다. 생명에 지장이 없으면서도 지금까지 자기가 의지하고 살았던 자기 힘의 근원을 치셨습니다.

종교개혁자 마르틴 루터가 쓴 찬송가 585장 "내 주는 강한 성이요"에 보면 2절에 "내 힘만 의지할 때는 패할 수밖에 없도다 힘 있는 장수 나와서 날 대신하여 싸우네 이 장수 누군가 주 예수 그리스도 만군의 주로다 당할 자 누구랴 반드시 이기리로다"라고 노래하고 있습니다. 마르틴 루터야말로 이 영적인 이치를 정확하게 깨닫고 있습니다. 육신의 힘과 능력, 지혜, 주관, 소신을 의지하고 살았던 삶을 버리고 은혜로 사는 삶, 믿음으로 사는 삶, 하나님만 의지하고 사는 삶, 곧 율법에서 복음으로 나오라는 초청인 것입니다.

이스라엘과 절뚝거림(약함)

하나님의 응답을 받고 형을 향해 걸어가는 야곱의 발걸음은 이제 어제 저녁과 달랐습니다. 그는 허벅지뼈를 다쳐서 절뚝거리며 걷고 있습니다. 이 조합은 전혀 어울리지 않는 것처럼 보입니다. '이스라엘'이라는 복된 이름을 얻은 야곱이 절뚝거린다는 것은 영 어색해 보입니다. 그러나 새로운 이름과 절뚝거림은 뗄 수 없이 연결되어 있습니다. 왜냐하면 절뚝거림은 이스라엘이라는 이름의 본질에 속하기 때문입니다. 이스라엘은 자신의 강함으로 이루어진 나라가 아니라 오히려 약함으로 이루어진 나라이기 때문입니다. 다리를 절뚝거리는 이 사람이 이스라엘입니다. 하나님의 사람입니다. 역설이요, 신비입니다.

그런 면에서 모든 하나님의 사람은 절뚝거리는 사람입니다. 두 발로 똑바로 걷는 자가 하나님의 사람이 아니고, 절뚝거리는 사람이 이스라엘이고 하나님의 백성입니다. 신약의 이스라엘인 교회도 본질적으로 절뚝거리는 자들의 공동체입니다. 교회의 머리이신 예수님부터가 그랬습니다. 예수님은 이 땅에 사는 동안 약함을 몸에 지닌 참 이스라엘이셨습니다. 마지막에는 십자가에 달리는 약함을 통해 승리하심으로써 이스라엘 중의 이스라엘이심을 증거하셨습니다.

사도 바울은 고린도후서 13장 9절에서 "우리가 약할 때에 너희가 강한 것을 기뻐하고 또 이것을 위하여 구하니 곧 너희가 온전하게 되는 것이라"고 고백했습니다. 신앙인이 진정 힘을 발휘하는 것은 자신의 무능을 고백할 때입니다. 자신이 의지하던 세상적인 것을 버리고 하나님을 의지할 때입니다. 그때가 하나님의 도우심과 기적이 일어나는 순간입니다.

은혜는 육체가 죽어야 옵니다. 우리는 은혜를 간구합니다. 은혜를 체험하기를 사모합니다. 은혜를 경험한 분들은 잘 생각해 보십시오. 은사를 사모하여 기도할 때, 허리가 끊어지도록 간구하고 나중에는 목은 쉬고 몸이 지쳐서 더 이상 간구하기도 힘들 때 은혜가 임하지 않습니까?

여기에서 '율법에서 복음으로'라고 표현한 것은 이 때문입니다. 자신의 의를 믿고 자신의 힘을 의지하는 신앙생활은 율법입니다. 율법의 의로는 하나님 앞에 설 자가 없습니다. 이것은 성경 말씀입니다. 오직 은혜로 서야 합니다. 지금 이 순간 더 이상 야곱의 힘으로 해결할 수 있는 일은 없습니다. 오직 하나님의 은혜가 아니면 살 방법은 없습니다. 오직 하나님의 은혜로 사는 삶, 그것이 복음입니다.

은혜로 사장이 되다!

서울 삼락교회 김조 목사님의 간증입니다. 서울 상계동에 위치한 삼락교회가 건축을 할 때 이 교회의 젊은 집사님 한 분이 18평짜리 아파트를 팔아서 건축헌금으로 드렸습니다. 하나님께서 그다음 달부터 복을 팍팍 주셨으면 얼마나 좋았겠습니까? 그런데 그렇지 않았습니다. 1년, 2년이 지나도 그대로였습니다. 이분이 자가용 운전기사인데 사장이 월급 올려 준다고 해도 얼마나 되겠습니까?

더 힘든 것은 교인들이 뒤에서 자꾸 말을 하는 것입니다. "형편도 어려운데 분수껏 하지, 저 사람은 앞으로 살길이 막막하겠네. 아무리 그래도 목사님이 말렸어야지. 집을 팔아서 드려도 소용없구먼." 이런 이야기를 자기들끼리만 하는 것이 아니라 빙글빙글 돌아서 목사의 귀에도 들려왔습니다.

이런 이야기를 들으면 목사가 기도가 절로 나옵니다. "주여! 우리 김 집사, 복 좀 주세요. 그리고 저 믿음 없는 인생들의 코가 납작하게 해주세요." 얼마나 속이 상하고 울화가 치미는지 기도만 시작하면 생각도 안 했는데도 "주여! 우리 김 집사 복 좀 주세요" 하는 기도가 저절로 나오더랍니다. 그런데 이 집사님이 복을 받았으면 좋겠는데 3년이 지나도 소식이 없었습니다.

그렇게 3년쯤 지난 어느 날, 교회가 리모델링을 했습니다. 이때 목사님이 "이번에는 헌금 작정을 안 할 테니까, 그저 기도하다가 감동이 되시면 하나님 앞에 드렸으면 좋겠습니다"라고 광고만 했습니다. 그런데 그 집사가 전세 보증금을 몽땅 빼서 헌금으로 드리고 자기는 보증금 한 푼 없는 월세방으로 이사했습니다. 김조 목사님이 헌금한 집사님을 야단치기는 목회 생활 중 처음이었답니다. 조금씩 모아 놓았다가 집을 사야 할 텐데 몽땅 털어 드렸으니, 여러분 같으면 성질 안 나겠습니까? 왜 교인 가운데 형편이 좋은 사람들은 성령의 감동을 못 받고 가난한 김 집사만 받느냐는 말입니다. 그러면 그때에라도 하나님이 복을 주셔야 할 텐데 4년이 지나도, 5년이 지나도 복이 없는 것입니다.

김 집사님의 회사 사장은 예수님을 안 믿는 사람이었습니다. 그런데 어느 날 사장님 얼굴을 보니 안색이 안 좋아서 물었습니다. "사장님, 어려운 일 있으시면 저에게 말씀해 주세요. 제가 하나님께 기도하겠습니다." 안 믿는 사장이지만 기도해 준다고 하는 말은 싫어하지 않으며 "이것, 이것 기도해 주게"라고 했습니다. 그러면 김 집사님은 진짜로 기도를 했습니다. 그런데 기도할 때마다 응답이 나타나서 경영의 어려움이 극복되고 회사가 잘되는 것입니다. 요셉 때문에 보디발의 집이 복을 받았듯이 말입니다.

그 사장의 사업이 번창했습니다. 지회사가 네 개였는데, 다섯 번째 회사를 인수하였습니다. 건축자재를 만드는 회사로 1년에 약

200억 가까이 매출을 올리는, 중소기업치고는 괜찮은 기업이었습니다. 이 회사를 인수하는 계약서에 도장을 찍고 나와서 김 집사님이 사장을 태우고 운전을 하고 가는데 그러더랍니다. "김 군! 이 회사가 건실해서 인수하기는 했는데 믿고 맡길 사람이 없네." 그리고 한참 가다가 "김 군! 자네가 사장 한번 해볼래?" 하더랍니다. 집사님은 농담인 줄 알고 "사장님, 사람 우습게 보지 마세요. 서당개 3년이면 풍월을 읊는다고 하는데 제가 지금 사장님 밑에 있은 지 7년이 아닙니까?" 하고는 웃으면서 퇴근했습니다.

며칠이 지나서 사장이 김 집사를 불렀습니다. "김 군, 내가 여러 날을 고민하면서 생각을 했는데, 진짜 사장을 한번 해봐라!" 김 집사는 깜짝 놀랐습니다. 그래서 "사장님, 그때 너무 기분이 좋아서 농담한 것입니다" 하면서 극구 사양을 했는데도 "아닐세. 자네가 해주게" 하고 강하게 주장했습니다. "사장님, 저는 고등학교밖에 못 나왔습니다." "이 사람아. 나도 고등학교밖에 못 나왔네. 지금처럼 진실하게만 살아 주게나." 이래서 사장을 하기로 했습니다.

이제 사장 취임을 앞두고 마지막으로 근무하는 날이 되었습니다. "김 군! 너 오늘 마지막 운전이지?" "예, 사장님." "오늘 어디 가서 차나 한잔 하고 가자." 사장님이 차를 마시자고 했습니다. 그런데 어디를 다녀 봤어야 알지요. 그래서 김 집사가 사장님을 자기 월세 방으로 데리고 갔습니다. 지하라서 냄새가 심해 웬만한 사람은 앉아 있기가 힘든 집이었습니다. 집에 가서 김 집사님이 커피를 끓여 대접을 했는데, 사장님이 갑자기 무릎을 꿇더니 "김 군! 나를 용서해 주라" 하는 것입니다. "아유, 사장님, 무슨 말씀이십니까?" "세상에, 우리 회사의 1등 공신을 이런 집에 살게 하다니…내가 돈 벌었다고 나만 호화로운 집에 산 것을 생각하니까 자네한테 정말 부끄럽네. 용서해 주게."

그리고 그다음 날 사장님이 강남의 48평 아파트를 사주었다고 합니다. 그 아파트 계약서를 쓰고 담임목사님께 전화를 했더랍니다.

기막힌 반전에 목사님도 울고, 김 집사도 울었습니다. 율법에서 복음으로 산 사람의 증거 아니겠습니까? 우리도 이름을 바꾸어야 합니다. 인간적인 수단과 방법을 버리고 하나님을 의지합시다.

3. 사람 앞에서 하나님 앞으로 (28절)

"그가 이르되 네 이름을 다시는 야곱이라 부를 것이 아니요 이스라엘이라 부를 것이니 이는 네가 하나님과 및 사람들과 겨루어 이겼음이니라."

이스라엘의 의미

야곱의 이름이 '이스라엘'로 바뀐 것을 좀 더 큰 맥락에서 살펴보면 또 다른 의미를 발견할 수 있습니다. 본문에서는 '이스라엘'이라는 이름이 하나님과 겨루어 이겼기 때문이라고 설명했습니다. 그런데 '이스라엘'이라는 어원을 따져 보면 '하나님이 다스리신다', '하나님이 보존하신다', '하나님이 보호하신다'는 뜻이 들어 있습니다. 그리고 다 아시는 것처럼 이 이름은 야곱 한 사람의 이름이 아닙니다. '이스라엘'은 나중에 아브라함 후손들의 이름이 됩니다. 이스라엘의 진정한 의미는 무엇일까요?

첫째로, 이스라엘은 하나님과 씨름하는 삶입니다. 본문의 사건은 사람과 씨름하며 살았던 야곱을 하나님과 씨름하는 사람으로 바꾸시는 대목입니다. 이 변화가 우리에게도 일어나기를 소망합니다.

우리는 하나님을 믿고 의지하고 신뢰하고 섬긴다 하면서 하나님보다 사람을 상대하며 살았습니다. 사람과 씨름하고, 내가 씨름하는 사람과 대결하여 이겨야 내가 산다는 생각으로 살았습니다. 사람을 속이기도 하고, 사람을 돕기도 하고, 사람에게 원망과 미움을 품고 화를 내기도 하고, 사람에게 도움을 청하기도 했습니다. 사람과 지지고 볶고 사는 것을 인간사회라 합니다. 우리 성도들은 그동안 당연히 이렇게 사는 것이라 생각하며 살았습니다.

그런데 이 모습은 전형적인 야곱의 모습입니다. 야곱은 사람과 씨름하며 사는 우리들의 모습입니다. 속이고 속고, 빼앗기고 빼앗고, 두려워하면서 욕심을 채우는 모습이 꼭 우리의 모습과 같습니다. 그러나 하나님은 우리가 이 세상 속에서도 사람만 보고 사는 것이 아니라 하나님을 보기 원하십니다. 하나님과 씨름하는 것을 원하십니다. 하나님께 기도하고, 하나님 말씀을 묵상하고, 하나님을 찬양하고, 하나님 영광을 바라보도록 하십니다.

우리도 살아가면서 도저히 감당할 수 없는 일을 수시로 만납니다. 그럴 때마다 처한 문제를 놓고 고민하고 낙심하며 괴로워합니다. 내가 할 수 있는 것이 없음을 알면 더욱 괴롭습니다. 나 자신이 부끄럽고 남이 날 무시하는 것 같고, 그럴수록 자존심은 살아 올라와서 더욱 혈기가 납니다. "나 안 죽었어!"라고 사람에게 전화해서 떼를 써보고 소리도 쳐봅니다. 사람에 대한 미움과 분노가 점점 차오릅니다.

이때 붙잡아야 할 말씀이 '하나님과 씨름하라'는 것입니다. "사람과 씨름하는 야곱이 아니라 하나님과 씨름하는 이스라엘이 되어라." 하고 말씀하시는 것 같았습니다. 제가 문제 가운데 있으면서 이 설교를 준비할 때 하나님이 제게 주신 말씀이 있습니다. "시험에 들지 않게 기도하라!" 이 말씀은 지금이 기도할 때라고 하면서, 하나님과 씨름할 것을 가르쳐 주시는 말씀이었습니다.

열왕기하 19장에 보면 앗수르가 남유다를 공격합니다. 예루살렘을 포위하고 히스기야 왕에게 항복할 것을 강요하는 편지를 보냈습니다. 히스기야는 그 편지를 성전에 올라가 여호와 앞에 펴 놓고 기도합니다.

"하나님, 앗수르의 산헤립이 하나님을 비방하여 보낸 편지를 보옵소서. 이 나라를 멸망시키고 하나님의 성전을 헐어 버리겠다고 합니다. 주여, 우리를 구원하시고 여호와가 진정한 하나님이심을 나타내옵소서."

이 기도를 '벽면기도'라 부르기도 합니다. 이후 하나님의 사자가 앗수르 군대를 치시매 앗수르 왕 산헤립은 대패하고 돌아갑니다. 하나님은 히스기야의 기도를 듣고 이스라엘을 구원하고 보호하셨습니다. 히스기야의 벽면기도가 생각나서 저도 문제를 들고 하나님께 가고자 하는 마음이 들었습니다. 그런데 그렇게 하지 못했습니다! 저는 제가 해결할 수 있는 방법을 찾고, 도울 사람들을 찾았습니다. 사람들에게 물어보면서 해결할 방법을 찾아보았습니다. 그러나 결국 제가 할 수 있는 것은 없었습니다.

이런 저에게 하나님은 계속 말씀하셨습니다. "하나님과 씨름하라!" 이 말씀은 저뿐만 아니라 여러분에게 동일하게 주시는 말씀입니다. 기도할 수 없을 만큼 마음이 아프고 힘들기도 합니다. 그래도 기도해야 힘을 얻습니다. 위로받습니다. 기도해야 희망이 있습니다. 길이 열립니다. 하나님과 씨름함으로 구원의 길이 열리게 됩니다.

본문에서 야곱은 밤새도록 하나님과 씨름합니다. 이 장면은 우리 믿음의 선배들의 모습을 생각하게 합니다. 1950-1960년대 우리나라는 세계에서 가장 가난한 나라였습니다. 우리 믿음의 선배들은 삶이 힘들고 어려울 때마다 하나님과 밤새 씨름했습니다. 산에서 소나무 뿌리 하나는 뽑고 내려올 정도로 간절히 끈질기게 하나님과 씨름했습니다. 목동교회도 그런 역사로 가득 찼습니다. 교회 지하기도실에서 밤새도록 기도하였습니다. 그러나 지금은 지하기도실은 창고로 변해 가고 있습니다. 하나님과 씨름했던 곳이 흔적만 남아 있습니다.

여러분! 우리 다시 하나님과 씨름하는 성도가 됩시다. 여기에 희망이 있습니다. 기도 외에 다른 것으로는 감당할 수 없고, 시험을 통과할 수 없습니다. 하나님 앞에서 하나님께 부르짖어 하나님의 구원하심을 구하시기 바랍니다.

둘째로, 고독할 수 있는 용기를 가리킵니다.

"야곱은 홀로 남았더니 어떤 사람이 날이 새도록 야곱과 씨름하다가" (창 32:24).

이스라엘은 홀로 고독하게 남아서 하나님만 바라보고 그분과 교제하는 이름입니다. 현대사회에 대한 규정은 여러 가지가 있습니다. 피로사회라고 규정한 사람도 있고, 분노사회라고 본 사람도 있습니다. 불확실성의 시대라고 말한 학자도 있습니다. 그런데 어떻게 보면 현대사회는 고독사회인 것 같습니다. 고독에 몸부림치다 목숨을 포기하는 사람들이 많기 때문입니다. 통계에 의하면 우리나라 사람들은 고독의 독을 품고 5시간마다 한 명씩 아무도 모르게 고독사로 죽어 가고 있다고 합니다.

  삶의 현장에서 너 나 할 것 없이 고독은 예고 없이 수시로 찾아옵니다. 고독을 잘 다루지 못하면 그 고독은 독이 되어 자신과 사회에 악영향을 끼칩니다. 그러나 고독을 잘 다루면 약이 되어 자신의 인생을 빛나게 해줍니다.

  1954년 《노인과 바다》로 노벨 문학상을 받은 미국의 문호 헤밍웨이도 고독을 견디지 못하고 자살하였습니다. 그는 유서에서 "나는 전류의 흐름이 그치고 필라멘트가 끊어진 전구처럼 고독하다"라고 썼습니다. 세계적인 인기 여배우 마릴린 먼로도 인생의 고독을 이기지 못하고 자살하였습니다. 그녀는 "나에게는 명성, 인기, 돈이 부족하지 않으나 나를 진정으로 사랑해 주는 사람이 필요하다. 그러나 아무도 나를 사랑해 주지 않으며, 아무도 나에게 관심이 없다. 그래서 나는 외로워서 스스로 목숨을 끊는다"라는 유서를 남겼습니다. 소설 《25시》를 써서 세계적인 반향을 불러일으킨 루마니아의 작가 게오르규는 "이 세상에서 가장 무서운 것은 고독이다…고독은 죽음과 같다"라고 하였습니다. 세계적인 정신의학자 폴 투르니에(Paul Tournier)는 "외로움이야말로 이 시대의 가장 절망적인 만성적 질환이다"라고 했습니다. 키에르케고르는 "고독은 죽음에 이르는 병"이라고 했습니다.

  모든 것이 다 그렇지만 고독도 양면적인 기능이 있습니다. 파괴적인 측면도 있고 창조적인 측면도 있습니다. 고독을 독으로 사용하면 자신을 병들게 하고 세상을 어지럽게 합니다. 반면에 고독을 약으로 쓰면 자기를 성찰하게 하고 창조적인 에너지를 분출시켜 세상을 이롭게 합니다. 위대한 문학가, 예술가, 학자, 종교인들은 공통적으로 오랜 고독의 시간 속에서 창조적인 업적을 이루어 냈습니다. 이 고독을 약으로 쓰게 만드는 방법이 무엇일까요? 바로 하나님을 바라보는 것입니다.

저의 지인이 "마누라는 들거라!"라는 글을 문자로 보내 주어서 읽어 보았습니다.

"니는 아프면 제발 병원 먼저 가거라. 내가 의사도 아닌데 나한테 자꾸 아프다 그러면 나보고 우짜라고. 내가 '병원 가보라' 그러면 '사람이 아픈데 관심도 없네', '남 아픈데 짜증 내네 우짜네.' 나는 죽을병 아니면 아파도 얘기 안 한다. 니는 동창회나 모임 갔다 오면 뭐가 그리 없는 것도 많고 해야 될 것도 많노? 입을 옷이 없다, 신발이 없다 카는데 옷장, 신발장 열어 봐라! 다 니 끼다! 보톡스? 그거 니가 알아서 맞아라. 친구 예뻐졌다고 열받지 말고 얼굴이든 궁디든 아무 데나 제발 맞아라. 날도 더분데 사람 볶지 말고. 내는 동창회 갔다 오면 술 취해 조용히 디비져 잔다. 니는 외식 가면 갑자기 요리연구가가 되노? '맛이 있네, 없네. MSG가 들어갔네, 우짜네.' 제발 사줄 때 맛있게 무라. 집에서는 아무거나 넣고 비벼서 잘만 묵더구만. 내는 니 반찬 맛없어도 조용히 묵는다. 그리고 니는 외식 가면 사진 좀 찍지 마라. 제발 밥 좀 묵자. 밥 묵다가 행복한 모습의 포즈를 취해라. 웃어라. 그러고는 니 폰에 올라와 있는 사진 보니까 정말 우리는 행복한 가족이더만. 오늘 아침에도 우리 싸웠잖아! 내가 표정 관리 잘하는 모델인 줄 아나? 니는 밥 먹고 나서 '나 살쪘지' 하고 묻지 마라. '안 쪘는데' 하면 관심 없다고 짜증내고, '뱃살이 좀 붙었네' 하면 살찐 게 아니라 배에 가스 차서 그렇다 하고. 야! 무슨 배에 가스가 10년 이상이나 차 있냐? 전부 다 살이구만. 내는 니 몸에 대해서 이미 달관했다. 니는 잠자리 할 때 너무 요구가 많다. 내가 미제나 이태리제도 아닌데 갸들 하는 대로 내가 우찌하노? 제발 대충하자!"

결혼하기 전 그렇게 친절하던 남편도 나이 들면 이렇게 변하게 된다는 것입니다. 그러면 고독해집니다. 그때 대용품에 눈을 돌리면 고독이 오히려 독이 되어 자신을 파멸로 몰아넣습니다. 고독을 풀기 위해 사치하고, 제비를 찾아가고, 달콤한 말만 해주는 술집 아가씨를 찾아가고, 알코올 중독에 빠지고, 환각제를 마시면, 고독은 독이 되어 정신질환과 불면증, 우울증에 시달리게 하고, 자신과 인생을 파멸시킵니다.

성경학자 워렌 위어스비는 "고독은 대용품에 의존하여 사는 삶에서 오는 영혼의 영양실조다"라고 말했습니다. 하나님을 모시고 살면 해결될 수 있는 고독을 하나님 대신에 다른 대용품으로 그 자리를 메우려고 하는 것이 인간의 어리석음입니다. 고독할 때는 가까이 계시는 하나님을 찾아야 합니다. 사람과 관계가 끊어질 때, 서운할 때, 배신당했을 때, 따돌림당했을 때, 인정을 받지 못할 때, 실망할 때, 소외될 때, 시선을 하나님께로 돌리면 고독이 약이 되어 인생을 빛나게 만들어 줍니다.

오늘날 목회자를 위시한 성도들의 부족한 점이 바로 이 점입니다. 나를 위시한 오늘날의 그리스도인들, 목회자들을 보면 너무 바빠서 혼자 있는 시간이 없는 것 같습니다. 사람들을 자극하는 화려한 프로그램을 찾고 목회적 흥행을 위한 이벤트를 구할 뿐, 영적 고독을 위해 혼자 있는 시간을 보내는 일을 힘들어하는 것 같습니다. 모든 것을 스스로 끊고 세상과 단절된 공간으로 들어가 깊은 묵상에 힘썼던 장기 금식의 풍토가 사라진 지도 꽤 됐습니다. 바로 야곱에게 하신 질문에서 고독할 수 있는 용기를 소망해 봅니다.

셋째로, 이스라엘은 사명을 붙들라는 말씀입니다. 여기서 야곱 이야기의 전후 배경을 살펴보아야 합니다. 야곱이 에서를 피해 삼촌 라반 밑으로 도망한 지도 벌써 20년이 되었습니다. 벧엘에서 야곱을 찾아오셨던 하나님은 야곱에게 말씀하셨습니다.

"여호와께서 야곱에게 이르시되 네 조상의 땅 네 족속에게로 돌아가라 내가 너와 함께 있으리라 하신지라"(창 31:3).

야곱은 복을 원했습니다. 아브라함 언약에 나오는 바로 그 복입니다. 그런데 '복'을 원한 야곱이 받은 것은 이상하게도 '이름'이었습니다. 그리고 뒤에 보면 아시겠지만, 씨름 이후에도 야곱의 상황은 별반 달라지지 않습니다. 그러나 이름을 받고 난 뒤 야곱의 태도는 180도 달라집니다. 이것을 통해 우리가 알 수 있는 것은 간단한 진리입니다. 이름이 바뀌어야 복을 받습니다. '이스라엘'이라는 야곱이 받은 이름은 그 복 안으로 들어가는 이름이었습니다. 이스라엘이라는 이름은 일종의 자격, 특별한 일을 하기 위해 달아야 하는 이름표입니다.

교회사의 유명한 인물들을 보면 원래부터 대단해서 위대한 인물이 된 사람은 별로 없습니다. 종교개혁자 마르틴 루터(M. Luther, 1483-1546)는 평범한 신부였습니다. 그런데도 오늘날 인류 역사에 커다란 하나의 전환점을 만들어 주었습니다. 왜 그렇습니까? 하나님께서 주신 사명을 감당하였기 때문입니다. 어거스틴(A. Augustinus, 354-430)도 그렇습니다. 초대 교회의 아타나시우스(Athanasius, 295-373)는 니케아 공의회의 정식 멤버는 아니었지만 참석해서 그리스도의 신성을 부정하는 아리우스파를 이단으로 단죄하였습니다. 그리하여 기독교의 가장 중요한 핵심인 삼위일체 교리의 뼈대를 형성했습니다. 세계적인 설교자 무디(D. L. Moody, 1837-1899)도 한 번 설교하는 동안 단어를 164개나 틀린 적이 있다고 합니다. 구둣방에서 일하던 무디를 하나님께서는 기독교 역사상 가장 위대한 부흥사로 세워 주셔서 100만 명을 주님께 인도하는 전무후무한 기적을 이루었습니다. 베드로도 갈릴리의 평범한 어부였지만 사명을 가지고 주의 복음을 증거할 때 한꺼번에 3,000명이 예수 믿고 세례를 받았습니다. 인간적으로는 부족하지만 하나님께서 사명을 주시고 그를 들어 쓰신 것입니다.

세상적으로 볼 때 나의 능력은 턱없이 부족하지만 하나님께서 세우시고 사명을 주시면 넉넉히 감당할 수 있습니다. 어떻게 보면 별 볼일 없는 사람들 같지만 사명을 잘 감당하여 귀하게 되었습니다. 성공과 축복은 하나님 주신 일을 얼마나 잘 감당하느냐에 달려 있습니다.

캐나다 토론토에는 세계에 널리 알려진 피플스 처치(Peoples

Church)라는 교회가 있습니다. 선교사를 325명이나 파송한 대단한 교회입니다. 사명을 잘 감당하는 교회입니다. 현관에 들어서면 그 바닥에 'World Mission First'라는 글이 새겨져 있습니다. 세계 선교가 이 교회의 가장 귀한 첫째 사명이라는 것입니다. 유럽과 남미, 미국의 많은 교회들이 연약해져 가는데도 이 교회는 건강합니다. 항상 부흥합니다. 은혜가 충만합니다. 이처럼 사명을 감당하는 교회는 약해지지 않습니다. 능력 있는 교회가 되고, 초대교회의 놀라운 이적과 축복이 나타납니다. 사명을 감당하는 개인, 사명을 감당하는 교회가 귀합니다.

영국이 낳은 문호 칼라일이 일찍이 다음과 같은 말을 한 적이 있습니다.

"그대가 하는 일이 미천하다고 낙심하지 말라. 그대가 하는 일은 하나님께서 그대에게만 맡기신 가장 중요한 일이다. 집안을 정리하는 단순한 일일지라도 마음먹고 그 일을 잘하라. 만일 그대의 책임의 범위가 넓고 관계되는 일이 많으면 더욱 그리해야 할 것이다. 만일 그대에게 부모와 처자와 형제와 자매가 있으면 그들에 대한 그대의 책임이 얼마나 큰 것인지 기억하고 그들로 하여금 실망하게 하지 마라. 우리가 최선을 다하는 것은 곧 세상의 여러 가지 불행이 생기지 않게 하는 최선의 방법이다."

또한 영국의 시인 키플링은, 나라를 위해 충성을 다하는 것은 별다른 것이 아니라 보이는 연장을 잡아 눈앞에 있는 작은 일에 최선을 다하는 것이라고 했습니다. 진정 큰 인물은 아무도 보아 주지 않더라도 말없이 자기의 일을 다하며, 작은 생명 하나를 살리는 것을 삶의 최대 목표로 여기며, 지금도 누군가를 용서하고 누군가를 위하여 애써 생명의 소식, 복음을 전하는 자입니다. 이런 사람은 비록 세상이 알아주지 않는다 해도 하늘의 큰 자요, 위대한 자입니다. 지금 당신이 하는 일은 무엇입니까?

롯데 자이언츠 간판스타로 떠오른 손아섭은 2008년 시즌까지 손광민이었습니다. 작명소에서 야구 잘하는 이름이라며 지어 준 아섭으로 이름을 바꾸고 난 뒤 펄펄 날고 있습니다. 대법원이 2010년 초 발간한 《역사 속의 사법부》를 보면 개명에 성공한 기가 막힌 이름들이 여럿 등장합니다. 개명하는 사람들의 이름을 살펴보았더니 서동개, 소총각, 경운기, 신기해, 이몽치, 김치국, 송아지, 권분필, 임신, 오보이, 지기미, 정쌍점, 윤돌악 등 차마 웃을 수만은 없는 것들이 많았습니다.

요즈음 우리 사회는 '촌스러운' 이름에서 벗어나려는 중년층들의 개명 신청도 늘고 있습니다. 우리는 그런 운명철학을 믿지 않습니다. 하지만 너무나 많은 사람이 자신의 진짜 이름을 모르고 살아가고 있습니다. 하나님은 "너의 이름이 무엇이냐?"라고 묻고 계십니다. 이름에 담긴 신앙적인 의미를 알아야 이름값 하면서 살 수 있습니다. 우리는 그리스도인이라는 거룩한 이름을 가진 자들입니다.

네 손에 있는 것이 무엇이냐?

출 4:1-9

손의
의미

어린 시절 사탕 맛을 기억하는 분이라면 사탕에 관한 추억 하나쯤은 가지고 있을 것입니다. 사탕은 오감을 일깨워 사람을 빨려들게 하는 마법이었고, 정말로 붙들고 싶지만 잡을 수 없는 무지개 같은 것이었습니다.

이런 재미있는 이야기가 있습니다. 하루는 동네 사탕 가게 앞에 어린 꼬마들이 턱을 고이고 사탕병 앞에서 침을 흘리고 있자 마음씨 착한 아저씨가 병을 열어 한 주먹씩 가져가라고 하였습니다. 그런데 한 어린이는 사탕 병 앞에 서 있기만 하였습니다. 결국 아저씨는 자기 손으로 한 움큼 쥐어 주었습니다. 친구들이 왜 집지 않았냐고 묻자 그가 대답했습니다. "아저씨 손이 내 손보다 크잖아!" 이 어린이야말로 손의 1차적인 기능을 넘어 그 철학적인 의미를 알고 있는 것 같습니다.

우리 인간의 손은 27개의 뼈, 24개의 근육, 32개의 관절로 이루어진 복잡한 기관입니다. 인간은 모든 일을 '손을 통해' 진행하며, 손과 뇌의 관계는 바늘과 실 같습니다. 그래서 독일 철학자 이마누엘 칸트는 손을 가리켜 "눈에 보이는 뇌의 일부"라고 했습니다. 우리가 뇌의 명령을 받아 행하는 일 중에 손이 가장 다양하고 많은 일을 처리합니다. 우리의 손은 어두울 때 눈의 역할을 대신하기도 하고, 손짓으로 의사를 전달하여 입을 대신하기도 합니다.

곰곰이 생각해 보면 손은 단순한 몸의 한 기관 이상입니다. 인간이 지금의 문명을 이룬 것도 손을 자유롭게 쓰면서부터입니다. 과학과 예술의 혼은 뇌에서 나올지언정 그것을 현실화하는 것은 바로 손입니다. 그렇기에 의학자들조차 손을 얼마나 탁월하게 사용하고 관리하느냐의 여부에 따라 인간 삶의 질이 결정된다고 말합니다. 따라서 우리들의 삶의 향방을 위해서라도 손의 기능과 의미를 이해하는 일이 필요합니다.

본문에서 하나님은 인간의 손을 주목하시며 손을 보라고 하셨습니다. 이집트 왕자의 신분으로 살 수도 있었지만 40년 동안 광야에서 망명생활에 지친 모세에게 하신 말씀입니다. 왜 하나님은 80세의 모세에게 "네 손에 있는 것이 무엇이냐?"라고 물으신 것일까요?

1. 하나님은 할 수 있다 (1-2절)

"모세가 대답하여 이르되 그러나 그들이 나를 믿지 아니하며 내 말을 듣지 아니하고 이르기를 여호와께서 네게 나타나지 아니하셨다 하리이다 여호와께서 그에게 이르시되 네 손에 있는 것이 무엇이냐 그가 이르되 지팡이니이다."

모세의 지팡이

터키 이스탄불에 있는 토프카피(Topkapi) 박물관에 가면 세계적인 보물들이 전시되어 있습니다. 믿기지 않지만 요셉이 쓰던 모자, 다윗의 칼, 세례 요한의 손뼈도 전시되어 있습니다. 거기에는 모세의 지팡이도 전시되어 있습니다. 길이가 겨우 1미터 남짓한 가느다란 지팡이입니다. 영화 〈십계〉를 볼 때 모세의 역을 맡았던 찰톤 헤스톤이 사용했던 지팡이는 굵직하고 멋진 지팡이였는데, 박물관에 전시된 지팡이는 볼품이 없습니다. 저는 그것이 정말 모세가 사용했던 지팡이는 아니라고 생각합니다. 그럼에도 이런 것을 박물관에 전시해 놓은 이유는, 그것이 진품인지 아닌지를 떠나서, 모세가 사용했던 지팡이는 별 볼일 없는 것이었음을 보여주기 위해서일 것입니다.

하나님께서 모세를 부르셨습니다. 80세의 고령이었고, 예전에 영화를 누리며 살다가 인생의 쓰디쓴 실패를 경험했으며, 이제 남의 집 양을 치는 양치기에 불과한 무기력한 사람, 그런 모세를 하나님께서 친히 부르신 것입니다. 이제 모세는 기력도 없고, 의욕도 없고,

욕망도 없는 사람이었습니다. 이스라엘 사람 중에 얼마든지 훌륭한 사람이 있었을 텐데 하필이면 죄를 짓고 도망쳐서 40년 동안 장인의 양을 치는, 나이 많은 인생의 실패자를 부르신 것을 모세는 도무지 이해할 수 없었습니다. 그래서 자신을 부르신 하나님께 강력히 항변합니다.

"하나님, 나 같은 것이 어떻게 대 애굽 제국의 왕 바로에게 갈 수 있습니까? 그리고 나 같은 것이 어떻게 400년 이상 애굽에 뿌리를 내리고 살고 있는 수백만 이스라엘 백성을 이끌어 가나안 땅으로 인도할 수 있단 말입니까? 결코 그것은 불가능합니다."

사람이 자신의 능력을 가늠할 때면 대개 두 가지로 생각합니다. 하나는 자신을 대단한 존재라고 생각하는 것입니다. 말은 겸손하게 하지만 사실 '나는 대단한 존재야'라고 생각합니다. 물질적으로 여유 있고 지식도 있고 권세와 명예도 있으니 괜찮은 존재라고 생각합니다. 도덕적으로 윤리적으로 깨끗하게 살아가고 있으니 괜찮은 존재라고 생각합니다. 이 거짓된 자만심에서 나오는 허영과 교만, 한계 있는 인간의 지성을 가지고 무한하신 하나님을 평가하고 분석하는 오만과 무모함으로 지도자로 자처하며 살아가는, '나는 특별한 존재'라는 자아상을 가지고 살아가는 사람이 있습니다.

다른 하나는 자신은 아무것도 아니라고 생각하는 것입니다. 어느 날 자신의 한계를 깨닫게 됩니다. '아! 인간이라는 것은 노력하고 애쓰고 무엇을 획득해 봐도, 무엇을 소유해 봐도 결론은 허무하구나. 아! 인생은 이렇게 왔다가 이렇게 가는 것이구나. 나는 별 볼일 없는 존재구나.' 그런 인생관을 가지고 주어진 대로 하루하루를 살아가는 사람이 있습니다.

바로 그때 하나님께서 모세에게 말씀하셨습니다. "네 손에 있는 것이 무엇이냐?"라고 말입니다. 모세가 대답합니다. "지팡이입니다." 그때 하나님은 모세의 손에 들려 있는 지팡이를 던지라고 하셨습니다.

"모세야, 너의 처지를 나타내고 있다고 생각하는 지팡이를 던져 보아라!"

모세가 던졌더니 갑자기 지팡이가 뱀으로 바뀌었습니다. 광야생활에 익숙한 모세는 뱀의 무서움을 압니다. 흠칫 놀라 뒤로 물러서서 피했을 것입니다.

왜 하필 뱀일까?

그런데 하나님께서 모세에게 출애굽의 사명을 주시면서, 왜 하필이면 지팡이로 뱀을 만드는 기적을 제일 처음 보이셨을까요? 단지 지팡이가 길기 때문에 뱀이 된 것은 아니지 않습니까? 하나님은 긴 지팡이를 말이 되게 하실 수도 있고, 소가 되게 하실 수도 있습니다. 그럼에도 지팡이가 뱀이 되게 하신 이유는, 당시 뱀신을 섬기며 큰소리를 치고 있던 바로가 하나님 앞에서 얼마나 연약한가를 보여 주시기 위해서입니다.

당시 애굽은 여러 신을 숭배하고 있었는데, 그중에서 뱀은 왕권을 상징하는 신이었습니다. 대영박물관(British Museum)에 가면 당시 애굽 왕 바로들은 모두 뱀을 쓰고 있거나 뱀을 두르고 있는 것을 볼 수 있습니다. 그러나 이렇게 뱀신을 섬기며 큰소리를 치는 바로일지라도 하나님의 능력 앞에서는 보잘것없음을 보이시려고 모세에게 생명력 없고 보잘것없는 막대기를 던져 뱀이 되게 하셨고, 또 그 뱀의 꼬리를 잡아 막대기가 되게 하셨습니다.

뱀의 꼬리를 잡는 것은 뱀을 놀린다는 의미가 있습니다. 따라서 하나님께서 모세에게 뱀의 꼬리를 잡으라고 하심으로 장차 모세가 바로를 놀릴 것을 상징적으로 보여주신 것입니다. 더 나아가 하나님은 뱀을 꼬리를 붙잡을 수도 있는 분이요, 뱀을 막대기로 변화시킬 수도 있는 분임을 보여주시기 위한 것입니다.

하나님께서 모세에게 "네 손에 있는 것이 무엇이냐?"라고 질문하실 때 모세는 "하나님, 제가 가진 것은 지팡이 하나뿐입니다. 양을 몰 때 또는 이 늙은 몸을 움직일 때 의지하는 지팡이밖에는 가진 것이 없습니다. 이게 무슨 소용이 되겠습니까?"라고 하였습니다. 맞는 말입니다. 모세는 하나님께서 물으신 이 질문에 이렇게밖에 대답할 말이 없었습니다. 정말 자기 손에는 오래된 나무 지팡이 하나밖에 없었고, 이것이 이스라엘 민족을 해방하는 데 무슨 소용이 있겠습니까?

하지만 그때 하나님께서 모세에게 그 지팡이를 한번 땅에 던져 보라고 말씀하셨습니다. 모세가 그 지팡이를 던지니 그것이 뱀이 되었습니다. 하나님께서 다시 모세에게 명령하십니다. "네 손을 내밀어 뱀의 꼬리를 잡으라." 모세가 뱀의 꼬리를 잡으니 다시 지팡이가 되었습니다. 하나님은 이 말라빠진 지팡이 하나를 가지고도 뱀을 만드실 수도 있고, 또 뱀이 지팡이가 되게 하실 수도 있는 전능하신 분임을 모세에게 알게 하시려는 것입니다. 하나님은 이 세상의 무엇이라도 원하는 대로 만드실 수 있는 전능한 분이심을 알게 하는 기적이라는 말입니다.

하나님은 살아 계신 분이며, 전능하신 분입니다. 하나님을 우리 상식이나 보잘것없는 인간의 지식으로 제한해서는 안 됩니다. 우리의 이성에 가두어서도 안 됩니다. 하나님은 천지를 창조하셨고, 우주 역사를 섭리하며 주장하시되, 당신의 절대주권적인 뜻에 따라 역사하시는 분입니다. 이 사실을 모세는 빨리 알고 믿어야 했습니다. 하나님의 능력이 얼마나 위대한지 알아야 했습니다. 지금 모세에게 말씀하고 계시는 하나님은 절대권능의 주가 되신다는 사실을 진작에 알았어야 한다는 말입니다. 그래야 그 하나님 앞에서 쓸데없는 부정적인 말이나 불신앙적인 말이 안 나오는 것입니다.

성도 여러분, 모세의 하나님은 오늘날도 여전히 우리의 하나님이십니다. 못하시는 것이 없는 전능한 창조주이십니다. 지금도 하나님은 우리 가운데서 역사하고 계십니다. 여러분의 기도 한 마디 한 마디 가운데서도 매우 뚜렷하게 역사하고 계시는 살아 계신 하나님이십니다. 우리 하나님은 여러분의 가정과 직장과 사업체 속에서도 변함없이 일하시는 능력의 주관자이십니다. 우리 하나님은 여러분의 자녀들과 그들의 장래까지도 움직여 나가시는 위대한 통치자이십니다.

이 사실을 깨달으면 바울같이 변합니다. 사도 바울이 자신의 모습을 발견하고는 이렇게 고백했습니다.

"오! 하나님 나는 죄인 중에 괴수입니다. 나는 가말리엘 문하의 학자요 로마 시민권을 가진 사람이라, 다른 사람이 볼 때 대단한 사람이라 할지 모릅니다. 그러나 진정 나를 들여다보니, 오, 나는 허물과 죄로 이미 죽은 사람입니다. 희망이 없는 사람입니다. 미래가 없는 사람입니다. 나는 사망 가운데 있는 사람입니다. 죄인 중에 괴수입니다."

그러나 거기에서 그치지 않습니다. 하나님께서 독생자 예수 그리스도를 이 땅에 보내셔서 그가 우리의 죄를 대속하게 하시어 우리를 다시 하나님 자녀로 삼아 주시며, 하나님 일꾼으로 세워 주신 은혜를 깨닫고 선포합니다. "내게 능력 주시는 자 안에서 내가 능치 못함이 없다." 그리고 "이제 내가 사는 것은 내가 사는 것이 아니라 내 안에 계신 그리스도로 말미암아 사는 것이다"라고 고백합니다.

프레임의 법칙

동아일보 기자 출신인 김홍묵 씨의 칼럼에 나오는 이야기입니다. 박목월 시인의 〈나그네〉에 "구름에 달 가듯이"라는 표현이 있습니다. 이 대목은 과학적, 합리적 표현이 아니라는 주장도 있습니다. 누가 보아도 밤하늘 구름 사이로 달이 움직이는 것같이 보이지만, 실은 정지한 달 주변을 구름이 흘러가는 것입니다. 사물을 보는 착각에서 비롯된 것입니다. 우리는 일상생활에서도 비슷한 착각을 흔히 겪습니다. 이런 착각은 '준거(準據)의 틀'(frame of reference)이 다르기 때문입니다.

시각만 착각이 있는 게 아닙니다. 생각과 말에도 있습니다. 친구 사이인 세실과 모리스가 성당 미사에 가는 길에 세실이 물었습니다. "모리스, 자넨 기도 중에 담배를 피워도 된다고 생각하나?" "글쎄, 잘 모르겠는데. 신부님께 한번 여쭤 보는 게 어떨까?" 세실이 먼저 신부님에게 물었습니다. "신부님, 기도 중에 담배를 피워도 되나요?" 신부님은 정색을 하며 대답했습니다. "형제여, 기도는 하느님과 나누는 엄숙한 대화인데, 절대 그럴 순 없지요." 그 이야기를 들은 모리스는 "그건 자네가 질문을 잘못했기 때문이야" 하고는 자신이 신부님에게 물었습니다. "신부님, 담배 피우는 중에는 기도를 하면 안 되나요?" 신부님은 얼굴에 온화한 미소를 지으며 말했습니다. "형제여, 기도는 때와 장소가 필요 없지요. 담배를 피우는 중에도 얼마든지 기도할 수 있습니다." '프레임의 법칙'에 나오는 한 예시입니다.

동일한 현상도 관점이나 생각의 틀에 따라 전혀 다르게 보입니다. 하나님께서 모세에게 던지신 질문은 하나님의 관점으로 자신을 보라는 말씀입니다. 하지만 우리는 자신의 세계에 갇혀 하나님의 능력을 받아들이지 못하고 무력한 삶을 이어가고 있습니다. 그래서 하나님은 우리에게 물으십니다. "네 손에 든 것이 무엇이냐?"

2. 내가 너를 쓰겠다(6-8절)

"여호와께서 또 그에게 이르시되 네 손을 품에 넣으라 하시매 그가 손을 품에 넣었다가 내어보니 그의 손에 나병이 생겨 눈같이 된지라 이르시되 네 손을 다시 품에 넣으라 하시매 그가 다시 손을 품에 넣었다가 내어보니 그의 손이 본래의 살로 되돌아왔더라 여호와께서 이르시되 만일 그들이 너를 믿지 아니하며 그 처음 표적의 표징을 받지 아니하여도 나중 표적의 표징은 믿으리라."

나병에 걸린 모세

하나님은 모세가 하나님께 선택되었다는 두 번째로 표징으로 나병 이적을 보여주셨습니다. 하나님의 명령대로 모세가 손을 품에 넣었다가 꺼내 보니 손에 나병이 생겨 눈같이 되었고, 명령대로 다시 품에 넣었다가 꺼내 보니 본래의 살로 되돌아왔습니다. 참으로 놀라운 이적입니다.

과연 이것이 무엇을 의미할까요? 나병은 그 치명성과 혐오성으로 인해 고대로부터 사람들이 가장 무서워하는 병이었습니다. 이 병은 불치의 병으로서 천형병(天刑病)으로 간주되었습니다. 처음에는 비듬 딱지 같은 것이 생겨 경미한 상처를 입히는 정도인데, 점점 지나면서 피부가 눈처럼 희어지고 건조해지고 두꺼워집니다(레 13:1-14:57). 성경에도 나병은 하나님의 징계로 나타는 병이라고 했습니다. 나병에 걸린 사람이 다른 난치병 환자보다 무서운 것은 그가 살던 사회로부터 완전히 격리되어야 하기 때문입니다.

하나님이 모세의 손에 나병이 들게 하신 것은 현재의 영적 상태를 진단한 것입니다. 지금 모세는 세상으로부터 완전히 격리된 상태입니다. 누구도 그를 알아보거나 써 주지 않는 실패자입니다. 하지만 얼마든지 다시 일할 수 있는 사람이 될 것이라는 선언을, 새살로 돌아온 사실을 통해 하나님이 깨닫게 하시려는 것입니다.

모세는 히브리인이었지만 바로의 공주 아들이 되어 왕족으로 성장하였습니다. 경우에 따라서는 왕이 될 수도 있었습니다. 역사가 요세푸스에 의하면 모세는 투트모세(Thutmose) 3세 때의 사람이었다고 합니다. 모세라는 이름이 히브리어로는 '물에서 건진 아이'이지만, 이집트 언어로는 '나의 사랑하는 아들'이라는 뜻으로, 사랑과 기대를 한 몸에 받았음을 알 수 있습니다. 애굽을 포함한 근동지방을 통치할 만한 능력과 지식과 힘을 가지고 있었고, 시대의 흐름을 읽고 역사를 분석할 능력이 있는 사람이었습니다.

그러나 당시 그가 자신의 권세와 능력을 가지고 한 일은 사람을 죽이는 것이었습니다. 민족을 위해 힘썼지만 결과적으로는 자기 민족들로부터 배척을 당했습니다. 자기 생명 하나 건지기 위해 왕궁을 떠나 광야로 도망하는 신세가 되었습니다.

왕자로 있다가 광야로 도망치게 된 모세는 아마도 마음에 수많은 갈등을 겪었을 것입니다. 다시 한 번 일어서야 한다는 꿈으로 몸부림쳤지만 양을 치는 목자 이상의 존재가 아니라는 사실을 그는 처절하리만큼 느꼈을 것입니다. 자신의 꿈과 희망을 모두 이 광야에 묻어야만 했습니다. 그의 활동무대는 더 이상 왕궁이 아니었고, 고상한 인격과 세계 역사를 꿰뚫어 볼 수 있는 통찰력, 민족을 이끌고 나가기 위해 받은 훈련들이 이 광야에서는 아무런 소용이 없었습니다. 단지 좋은 목초지가 어디 있는지를 살피고, 어린 양의 울음소리에 긴장하고 달려가야 하는 평범한 목자 이상이 아니었습니다.

모세가 최선을 다해서 살았던 삶의 결과는, 자기의 꿈을 묻은 광야와 이미 아무것도 할 수 없는 나병에 걸린 손이었습니다.

노령 체험관

성남에 가면 '고령친화종합체험관'이 있다고 합니다. 수십 년 후

80대가 되었을 때의 자기의 생활을 미리 체험할 수 있는 곳입니다. 약 2시간 동안 체험을 하는데, 80대 노인으로 변신하기 위하여 허벅지와 무릎에 장애물을 대고, 팔꿈치와 팔에도 장애물을 댄다고 합니다. 그러고 나면 다리와 팔이 잘 구부려지지 않아 불편합니다. 등을 굽게 하는 장애물까지 착용하고 나면 몸을 움직이기가 너무 힘들어집니다. 그러고 나서 눈에 노란색 안경을 쓰는데 백내장에 걸린 것을 예상하는 것입니다. 세상이 온통 흐리게 보여 가슴까지 답답해집니다. 초록색 안경을 쓰는 것은 녹내장을 체험하는 것입니다. 그 안경을 쓰면 세상을 열쇠구멍으로 보는 것 같다고 합니다.

그렇게 80대 노인의 몸으로 변신시킨 후 구멍 뚫린 구슬에 굵은 실을 꿰우는 체험을 하는데, 매우 어렵다고 합니다. 그리고 물건도 옮기게 하는데, 팔과 무릎에 묶어 놓은 장애물 때문에 정말 힘들다고 합니다.

노인 체험을 하고 나면 길거리에서 조그마한 보따리를 들고 지나가는 노인들이 다시 보인다고 합니다. 잘 구부려지지 않는 등과 팔, 다리 때문에 신발을 신고 벗는 데도 애를 먹고, 머리 감기도 쉽지 않고, 언덕을 오르고 내리는 것도 힘듭니다. 80대 노인이 되어 본다는 것이 참 기발한 아이디어인 것 같습니다.

대부분 사람이 80세가 되면 삶이 허무하다는 것을 충분히 알고 있고, 시간이 얼마 남지 않았고 육체도 약해졌다는 것을 생각하면서 주저앉게 됩니다. 모세의 광야생활 40년도 모든 것에 의욕을 잃고 자신은 용도 폐기된 사람이라고 자포자기하기에 충분한 세월이었을 것입니다.

노벨평화상을 받은 미국의 전 대통령 지미 카터는 임기 말년 이란에 인질로 잡힌 대사관 직원을 구하기 위해 미 특공대를 투입했지만 헬기가 추락하면서 구출 작전에 실패하였습니다. 세계 많은 사람들로부터, 특히 미국 국민들로부터 비난을 받았습니다. 설상가상으로 일본의 경제가 활기를 띠면서 미국 경제는 위축되고 미국 국민들 사이에서는 불안함이 고조되던 시기를 맞아, 결국 미국 역사상 가장 인기 없는 대통령으로, 실패한 대통령으로 레이건 대통령에게 자리를 넘겨주며 백악관을 떠나야만 했습니다.

쓸쓸히 백악관을 떠날 때 그는 하나님의 음성을 들었습니다.

"사람들은 버려도 나는 버리지 않아. 넌 여전히 나의 귀한 존재야."

자신의 손에 들려진 것이 무엇인지를 보게 하셨습니다. 하나님을 떠나서는 아무것도 할 수 없다는 사실을 깨닫고, 하나님을 의지하며 그 부름 앞에 자신의 실패를 드렸습니다. 카터 재단을 세우고, 고통과 분쟁이 있는 지역을 열심히 찾아다니며 해결하고자 하였습니다. 기도하며 모든 일을 행하였습니다. 퇴임 후 대통령이 갖는 일반적인 안락한 노후 생활을 거절했습니다. 그의 인생 속에 찾아오신 하나님께서 자신에게 원하시는 삶이 있음을 확신하고 실패를 툴툴 털고 새롭게 시작하였습니다. 그동안 받은 수많은 상 외에 노벨상까지 받음으로써 그의 삶은 더욱 빛을 발하였습니다.

모세에게 40년 동안 왕궁에서 리더 훈련을 받게 하시고, 40년 동안 광야에서 광야의 성격과 특징을 파악하게 하신 다음, 마지막 인생의 40년에 이스라엘 백성을 인도케 하셔서 하나님의 목적을 이루는 데 사용하셨던 주님은, 바로 저와 여러분을 함께 초청하십니다.

모세의 실패조차 아름답게 쓰임 받는 모습을 보십시오.

다윗과 골리앗

골리앗은 키가 거의 3미터나 되는 거인인 데다가 머리에는 놋으로 만든 투구를 쓰고 몸에는 비늘 갑옷을 입었는데 그 갑옷의 무게가 무려 57킬로그램이었습니다. 다리에는 놋으로 만든 각반을 차고, 어깨에는 놋으로 만든 창을 메고 있었습니다. 그 창날의 무게만 해도 7킬로그램이나 되었습니다. 그의 앞에는 큰 방패를 든 사람이 호위하고 있었습니다.

다윗이 골리앗과 싸우러 나갈 때, 사울은 자신의 군복으로 다윗을 무장시켜 주었습니다. 머리에는 놋 투구를 씌워 주고, 몸에는 갑옷을 입혀 주었습니다. 그러나 다윗은 허리에 사울의 칼까지 차고 시험 삼아 몇 걸음 걸어본 다음 말했습니다. "이런 무장은 제게 익숙하지 못합니다. 이렇게 무장한 채로는 걸어갈 수도 없습니다." 다윗은 그것들을 다 벗어 버렸습니다. 다윗은 목동의 지팡이를 들고 시냇가에서 매끈매끈한 자갈돌 다섯 개를 골라 주머니에 집어넣은 다음 자기가 쓰던 물매를 손에 들고 골리앗에게 나아갔습니다.

사울이 다윗에게 입혀 준 투구와 갑옷과 칼은 인간적인 수단과 방법입니다. 왕의 무장이므로 겉보기에는 안전한 것 같지만 다윗에게는 맞지 않는 무장입니다. 오히려 이와 같은 인간적인 수단과 방법은 마귀와의 싸움에서 도움이 되지 않습니다.

다윗이 집어 든 물맷돌 다섯 개는 평소 그가 자주 사용하던 도구입니다. 객관적으로 볼 때 그것은 무기라고도 할 수 없는 보잘것없는 것입니다. 그러나 목동 다윗에게 익숙했던 돌멩이와 물매가 골리앗과의 싸움에서 결정적인 역할을 했습니다. 다윗의 손에 들린 돌멩이와 물매는 지극히 평범한 것이었지만 하나님께서 함께하시자 골리앗의 베틀채만 한 창보다 더 강한 무기가 되었습니다.

하나님은 우리를 사용하실 때 지금 우리 손에 쥐어진 지극히 작은 것을 가지고 기적을 일으키십니다. 모세의 지팡이는 그 주변 어디에서나 흔히 볼 수 있는 평범한 나무토막에 불과했습니다. 모세가 미디안 광야에서 40년 동안 양을 치는 목자로 지낼 때 늘 가지고 다니던 손때 묻은 지팡이였습니다. 너무 오래되어 마를 대로 말라비틀어진 형편없는 지팡이였습니다. 그러나 그 지팡이에 하나님의 능력이 임하자 그 지팡이는 홍해를 가르는 지팡이가 되었고, 반석을 쳐서 생수를 내는 기적의 지팡이가 되었습니다.

벳새다 광야에서 5,000명이 굶어 배가 고플 때, 한 소년이 보리떡 다섯 개와 물고기 두 마리를 예수님 앞으로 가지고 나왔습니다. 보리떡 다섯 개와 물고기 두 마리는 한 소년의 점심 도시락밖에는 안 되는 지극히 작은 것이었습니다. 그러나 그것이 예수님의 손에 들리자 그 자리에 있던 5,000명의 사람들이 다 배불리 먹고도 열두 광주리가 남는 기적이 일어났습니다.

그러므로 이제 "나는 밑천이 없어서 할 수 있는 게 없다", "나는 부모에게 물려받은 재산이 없어서 가난하게 산다", "나는 학벌이 안 좋아서 출세하지 못한다", "나는 아무도 도와주는 사람이 없어서 성공하지 못한다", "소도 언덕이 있어야 비빈다"라는 말을 하지 말아야 합니다. 이런 말은 모두 하나님을 믿지 않는 사람들의 핑계와 변명에 불과합니다. 여러분에게 없는 것을 찾아 불평하지 말고, 지금 여러분의 손에 가진 것이 무엇인지를 살펴보십시오. 여러분의 은사와 달란트를 발견하십시오. 여러분이 남보다 잘할 수 있는 일이 무엇인가를 찾아보십시오. 그것이 비록 작은 것이라고 할지라도 하나님은 바로 그것을 통해 위대한 기적을 이루십니다. 내 손에 없는 것을 찾아 불평하지 말고, 내 손에 있는 것이 무엇인지 살펴보십시오. 하나님이 함께하시기만 하면 얼마든지 기적을 행하실 수 있습니다.

3. 네 손에서 역사가 일어나리라(9절)

"그들이 이 두 이적을 믿지 아니하며 네 말을 듣지 아니하거든 너는 나일 강 물을 조금 떠다가 땅에 부으라 네가 떠온 나일 강 물이 땅에서 피가 되리라."

나일 강 물이 피가 된다는 뜻은?

본문 9절에서 하나님은 모세에게 애굽에 있는 이스라엘 백성들이 모세를 믿지 않을 때 나일 강 물을 떠다 땅에 부으면 피가 되는 표적을 보여주겠다고 말씀하십니다.

애굽 사람들에게 나일 강은 매우 중요했습니다. 애굽은 비가 적은 대신에 1년에 한 차례씩 나일 강 상류의 강우로 홍수가 나서 강물이 범람했는데, 그 강물이 하류의 농경지대를 비옥하게 만들었습니다. 그러므로 애굽 사람들은 나일 강을 유일의 생명선으로 여기며, 거룩한 강(聖江)이라 하여 최고의 국신으로 숭배하고 있었습니다.

애굽 사람들은 생명을 주관하는 신인 '오시리스'가 자기들을 위해 나일 강을 주었다고 믿고 강을 신적인 존재로 숭배했습니다. 전통적으로 애굽 사람들은 나일 강을 관장한다는 '크놈'(Khnum) 신에게 제사를 지냈습니다. 애굽인들에게 나일 강은 최고의 선물이며, 최고의 신입니다. 나일 강 덕분에 그들이 살아갔습니다. 그러므로 나일 강은 그들에게 풍요의 상징입니다.

그런데 나일 강 물이 피로 변하는 것은 그 물이 신이 아니고 생명이 아니라, 하나님이 생명이시라는 것을 보여줍니다. 애굽의 생명줄이자 숭배의 대상이었던 나일 강 물을 피로 바꾸심으로써 모든 만물이 하나님 손안에 있으며, 하나님이 복을 주시는 것임을 보여주고 있습니다.

신학자 구로이안은 이렇게 말했습니다. "물은 창조의 피이다. 우리 몸의 80퍼센트가 물이다. 물은 또한 세례의 근본 요소이다." 그렇습니다. 물은 정말 중요한 하나님의 창조 작품입니다. 그리고 우리의 육체와 영혼의 근본 요소이기도 합니다. 그런데 이렇게 중요한 물이 피가 되어 냄새가 나고 고기가 죽고 먹지 못한다고 상상해 보십시오. 정말로 큰 충격이며, 그야말로 큰 재앙입니다. 나일 강뿐만 아니라 하수, 운하, 못, 호수, 심지어 나무 그릇과 돌그릇의 물이 다 피가 됩니다. 물이라고 생긴 것은 전부 피가 됩니다. 심지어는 물두명에 저장한 물까지 다 피가 됩니다. 세상에 이런 어려움이 또 어디 있겠습니까? 애굽의 모든 사람들은 이 재앙 앞에 "오 마이 갓"을 외쳤을 것입니다.

반면에 온 세상을 죄에서 구원하기 위하여 이 땅에 오신 예수님의 첫 번째 기적이 무엇입니까? 그것은 가나 혼인 잔치에서 물로 포도주가 되게 하는 이적이었습니다. 왜 이런 이적을 행하셨습니까? 예수님이 바로 메시아로서 창조주이심을 믿게 하기 위함입니다. 율법의 대표자인 모세의 첫 번째 기적은 물이 피가 되게 하는 것이었다면, 예수 그리스도는 인류에게 구원을 주시기 위하여 물로 포도주가 되게 하는 기적을 행하셨습니다. 즉 모세의 첫 기적이 재앙이 있는 심판이었다면 예수님의 첫 기적은 구원의 은혜를 베풀어 주는 하나님의 축복입니다.

예수님은 영원한 생명의 물이십니다. 누구든지 이 물을 마셔야 살고, 영원히 목마르지 않고 살아갈 수 있습니다. 예수님이 주시는 생명수를 마시는 자는 결코 다시는 목마르지 않을 것입니다.

하나님이 모세의 손에 보여주신 것은 신약에서 예수님께서 생명의 물의 역사를 일으키실 것이라는 희망의 선언입니다. 현재 모세의 손은 미래에 대한 희망 같은 것을 꿈꿀 수 없는 상태입니다. 그러나 앞으로 하나님은 모세의 손을 통해서 이스라엘 백성에게 생명수의 역사를 일으키신다는 비전을 보여주신 것입니다. 이제는 꾸고 구걸하는 손이 아니라 베풀고 나누는 축복의 손이 될 것을 예견하는 말씀입니다.

하나님은 모세의 손을 통해 새로운 이적을 보여주심으로 미래에 희망을 제시하셨습니다. 내 손의 것만 보면 미래에 대한 희망을 가질 수 없습니다. 그러나 하나님을 바라보면 얼마든지 희망을 그릴 수 있습니다. 그래서 성경은 선언합니다.

"보라 내가 새 일을 행하리니 이제 나타낼 것이라 너희가 그것을 알지 못하겠느냐 반드시 내가 광야에 길을 사막에 강을 내리니 장차 들짐승 곧 승냥이와 타조도 나를 존경할 것은 내가 광야에 물을, 사막에 강들을 내어 내 백성, 내가 택한 자에게 마시게 할 것임이라 이 백성은 내가 나를 위하여 지었나니 나를 찬송하게 하려 함이니라"(사 43:19-21).

정호승 시인의 〈인생은 나에게 술 한 잔 사주지 않았다〉 중에 이런 구절이 있습니다.

내가 누구의 손을 잡기 위해서는
내 손이 빈손이어야 한다
내 손에 너무 많은 것을 올려놓거나
너무 많은 것을 움켜쥐지 말아야 한다

내 손에 다른 무엇이 가득 들어 있는 한
남의 손을 잡을 수는 없다
소유의 손은 반드시 상처를 입으나
텅 빈 손은 다른 사람의 생명을 구한다

그동안 내가 빈손이 되어
다른 사람의 손을 얼마만큼
잡았는지 참으로 부끄럽다

어둠이 몰고 오는 조용함의 위압감은

말로 할 수 없을 만큼 공허한
침묵 속으로 나를 몰아넣고
오만과 욕심만 가득 찬 나를 묶어 버린다

어차피 빈손으로 와서 빈손으로 가는 인생인 걸
무엇을 욕심내고 무엇이 못마땅한가

오만과 욕심을 버리지 않는 한
어느 누구도 내 손을 잡아 줄 리 없고
용서와 배려를 모르는 한
어느 누구에게도 손 내밀 수 없다

얼만큼 비우고 비워야 빈손이 될 수 있을까

여러분, 지금 손을 한번 보십시오. 내 손은 지금 무엇을 붙들고 있습니까? 하나님의 은혜를 생각하면서 주님의 손을 붙잡고 일어나시기를 축원합니다.

내가 모를 줄 알았느냐?

삼하 12:1-15

비밀의 공포

내가 소년 시절에 여름철이면 TV에서 납량 특집을 방영했습니다. 그때는 '납량'이 무엇인지 몰랐습니다. 납량(納涼, 들일 납, 서늘할 량)의 한자 뜻을 그대로 풀이하면 '서늘함을 들이다'입니다. 즉, 여름철에 더위를 피하여 서늘함을 맞아들인다는 뜻입니다. 흔히 우리가 쓰는 피서(避暑)와 같은 의미입니다. 계곡에 가서 차가운 개울물에 발을 담그고 논다든지, 바람이 잘 통하는 정자에 올라 시원한 과일을 먹는다든지 하는 행동도 여름철에 더위를 잊기 위한 것이므로 '납량'이라 할 수 있으며, 그런 의미에서 공포영화를 보는 것도 납량의 일종이라고 볼 수 있습니다. 여름철이 되면 각 방송사에서 '납량 특집'을 준비하는데, 대부분 공포 또는 호러 장르에 집중되어 있습니다. 대표적인 프로그램이 〈전설의 고향〉이었죠.

영화 〈나는 네가 지난 여름에 한 일을 알고 있다〉도 그런 종류의 공포영화입니다. 노스캐롤라이나의 작은 바닷가 마을, 대학 진학을 앞두고 있는 줄리, 배우로 성공하겠다는 꿈을 가진 헬렌, 헬렌의 남자친구이자 부잣집 아들인 베리, 부모 없이 가난하게 사는 줄리의 남자친구 레이, 이들 네 사람은 독립기념일 축제를 맞아 바닷가로 드라이브를 갑니다. 마을의 미인대회에서 헬렌이 여왕으로 뽑혔기에 한창 기분이 들뜬 이들에게 악몽과 같은 사고가 일어납니다. 술에 취한 베리를 대신해 레이가 운전을 하던 도중 사람을 친 것입니다. 경찰에 신고하느냐 마느냐로 다투던 네 사람은 결국 서로의 장래를 위해 시체를 바다에 유기하고 무덤에 갈 때까지 비밀에 붙이기로 약속합니다.

1년이 지난 후 방학을 맞아 집에 돌아온 줄리는 "나는 네가 지난 여름에 한 일을 알고 있다"(I know what you did last summer)라는 편지를 받고 헬렌을 찾아갑니다. 예전의 친구 네 명은 다시 모여서 그 편지를 보낸 사람이 누구인지 알지 못한 채 어부 복장을 한 갈고리를 든 살인마에게 주변의 인물들이 한 명씩 죽어 갑니다.

정체 모를 범인이 주인공들을 한 명씩 죽이는 이 영화는 관객들에게 살인에 대한 공포감을 안겨줍니다. 하지만 그것은 단지 1차원적인 공포에 불과할 뿐, 진짜 사람을 두려움에 떨게 한 이유는 바로 네 주인공이 공유하고 있는 '비밀'이라고 할 수 있습니다. 우리가 살아가면서 어쩔 수 없이 생기는 비밀은 소소한 것일 수도 있지만 크게는 많은 사람을 불행에 빠뜨릴 수도 있습니다. 특히 죄를 숨긴 비밀은 죄책감과 두려움을 가져다주어 영혼의 자유를 속박합니다.

본문에 등장하는 구약 최대의 영웅 다윗에게도 믿음의 용사답지 않은 숨겨진 비밀이 있었습니다. 바로 밧세바와 부정을 저지른 사건입니다. 그때 하나님은 나단 선지자를 보내서 다윗의 비밀을 폭로하십니다. 다윗 왕의 권력 밑에서 비밀스럽게 묻힐 뻔했던 구약 최대의 스캔들을 하나님은 왜 폭로하신 것일까요?

1. 자신을 바라보라(5, 7절)

"다윗이 그 사람으로 말미암아 노하여 나단에게 이르되 여호와의 살아 계심을 두고 맹세하노니 이 일을 행한 그 사람은 마땅히 죽을 자라 …나단이 다윗에게 이르되 당신이 그 사람이라 이스라엘의 하나님 여호와께서 이와 같이 이르시기를 내가 너를 이스라엘 왕으로 기름 붓기 위하여 너를 사울의 손에서 구원하고."

착각

시드니 해리스(Sidney Harris)가 말했습니다. "자신의 장점을 안다는 것은 괜찮은 일이다. 자신의 단점을 안다는 것은 좀 더 나은 일이다. 정말 안 좋은 것, 우리에게 치명적이고 마침내 파멸을 가져오는 것은 단점을 장점으로 착각하는 것이다."

남의 허물과 약점을 크게 보는 것은 장점이 아니라 단점입니다. 너그럽거나 관대하지 못함도 단점입니다. 단점을 장점으로 착각하면 독선이 됩니다. 특히 그리스도인으로서 주님을 닮지 못한 모습은 모두 단점이라고 생각합니다. 그러므로 말과 행동에 온유와 겸손이 묻어나지 않고 정죄와 판단이 앞서는 것을 공의로움으로 착각하지 않는 민감함이 우리 삶 속에 살아 있어야 합니다. 상대방의 말과 행동을 이해하려는 노력 없이 자의로 해석하고 판단하는 일은 예리함도 냉철함도 아니라는 사실을 인정해야 합니다. 상대방을 향한 예리한 칼을 내 마음에 댈 수 있을 때 단점을 장점으로 보는 착각의 죄를 피할 수 있습니다.

오늘 본문은 다윗이 죄를 범하자 하나님께서 나단 선지자를 다윗에게 보내신 때를 배경으로 하고 있습니다(삼하 12:1). 다윗을 찾아온 선지자 나단은 다윗에게 세상 돌아가는 이야기를 하나 들려주었습니다. 나단 선지자는 다윗이 왕이 되는 데 가장 큰 도움을 준 사람이기에 그가 하는 말을 하나도 가볍게 흘릴 처지가 아니었습니다.

나단 선지자가 다윗에게 들려준 이야기는 이렇습니다. 한 동네에 양을 가진 부자가 있었습니다. 그에게 손님이 찾아왔는데 부자는 자기 양을 잡지 않고 소유가 양 한 마리뿐이어서 그것을 의지하고 사는 이웃집의 양을 빼앗아 손님들을 대접했다는 이야기였습니다. 나단의 이야기를 들은 다윗은 화를 내며 이야기 속의 부자를 비난했습니다.

> "그 사람은 마땅히 죽을 자라…그 양 새끼를 네 배나 갚아 주어야 하리라"(삼하 12:5-6).

다윗은 울분을 터뜨리며 정의감을 폭발시켰습니다. 그러자 나단이 말했습니다.

"당신이 그 사람이라"(삼하 12:7).

나단을 통한 하나님의 말씀은 분명했습니다. '네가 바로 그 부자와 같은 사람이다!'(You are the Man!, NIV, MSG). 저나 여러분이나 우리가 '그 사람이라'는 마음으로 내게 해당되는 말씀이라는 생각으로 말씀을 들어야 합니다.

브레넌 매닝(Brennan Manning) 목사가 그의 책 《부랑아 복음》(The Ragamuffin Gospel)에서 이렇게 말했습니다.

"주일 예배 때나 생활의 모든 부분에서 우리는 자신이 죄인이라고 믿는 척 가장한다. 그러다 보면 우리가 할 수 있는 일이라고는 우리가 용서받았다고 믿는 척 가장하는 것뿐이다. 결국 우리의 전반적인 영적 생활은 거짓 회개와 거짓 천국으로 점철되기 마련이다. 죄 많은 부랑자인 우리의 영적 미래는 우리가 죄인임을 부인하는 데 있는 게 아니라 어떤 상황을 무릅쓰고라도 우리를 구원하시려는 하나님을 받아들이는 데 있다"(브레넌 매닝, 239-253쪽).

많은 사람들은 하나님의 말씀을 인류를 위한 종교적인 가르침 정도로 이해합니다. 나단의 메시지를 듣는 다윗이 그랬습니다. 그러나 하나님의 말씀은 다른 사람에 대한 설교나 다른 사람의 죄에 대한 이야기가 아닙니다. 세상에 예수 그리스도가 오신 이유는 단 한 가지입니다. '우리 각자' 때문에, 정확히 '나' 때문에 오셨습니다. 예수님께서 십자가에서 고난을 받으셨습니다. 누구 때문입니까? 바로 '나'

때문입니다. "당신이 바로 그 사람"이라는 나단의 말을 듣고 자신의 죄를 깨달은 다윗은 이렇게 고백했습니다.

"내가 여호와께 죄를 범하였노라"(삼하 12:13).

이것이 믿는 사람의 태도여야 합니다. "내가 죄인입니다." 예, 그렇습니다. '저'입니다. '제가' 문제입니다. 성경에 기록된 말씀이 옛날이야기로, 다른 사람의 이야기로만 끝나면 아무 의미가 없습니다. 중요한 것은 말씀을 통해서 '하나님 앞에 선 내가 누구인지'를 깨닫는 것입니다. 내가 죄인이고, 내게 문제가 있으며, 내가 용서받아야 할 사람이며, 내가 하나님의 용서가 필요한 사람임을 고백해야 합니다.

세계적인 부흥강사로 활동하신 빌리 그레이엄(William Graham) 목사님에게는 앤(Anne)이라는 딸이 있습니다. 지금은 미국에서 성서연구자로, 설교자로 사역하고 있습니다. 앤이 어렸을 때 잘못을 저질러서 어머니 루스(Ruth) 여사가 매를 드니까 앤이 얼른 둘러댔습니다. "엄마, 내가 잘못한 것이 아니고 내 안에 마귀가 있는데 그놈이 잘못하게 했어." 예상하지 못한 딸의 반응에 어머니는 내심 놀랐지만 "그래, 알아. 그래서 엄마는 그 마귀를 쫓아내려고 하는 거야" 하면서 회초리를 들었습니다. 몇 시간 지나지 않아 앤이 또 잘못을 저질렀습니다. 이번에도 어머니가 매를 들자, 앤은 얼른 "엄마, 마귀란 놈이 벌써 내 속에서 밖으로 도망갔어" 하더랍니다. 어린아이가 애교로 그 순간의 벌을 피할 수는 있지만 계속 피할 수는 없습니다.

우리도 마찬가지입니다. 어쩌다 벌을 모면했다 하더라도 모든 경우에 그렇게 할 수는 없습니다. 우리는 우리의 죄를 숨길 수 없습니다. 그러므로 우리는 우리의 죄를 회개하고 용서받아야 합니다. 잠언 28장 13절에는 "자기의 죄를 숨기는 자는 형통하지 못하나 죄를 자복하고 버리는 자는 불쌍히 여김을 받으리라"라고 말씀합니다.

셀카 시대 유감

요즘 표준말처럼 사용하는 '셀카'라는 말은 '셀프 카메라'의 한국식 줄임말입니다. 외국에서는 스마트폰이나 카메라로 자신의 얼굴을 촬영해서 SNS에 올리는 행위나 그 사진 자체를 '셀피'라고 합니다. 셀카 문화가 유행하다 보니 한동안 호황을 누렸던 '파파라치'들이 사라지고 있다고 합니다. 파파라치는 유명 인사들이나 연예인들의 사생활을 몰래 촬영하여 대중에게 알리는 사람입니다. 그런데 2013년부터 셀카 열풍이 불면서 파파라치들이 그렇게 찍고 싶어 했던 유명 인사들이나 스타들이 자기 스스로를 찍어서 SNS에 올리면서 그 수요가 사라졌기 때문입니다.

예를 들어 2013년 12월 12일에 남아프리카공화국의 요하네스버그에서 넬슨 만델라의 추도식이 있었습니다. 오바마 미국 대통령이 15분에 걸친 열정적인 추모연설로 장내를 감동시켰습니다. 그리고 돌아온 자리에 오른쪽으로는 덴마크 수상과 영국 총리가 있었고, 왼쪽에는 미셸 오바마 영부인이 엄숙하고 슬픈 표정으로 앉아 있었습니다. 그런데 오바마 대통령이 하얀 이를 드러낸 채 해맑게 웃으며 옆자리의 영국 총리와 덴마크 수상과 셀카를 찍은 것입니다. 덴마크 여성 수상은 분위기 파악을 했는지 표정이 엄숙했는데 영국 총리 데이비드 캐머런은 활짝 웃고 있었습니다. 이렇게 셀카를 찍는 장면이 언론에 공개되고 경거망동에 대해 논란이 있었습니다.

영국 파이낸셜 타임즈는 2013년을 '셀피'라는 한 단어로 표현했습니다. 또한 같은 해 옥스퍼드 사전에서도 셀피가 그해의 단어로 선정이 되었습니다. 셀피나 셀카의 열풍은 점점 더해 가며 지금까지 이어지고 있습니다.

2013년 뉴욕포스트에 "세상에서 가장 이기적인 셀카"라는 제목의 사진이 게재되었습니다. 어떤 사람이 브루클린 다리에서 자살을 시도하려는 사람과 구조대원과 대치하고 있는 장면을 배경으로 SNS에 사진을 올렸는데 이기적이라고 할 만합니다. 또한 극한의 셀카도 있는데 절벽 끝이나 고층빌딩의 옥상에 아슬아슬하게 매달려서 자기 사진을 찍는 것입니다. 심지어는 스카이다이빙을 하는 도중에도 셀카를 찍고, 우주비행사 마이크 홉킨스는 우주정거장을 수리하기 위해 우주 유영을 하는 도중에 셀카를 찍었습니다.

이러다 보니 셀카를 찍다가 죽는 일도 비일비재합니다. 유라시아 대륙의 서쪽 끝에 있는 포르투갈의 호카 곶에서 폴란드인 부부가 셀카를 찍다가 두 아이들을 남긴 채 추락해서 죽었습니다. 멕시코에서는 한 청년이 장전된 줄도 모르고 권총 방아쇠를 자기를 향해 당기는 셀카를 찍다가 죽었습니다. 고속도로에서 셀카를 찍다가 트럭에 받혀서 죽기도 하고, 해안 절벽에서 셀카를 찍다가 떨어져 죽기도 했습니다. 2016년에는 우리나라 여행객이 페루의 곤다 폭포에서 셀카를 찍다가 추락하여 사망하는 사고가 발생하였습니다. 목숨을 걸 정도로 셀카에 집중하는데, 문제는 정말로 찍어야 할 영혼의 셀카를 찍지 않는다는 것입니다.

우리가 잘 아는 유명한 성경 구절이 있습니다. 로마서 7장 23절에 나오는 사도 바울의 절규입니다.

"내 지체 속에서 한 다른 법이 내 마음의 법과 싸워 내 지체 속에 있는 죄의 법으로 나를 사로잡는 것을 보는도다."

"나를 사로잡는 것을 보는도다"라는 것은 내가 나를 본다는 점에서 셀카라고 할 수 있습니다. 우리는 아무리 바빠도 마음의 셀카를 찍어야만 합니다. 내 마음의 셀카를 찍지 않으면 십자가를 생활화할 수 없기 때문입니다. 사람들이 극한의 상황에서 셀카를 찍듯이 우리도 어떤 급박한 상황에서라도 내 마음의 셀카를 찍어야만 합니다. 교회가 교회답지 못하고 기독교가 힘을 잃어버린 것은 마음의 셀카를 찍지 않기 때문입니다.

그렇다면 도대체 마음의 셀카를 찍는다는 것은 무엇일까요?

오늘 본문에서 나단 선지자는 악한 부자의 비유를 통하여 다윗 자신의 모습을 보게 합니다. 셀카 찍는 것을 망각하고 살고 있는 다윗에게 나단 선지자가 파파라치의 역할을 한 것이지요. 다윗이 드러내고 싶지 않았던 모습을 파파라치가 사진을 찍듯이 공개적으로 드러냅니다. 그러나 그전에 스스로 자신의 영혼을 돌아보았어야 합니다.

다윗이 왕궁 옥상을 거닐다가 목욕하는 한 여인을 보고 탐심이 생겼을 때, 그 순간에 셀카를 찍었어야 합니다. 마치 벼랑 끝에 매달려서, 스카이다이빙을 하는 절박한 순간에, 목숨을 걸고 우주를 유영하는 극한의 순간에도, 고속도로에서 운전을 하면서, 때로는 결국 죽음의 길로 들어서는 그 순간에도 셀카를 찍는 것처럼 죽을 각오를 하고서라도 찍었어야만 합니다. 다윗은 최초의 탐심의 순간을 지나쳐서 우리아의 아내라는 것을 알게 된 시점에서라도 자신의 마음에 대한 셀카를 찍었어야만 했습니다.

그 순간을 계속해서 지나쳐서 결국 아기가 태어났습니다. 하나님께서는 다윗이 하나님에게서 얼마나 멀어졌는지 스스로 깨닫기를 1년이나 기다리셨습니다. 하나님과 간격이 멀어져서 흉측하게 된 마음의 셀카를 찍기를 바라셨던 것입니다. 그러나 다윗은 자신의 마음 보기를 중단하였기에 어쩔 수 없이 나단 선지자가 등장해야 했습니다.

내로남불

다른 사람의 잘못에 대해서 따끔하게 일침을 놓는 경우가 있습니다. 그런데 그 사람의 자리에 앉으면 똑같은 잘못을 반복하는 수가 있습니다. '남이 하면 불륜이고 자신이 하면 로맨스'라는 말이 이 상황에 해당하는 말일 것입니다. 그런데 이런 일들이 우리 삶에는 종종 일어납니다. 그렇게 되는 이유는 '자기 합리화' 때문입니다. 사람은 누구나 자기가 하는 행동을 합리화하려는 성향이 있고, 아무리 나쁜 일이라도 자기 합리화 과정이 없으면 실행하지 않습니다. 나쁜 일이라는 것을 알아도 '어쩔 수 없어'라는 결론에 도달하면 그 일을 하는 것이 사람입니다.

그다음 단계는, 그 일에 대한 합리화입니다. 자기만 그런 것이 아니라면서 유사한 예들을 찾아 자기의 행동에 정당성을 부여합니다. 그 결과 일이 잘되면 '그것 봐, 내가 옳았어'라고 하고, 일을 그르치면 '내가 문제가 아니고 세상 혹은 네가 문제야'라고 합니다. 자기 자신이 문제라고 인식할 때도 100퍼센트 자신의 문제라고 인정하기 싫은 것입니다. '다른 사람이 혹은 세상이 조금만 도와주었더라면 이런 상황이 되진 않았을 거야'라고 생각하며, 다른 사람이나 세상을 원망합니다. '나 때문이야'가 아니고 '너 때문이야'라는 것은 대부분 사람의 공통적인 성향입니다.

여기서 자유로울 수 있다면, 한 단계 성숙한 삶을 살아가게 됩니다. 사람들로부터 존경을 받는 이들 대부분이 남의 문제에 대해서뿐만 아니라 자기에 대해서도 객관적으로 볼 수 있는 능력을 갖추고 있습니다. '자기 성찰'이라고 이야기하는데, 남을 보듯 자기를 보는 것을 말합니다. 그래서 '내가 다른 이들보다 나을 것이 없구나!' 하는 깨달음을 얻고 다른 사람에 대해 이런저런 기대를 하거나 가타부타 이래라저래라 하는 것이 얼마나 부질없는 일인지 아는 것이지요. 자기의 삶을 제대로 살아가기도 벅차다는 것을 깨닫고, 그 속에서 얻은 빛나는 지혜들을 나누려 노력합니다.

예수님은 마태복음에서 이렇게 말씀하셨습니다.

"어찌하여 형제의 눈 속에 있는 티는 보고 네 눈 속에 있는 들보는 깨닫지 못하느냐 보라 네 눈 속에 들보가 있는데 어찌하여 형제에게 말하기를 나로 네 눈 속에 있는 티를 빼게 하라 하겠느냐 외식하는 자여

> 먼저 네 눈 속에서 들보를 빼어라 그 후에야 밝히 보고 형제의 눈 속에서 티를 빼리라."

저는 말씀을 준비하면서 마태복음의 산상수훈이 생각났습니다. 산상수훈은 마태복음 5-7장에 있는 말씀으로, 그리스도인의 생활윤리가 집약적으로 들어 있습니다. 언제나 이 말씀을 읽으면서 '나의 들보'와 '너의 티' 사이에서 갈등하고 있는 나 자신을 봅니다. 대체적으로 '너의 들보'와 '나의 티'로 바꾸고 싶은 심정이 간절합니다. 적어도 내가 완벽하다고 생각하지는 않으며 내 행동 중에서 옥의 티만큼의 잘못은 인정하겠다는 자세는 있습니다.

대부분의 사람들은 내가 잘못할 때에 나는 그럴 수밖에 없는 근거와 이유가 있으며, 자기변명으로 내 잘못을 숨기고 싶어 합니다. 어떡해서든지 내 잘못은 빠져나갈 구멍을 찾고 있습니다. 그러나 너의 잘못일 경우 다릅니다. "이건 이렇게 잘못되었고, 저건 저렇게 잘못되었고…" 이것저것 실수한 것이 확실하게 드러납니다. 나는 더욱더 완벽한 판단자가 되어 상대방의 잘못을 하나하나 집어냅니다.

그런데 이런 저의 생각을 비웃기라도 하듯이 성경은 이렇게 말합니다. "어찌하여 너는 남의 눈 속에 있는 티는 보면서, 네 눈 속에 있는 들보는 깨닫지 못하느냐?" 심지어 이렇게 이야기합니다. "위선자야, 먼저 네 눈에서 들보를 빼내어라. 그래야 그때에 눈이 잘 보여서, 남의 눈에서 티를 빼줄 수 있을 것이다." '네 안의 들보를 깨달아라'는 말씀을, 네 주제를 파악하라는 이야기로 받아들일지라도, 위선자라고 몰아붙이는 이 말씀은 참으로 듣기 거북하고 불편합니다.

복음서에 나오는 위선자는 주로 바리새파와 종교지도자들을 이르는 말입니다. 그러나 산상수훈이 행해졌던 곳이 산 위라는 점에서 청중은 제자들과 군중들입니다. 예수의 질책은 제자들을 향해 있었습니다.

이 본문을 읽으면서 산 위에서 이야기를 하는 예수님의 모습을 상상해 보았습니다. 쉴 새 없이 격한 표정과 몸짓으로 질타하는 것으로 상상됩니다. 아마 그곳에 모여 있는 제자들은 그 질책이 자신들을 향한 날선 비판인지 미처 깨닫지 못했을 겁니다. 위선자라고 강하게 질책하는 예수의 발언이 주로 종교지도자들을 대상으로 한 것이었기 때문입니다.

그때 예수님은 제자들의 내심을 간파하신 것 같습니다. '제가 뭘 잘못했나요? 설사 잘못했다고 하더라도 그렇게까지 죽을죄는 아닙니다'라는 제자들의 속마음을 알아차리셨는지 모르겠습니다. 잘못도 상대화하고 수치화하고 계량화하는 제자들을 향해 한숨에 날려 버리는 독설이었습니다. 나보다는 너에게 잘못이 있다는 질타와 원망, 책임 전가 등이 어우러지는 우리의 실상을 간파하신 것입니다.

성경은 눈에 있는 들보와 티를 이야기합니다. 눈은 깨달음을 상징합니다. 마음의 눈이 맑아야만 상대방을 정확히 볼 수 있는데 그 눈에 들보와 티가 있다는 것입니다. 제대로 보아야 할 눈에 들보와 티가 있으면 제대로 볼 수 없습니다.

'티'로 번역된 헬라어는 '카르포스'(καρφος)로 '마르고 시든 것'에서 유래된 '작은 것, 조각, 그루터기' 등의 뜻을 갖고 있다고 합니다.

마르고 시든다는 표현은 티처럼 작다는 의미보다는 생명력이 시들어 가는 것을 의미한다고 보아야 할 것 같습니다. 반면 '들보'로 번역된 헬라어 '도콘'(δοκον)이 갖고 있는 의미는 '떠받치다, 들다'입니다. 'holding up'이란 동사 '데코마이'(δεχομαι)에서 유래된 단어로 '대들보', '건물의 기둥' 등의 명사로 사용된다고 합니다. 그러므로 우리를 지탱하는 존재의 기반이라는 의미로 볼 수 있습니다.

예수님이 말씀하는 눈의 티와 들보는 결국 수량적인 것이 아닙니다. 눈에 작은 이물질이 들어갔다 하더라도 그 눈은 제대로 볼 수 없습니다. 더구나 큰 이물질이 들어간다면 아무것도 볼 수 없습니다.

비행 중 착시 현상(Vertigo)

비행기 조종사들이 하늘을 한참 비행하다가 바다 위를 비행할 경우 하늘 색깔과 바다 색깔이 비슷해서 하늘과 바다가 구분이 되지 않는 경우가 있다고 합니다. 초보자의 경우 비행기가 회전할 때 한두 바퀴 돌고 나면 하늘과 바다가 구분이 안 된다고 합니다. 그때 자신의 눈의 감각만을 믿고 위는 하늘, 아래는 바다일 것이라 생각하고 계속 비행하다 보면 큰 낭패를 볼 수도 있습니다. 바다를 하늘로 착각하여 바닷물 속으로 돌진해 결국 목숨을 잃는 치명적인 실수도 할 수 있습니다. 그래서 평소에 항상 조종사에게 어떤 일이 있어도 자신의 눈의 감각만을 믿지 말고 계기판을 바라보고 비행하는 훈련을 시킵니다.

비행기 조종사들은 항상 착시 현상을 조심해야 합니다. 즉 우리의 눈은 착각을 잘 일으키기 때문에 조종사들은 항상 평소에 눈의 감각을 믿지 말고 계기판을 보도록 하는 계기 조종 훈련을 해야 합니다. 대부분의 초보 비행사들은 자기 눈의 감각을 의지하다가 생명을 잃는 치명적인 실수를 할 수도 있습니다. 그래서 비행사의 안전과 생명의 보호를 위해서 눈의 감각을 믿지 말고 계기판을 믿도록 하는 훈련을 강도 높게 시킵니다.

그리스도인들도 모두 천국을 향하여 날아가는 조종사들입니다. 천국을 향하여 비행하는 조종사가 바라보아야 할 것은 오직 하나님 말씀이라는 계기판뿐입니다. 사람의 눈을 끄는 이적이나 신비로운 능력, 또는 자기 감정이나 체험이 신앙의 기준이 되어서는 안 됩니다. 우리는 항상 하나님 말씀의 계기판을 바라보고 그것을 기준으로 비행하는 사람들이 되어야 합니다. 사람들이 하늘나라로 갈 수 있는 항로는 성경에 나와 있는 대로 예수 그리스도를 통한 길뿐이요, 우리 삶 속에서 힘들고 어려운 문제들을 해결하고 사탄의 권세를 이기고 승리하는 길도 성경이라는 계기판에 나와 있으니 오직 성경 말씀만을 의지하고, 그 속에서 생명의 길을 찾아야 합니다.

2. 자만에 빠지지 말라(11:1-2)

"그해가 돌아와 왕들이 출전할 때가 되매 다윗이 요압과 그에게 있는 그의 부하들과 온 이스라엘 군대를 보내니 그들이 암몬 자손을 멸하고 랍바를 에워쌌고 다윗은 예루살렘에 그대로 있더라 저녁때에 다윗이 그의 침상에서 일어나 왕궁 옥상에서 거닐다가 그곳에서 보니 한 여인이 목욕을 하는데 심히 아름다워 보이는지라."

다윗은 왜 전쟁터에 나가지 않고 예루살렘에 머물렀을까요?

다윗은 일생 동안 야전에서 잔뼈가 굵은 전쟁영웅이라고 할 수 있습니다. 그런데 사무엘하 11장에 보면 자신이 있어야 할 전쟁터에 있지 않고 근무지를 이탈해 후방 예루살렘에서 느긋하고 한가롭게 머물러 있는 상식 밖의 행동을 합니다. 이 행동에 대해서 배철현 교수는, 이스라엘을 통일하고 예루살렘을 하나님이 거주하시는 거룩한 도성으로 만들었으며 많은 전쟁에서 승리한 다윗이 자신도 모르게 자만하기 시작했기 때문이라고 하였습니다. 성공한 사람들이 예외 없이 갖게 되는 오만함이 그의 마음에도 뿌리내리기 시작한 것입니다. 그래서 다윗은 군대를 이끌고 전쟁터에 나가야 하는 자신의 일을 요압 장군에게 맡겨 버리고 예루살렘에 머물렀습니다.

왜 다윗은 전쟁에 나가지 않고 예루살렘에 머물렀을까요? 당시 주변의 암몬인들과 아람인들은 점점 세력을 키워가는 이스라엘을 저지하기 위해 군사적으로 동맹을 맺고 전쟁을 시작했습니다. 이스라엘은 사면초가에 빠졌습니다. 이런 상황에서 요압 장군은 암몬의 수도 랍바 성을 기습 공격해 도시 주변을 점령합니다. 그리고 다윗에게 전령을 보내 이스라엘 군대를 거느리고 와서 이 성의 중심부를 점령할 것을 주문합니다. 충직한 요압 장군은 랍바 성의 점령을 다윗의 공적으로 만들어 주고 싶었던 것입니다. 그러나 예상과 달리 다윗은 랍바 성으로 가지 않았습니다.

성경은 다윗이 왜 예루살렘에 머물고 있었는지 설명해 주지 않습니다. 그러나 정황을 가지고 유추해 보면, 다윗은 정신적으로나 육체적으로 안일에 빠져 있었습니다. 다윗은 일생을 사막의 모래폭풍 속에서 뜨거운 낮과 추운 밤을 보냈던 사람입니다. 지혜와 강인한 정신으로 블레셋 그리고 가나안 민족들과의 싸움에서 승리한 용사였습니다. 법궤가 예루살렘으로 들어올 때는 너무 기쁜 나머지 자신이 나체가 된 것조차 모르던 열정적인 남자였습니다. 그러던 다윗이 이제는 그 현장을 잃고 궁궐에서 뒹굴며 부인과 수많은 첩과 함께 아이들의 재롱을 보는 할아버지가 되고 말았습니다.

밧세바를 만나다

예루살렘에 남아 있던 다윗은 한 여성을 만났습니다. 사무엘하 11장 2절에 보면, "저녁때에 다윗이 그의 침상에서 일어나 왕궁 옥상에서 거닐다가 그곳에서 보니 한 여인이 목욕을 하는데 심히 아름다워 보이는지라"라고 기록하고 있습니다. 이 구절에서 다윗의 영적 상태를 알기 위해 주의 깊게 살펴보아야 할 단어들이 있습니다.

첫째, '저녁때'라는 단어입니다. 다윗이 일어난 시간은 저녁입니다. 여기에 쓰인 히브리어 '에레브'(ערב)는 노을이 생기기 시작할 무렵을 말합니다. 그는 중동지방에서 흔히 볼 수 있는 더위를 피해 낮잠을 자는 시간을 길게 가진 후 저녁이 다 되어 침대에서 일어났습니다. 그러고는 잠이 완전히 깨지 않아 신선한 저녁 바람을 쐬러 옥상에 올라가 이리저리 거닐었습니다. 다윗은 궁궐 아래 펼쳐진 예루살렘을 보다가 지붕 위에서 목욕하는 여인을 보았습니다. 성경에는 그녀가 옥상에서 목욕을 했는지 아니면 마당에서 했는지에 대한 구체적인 언급은 없지만, 만일 그녀가 집 안에서 목욕했다면 다윗의 눈에 띄지는 않았을 것입니다.

둘째, 성경은 여인의 모습이 '심히 아름다웠다'라고 기록합니다. 일반적으로 여인의 미모를 나타내는 단어는 '야파'(יָפָה)입니다. 그러나 히브리어 원문을 보면 겉으로 드러난 아름다움인 '야파'가 아니라 '기품 있고 감히 넘볼 수 없는 매력을 지녀 조화롭고 훌륭한'이라는 의미를 지닌 '토브'(טוֹב)라는 형용사를 사용합니다. 게다가 '토브'를 '굉장히/상상할 수 없는'이라는 의미의 '메오드'(מְאֹד)라는 부사가 꾸밉니다. 토브의 원래 의미가 '향기로운'이라는 점을 감안하면, 다윗이 몰래 지켜보던 이 목욕하는 여인은 단순히 외적으로만 아름다운 것이 아니라 내적인 기품까지 겸비했다고 볼 수 있습니다. 중년의 위기를 맞이한 다윗은 밧세바에게 한눈에 반합니다.

다윗이 이와 같은 범죄를 저지르게 되는 근본적 원인은 무엇인가요? 바로 자만과 안일에 빠진 것입니다. 다윗의 삶에 나타나는 이 비극적인 실패가 무엇입니까? 만약 다윗이 그 시간 침상에 있지 않고 신하들과 함께 전쟁터에 나가 있었다면 다윗이 이와 같은 실패를 했겠습니까? 그가 전쟁터에 있었다면 이런 실패는 하지 않았을 것입니다. 1절에 "왕들이 출전할 때"라는 말을 굳이 기록한 이유는, 지금 다윗이 있어야 할 곳은 이곳 침상이 아니라 전쟁터였다는 것입니다.

오늘 저와 여러분도 한국 교회가 있어야 할 곳에 있어야 합니다. 성도는 있어야 할 자리에 있어야 합니다. 그곳에 있지 않을 때에는 죽는 것입니다.

다윗이 우리보다 믿음이 작은 사람입니까? 우리보다 경험이 적은 사람입니까? 그는 우리보다 영적으로 훨씬 더 많은 경험을 했습니다. 그 어느 누구와 비교해도 뒤지지 않을 정도로 많은 경험을 했습니다. 하나님의 계시 경험, 하나님이 함께하신 경험, 하나님으로 말미암아 기뻤던 경험, 슬펐던 경험 등 우리보다 경험이 많았던 사람입니다. 그럼에도 불구하고 그가 실패하였습니다. 왜입니까? 그가 이제는 됐다 하고 마음을 놓고 자만심에 빠졌기 때문입니다. '이제 내가 직접 나서지 않아도 문제가 해결되는 위치에 왔다. 장군 한 명만 보내도 되는 문제다'라고 생각하고는 자만심에 빠져 있는 것입니다.

지금까지는 자기가 직접 나가서 진두지휘를 하지 않고는 이길 수 없다는 강박감과 긴장감이 있었으며, 그것이 바로 오늘날까지 다윗을 이끌고 온 힘이었습니다. 그러나 이제는 어떤 상황입니까? 내가 직접 나가지 않아도 승리할 수 있다고 생각하고 있습니다.

성도 여러분, 오늘 우리는 이 말씀을 통해서 우리 교회의 모습을 보아야 합니다. 오늘 우리 교회는 어떤 자세를 하고 있습니까? 혹시 우리 목동교회가 자만에 빠져 있지는 않습니까? 우리가 이만큼이면 되었다고 자만해 있지 않습니까? 그동안 이 교회를 이루기 위해 수고한 분, 그동안 눈물과 땀과 기도로 진을 뺀 분, 모래를 지고 벽돌을 지고 시멘트를 지고 나르며 수고한 분들 모두의 수고와 헌신과 땀방울과 눈물을 하나님께서는 다 기억하고 계실 겁니다. 그러나 그것으로 어느 정도 됐다고 생각하는 순간 우리 목동교회는 죽습니다.

이제 앞으로 무엇을 해야 할 것인지 잘 생각해 보아야 합니다. 지금까지 수고해 오셨는데, 지금까지 열심히 하셨는데, 혹시나 우리 마음속에 이것으로 만족하고 있지는 않습니까? 그때는 목숨을 걸고 기도하지 않았습니까?

다윗은 전쟁이라면 아마 이가 갈렸을 것입니다. 그렇지 않겠습니까? 20년이 넘는 세월 동안 전쟁 속에서, 칼날 아래서 몸서리를 치며 살던 다윗이 아닙니까? 그저 도망 다니면서 어느 때는 사울 왕의 칼날 앞에, 어느 때는 블레셋 왕의 칼날 앞에 두려워하고 낙심하던 그가 아니었습니까? 그런데 왕이 되었습니다. 이제 전쟁과 칼이라는 말만 들어도 진저리가 났을 겁니다. 그래서 그 마음에 이제는 내가 나서지 않아도 되겠다 생각하고 물러나 앉았을 것이라 생각합니다.

오늘 여러분이 신앙생활 하는 동안에 많은 연단들이 있었을 것입니다. 고통도 있었을 것이고, 정말 기도를 많이 했지만 열매가 맺지 않는 경우도 있었을 것입니다. 그러나 여러분, 그것 때문에 주저앉아서는 안 됩니다. 그것은 쉬는 게 아니라 죽는 것입니다.

그리스도인의 삶은 늘 투쟁하는 삶이어야 합니다. 오늘 나 자신을 말씀 안에서 지키기 위해, 우리 교회가 말씀 안에서 살기 위해 목숨을 걸고 투쟁해야 합니다. 오늘도 내 생명을 걸고 나 자신과 싸워야 합니다. 오늘도 그 전쟁의 자리에 서지 않으면 내가 죽는 것입니다.

신앙이란 사실 전쟁 아닙니까? 영적 싸움입니다. 이제 우리 교회도 우리의 신앙을 유지해 나갈 수 있는 기본적인 시설을 갖추었습니다. '이제는 교회 건물도 있으니, 열심히 기도 생활이나 하고, 개인적인 신앙생활만 제대로 하면 되겠지.' 이런 생각에 빠져 있다면, 우리는 그 순간 죽는 것입니다. 오늘 우리가 이 자리에서 안일에 빠져 있다면, 이 자리에서 만족한다면 현재의 신앙생활에 만족하고 있다면, 그것이 바로 죽음으로 나아가는 길이라는 사실을 기억해야 합니다.

안일을 경계하라

요즘 나오는 책 중에 구글과 애플, 그리고 삼성의 10년 전쟁에 대한 것이 있습니다. 이 전쟁의 관건은 누가 변화에 익숙하게 대응하느냐입니다. 과거 컴퓨터 업계의 선두주자였던 IBM 컴퓨터의 공급 업체였던 인텔(Intel)의 앤디 그로브(Andy Grove) 회장은 IBM에 대해서 이렇게 말한 적이 있습니다.

"IBM은 지속적으로 컴퓨터 업계에서 선두 고지를 점령해 온 회사이다. IBM 간부들은 이 오랜 세월의 승리에 도취된 채 살아왔다. 시대가 바뀌고 시장이 바뀌었는데도, 그들은 제품 개발과 경쟁력 향상에 있어서 과거에 자신들이 쓰던 것과 똑같은 방식을 고집한다."

앤디 그로브의 지적은 정확했습니다. IBM의 간부들은 자만에 빠져서, 세월이 흘렀는데도 옛날 성공했던 기술과 사업 전략을 수정할 생각을 하지 않았습니다. 그래서 디자인의 혁신적인 변화에도 둔감했고, 컴퓨터 안의 하드웨어 운용 체계(OS, Operation System)도 옛날 방식을 택했고, PC 판매의 주류를 차지하고 있는 도매상과 소매상들에게 교만한 자세를 취하여 IBM에게 등을 돌리게 만들었습니다. 결국 1986년 〈포춘〉 지 선정 미국 제1위의 그룹이었던 IBM은, 7년 만인 1993년에는 206위로 추락하는 수모를 겪었습니다.

타성이 이렇게나 무섭습니다. 지금 위기를 맞은 자동차 산업의 선두주자 GM을 비롯한 미국 최대의 자동차 회사들도 마찬가지입니다. 현재에 안주하는 타성화가 이런 엄청난 위기를 가져왔습니다. 작은 기업도 마찬가지입니다.

이것은 기업만이 아니라, 우리 삶이 모든 영역에도 똑같이 해당됩니다. 타성은 우리의 영혼을 병들게 하고, 야성을 죽입니다. IT업계에서 가장 큰 혁명 중 하나는 IBM과 애플(Apple)의 전쟁이었습니다. 스티브 잡스가 수년 동안 가장 존경받는 기업인이 된 이유는 가장 혁신적인 변화를 가져온 인물이기 때문입니다.

신앙에서는 가장 존경받는 사람이 누구일까요? 가장 존중받는 교회가 어디일까요? 예수님과의 첫사랑을 유지하기 위해 끊임없이 변화하는 교회이자 그런 사람입니다. 사랑이 왜 진부해집니까? 왜 감격이 없어집니까? '변하지 않는 사랑'이란 어떤 의미입니까? 역설적으로 들릴지 모르지만 변하지 않는 사랑을 위해 우리가 끊임없이 변해야 합니다. 끊임없이 변하는 이 세상 가운데서 끊임없이 대응해야 합니다. 예수님은 과거 가운데 계시는 분이 아니라 끊임없이 우리와 함께 미래를 향해 가시는 분이기 때문입니다. 그래서 신앙에 있어서 가장 무서운 것이 '타성'입니다.

우리는 에베소 교회를 향한 칭찬을 들었습니다. 어쩌면 예수님의 사랑을 경험한 사람들에게서 나오는 당연한 행위이고, 그것이 크리스천의 가장 큰 덕목이라고 생각할 수 있습니다. 그런데 어느 날 우리의 모습을 보니 타성이 젖어 있습니다. 습관이 된 것입니다. 이제는 사랑 때문에 일어나는 일들이 아니라, 사랑했기에 일어났던 일들을 반복하고 있을 뿐입니다. 본질이 사라지고 껍데기만 남은 것입니다. 모양은 있는데 내용이 없는 위선적인 모습이 되어 버렸습니다.

예수님은 교회와 계속해서 새로운 사랑의 관계 속에 있기를 원하십니다. 예수님께서 교회를 사랑하시기 때문입니다. 사랑 없는 관계와 사랑 없는 수고는 고역입니다. 어떻게 야곱이 한 여자를 얻기 위해 7년 동안 노동을 할 수 있었을까요? 그 여인에 대한 사랑의 가치가 그만큼 컸기 때문이 아닐까요? 교회는 바로 그 사랑의 관계와 사랑에 겨워 나오는 일들이어야 합니다.

당시 초대교회는 박해를 많이 받았습니다. 그러나 박해를 받으면서도 신앙을 지켰습니다. 박해 역시 사랑이 아니면 견디기 쉽지 않습니다. 하나님을 사랑하기 때문에 죽음에 이를지라도 고통을 감내하는 것입니다. 드라마나 주변에서도 부모가 반대하는 결혼을 위해서, 사랑을 위해서 목숨을 걸고 도피하는 이야기를 많이 보셨을 것입니다. 이렇듯 사랑은 놀라운 능력이 있습니다. 능력을 상실하는 교회의 중심 깊은 곳을 볼 때면 깨닫는 것이 있습니다. '사랑을 잃었다'는 것입니다.

자만은 자기가 주인 되는 것이다

다윗은 신하(우리아)의 아내 밧세바를 함부로 대했고, 그녀에게 수치를 주었습니다. 또한 밧세바의 남편 우리아를 속였고, 나중에는 그를 죽게 만들었습니다. 그때 다윗에게는 근본적인 문제가 있었습니다. 하나님 대신 자기 자신을 중심에 놓았다는 것입니다. 다윗은 하나님보다 자기 자신을 더 중요하게 여겼습니다. 자기 만족, 자기 감정을 더 중요하게 여겼습니다. 그것이 문제였습니다.

섬에서 목회하는 목사님을 만났습니다. 그 목사님이 섬기는 교회에 좋은 교인이 있는데 목사님이 싫다며 교회에 안 나온다고 합니다. 그 목사님이 제게 "그분이 제가 싫다고 교회에 안 나오겠다고 하니 제가 떠나야 할 것 같습니다. 도와주십시오"라고 하셨습니다. 교회에 목사님 때문에 나옵니까? 여러분, 오늘 '목사가 보고 싶어서' 교회에 오셨습니까? 그래서는 안 됩니다. 하나님께 예배하기 위해 교회에 와야 합니다.

신앙생활뿐 아니라 우리 모든 삶의 기준은 하나님이어야 합니다. 그런데 중심에 하나님을 모시지 않고 내가 주인이 되어 모든 것에 비판의 잣대를 대고는 이래서 틀렸다, 저래서 틀렸다고 칼질하고 정죄합니다. 그런 태도가 우리를 자만과 안일의 자리로 데리고 갑니다. 하나님은 다 아십니다.

3. 은혜를 망각하지 말라 (7-8절)

"나단이 다윗에게 이르되 당신이 그 사람이라 이스라엘의 하나님 여호와께서 이와 같이 이르시기를 내가 너를 이스라엘 왕으로 기름 붓기 위하여 너를 사울의 손에서 구원하고 네 주인의 집을 네게 주고 네 주인의 아내들을 네 품에 두고 이스라엘과 유다 족속을 네게 맡겼느니라 만일 그것이 부족하였을 것 같으면 내가 네게 이것저것을 더 주었으리라."

은혜의 회상

오늘 본문 7-8절에는 하나님이 나단 선지자를 통해 다윗에게 베푸신 하나님의 은혜를 회상하고 있습니다.

"이스라엘의 하나님 여호와께서…너를 이스라엘 왕으로 기름 붓기 위하여 너를 사울의 손에서 구원하고"(7절).

하나님께서 지금껏 다윗에게 베푸셨던 은총에 대한 언급입니다. 즉 본 절과 8절은 어떠한 범죄를 저지르지 않고도 만족하게 지낼 수 있었던 다윗의 은혜로운 형편을 강조하고 있습니다. 따라서 이 같은 사실에도 불구하고 다윗이 우리아를 죽이고 밧세바를 강탈한 행위(11장)는 정상참작조차 할 수 없는 악랄한 범죄라고 할 수 있습니다. 그뿐 아니라 그러한 다윗의 범죄는 친히 풍성한 은혜를 체험한 자로서 그 은혜의 하나님을 배반한 배은망덕한 행위였다고 할 수 있습니다.

"네 주인의 집을 네게 주고"(8절)에서 '집'에 해당하는 히브리어 '바이트'는 '영구적인 거처, 가족'이란 의미 이외에도 '나라'를 상징하는 말입니다. 본 절에서도 이 말은 나라를 의미하는 바, 본 절은 한때 다윗의 주인이었던 사울에게 맡겼던 나라를 하나님께서 다윗에게로 옮기신 것을 가리킵니다(삼상 13:13, 14, 15:28, 29). "네 주인의 아내들을 네 품에 두고"(8절)는 고대 근동 지방에서 정권(政權)이 교체될 때 정복 군주가 이전 군주의 후궁들을 모두 거느렸던 당시의 관습을 언급한 말입니다. "부족하였을 것 같으면 내가 네게…더 주었으리라"(8절). 하나님께서 다윗에게 필요한 것이라면 언제든지 부족함이 없도록 채워 주셨는데도 불구하고 다윗이 과욕을 부려 범죄한 것을 책망하는 말입니다.

즉 다윗은 이미 차고 넘치는 은혜를 망각했을 때 엉뚱한 정욕을 찾아 범죄의 길로 들어섰던 것입니다.

결국 감사를 상실한 것이 죄입니다. 하나님은 다윗의 잘못을 꾸짖기에 앞서 하나님께서 이제까지 다윗에게 해주셨던 것을 7-8절에 열거하십니다. 과거에 이처럼 은혜를 베풀어 주었는데 왜 악한 짓을 했느냐는 것입니다. 이 말을 다시 바꾸면 '네가 내 은혜를 잊지 않았다면 악을 행할 수 없었을 것이다'라는 것입니다. 은혜를 잊어버리고 감사를 하지 않는 것이 죄입니다.

감사를 잃은 것이 죄라면 그 죄를 극복하는 방법은 간단합니다. 감사를 회복하면 됩니다. 수많은 시편이 다윗의 감사문입니다. 하나님이 주신 복과 그에 대한 감사를 잘 알고 있던 다윗입니다. 그 마음을 회복하면 됩니다. 하나님의 그 크신 사랑과 은혜는 말로 형용하기 어렵습니다. 그 아들을 보내사 화목제물로 삼으셔서 죄로 죽을 죄인을 살려 주신 하나님의 크신 은혜를 우리는 잊지 말아야 합니다. 그래서 사도 바울은 "너희는 그 은혜에 의하여 믿음으로 말미암아 구원을 받았으니 이것은 너희에게서 난 것이 아니요 하나님의 선물이라"(엡 2:8)고 외칩니다. 지금까지 지내온 모든 것이 주님의 크신 은혜입니다.

철의 여인

'철의 여인'으로 불리는 마가렛 대처는 교육부 장관으로 정치 생활을 시작해서 영국의 수상 자리를 역임하기까지 강한 카리스마를 바탕으로 사람들을 이끌었습니다. 당시 여성으론 처음으로 장관이자 수상의 자리에 올랐기에 대처는 많은 사람들과 정치인들을 만나 개인적으로 협력을 구해야 했는데, 그런 바쁜 스케줄에도 불구하고 가족과 친척 그리고 동네 이웃들의 경조사엔 작은 일이라도 언제나 빠지지 않고 참석했습니다. 그의 측근들은 가뜩이나 바쁜 일정 속에 그런 일들까지 참석하며 시간을 빼앗기는 대처 수상을 이해하지 못했습니다.

"수상님, 그런 작은 일들까지 모두 참석하다가는 정국을 제대로 돌볼 수 없을지도 모릅니다. 앞으로는 사람을 시켜 축하 메시지만 전하게 하는 것이 어떨까요?"

이 질문에 대처 수상은 이렇게 답했습니다.

"난 수상이고, 성공한 정치인도 맞습니다. 하지만 내 가족과 이웃과 같은 나의 지지자들이 없었다면 나는 절대 성공할 수 없었을 것입니다. 그렇기 때문에 그들의 기쁨과 슬픔에 함께 참여하는 것은 결코 작은 일들이 아닙니다."

영국 작은 시골의 구멍가게 집안에서 둘째 딸로 태어난 대처가 성공할 수 있었던 것은 초창기에 그를 지지해 준 지역 주민 덕분이었고, 그녀는 나중에 성공해서도 그들이 베푼 은혜를 잊지 않고 기억하고 있었던 것입니다. 남에게 베푼 일은 잊고, 남에게 받은 신세는 절대 잊지 마십시오.

찬송가 301장(통 460장) "지금까지 지내온 것"입니다.

♬ 1. 지금까지 지내온 것 주의 크신 은혜라
    한이 없는 주의 사랑 어찌 이루 말하랴
    자나깨나 주의 손이 항상 살펴주시고
    모든 일을 주 안에서 형통하게 하시네
  2. 몸도 맘도 연약하나 새 힘 받아 살았네

물 붓듯이 부으시는 주의 은혜 족하다
사랑 없는 거리에나 험한 산길 헤맬 때
주의 손을 굳게 잡고 찬송하며 가리라
3. 주님 다시 뵈올 날이 날로 날로 다가와
무거운 짐 주께 맡겨 벗을 날도 멀잖네
나를 위해 예비하신 고향집에 돌아가
아버지의 품안에서 영원토록 살리라

이어서 찬송가 310장(통 410장) "아 하나님의 은혜로"의 가사도 살펴보겠습니다.

♪ 1. 아 하나님의 은혜로 이 쓸데없는 자
왜 구속하여 주는지 난 알 수 없도다
2. 왜 내게 굳센 믿음과 또 복음 주셔서
내 맘이 항상 편한지 난 알 수 없도다
3. 왜 내게 성령 주셔서 내 마음 감동해
주 예수 믿게 하는지 난 알 수 없도다
4. 주 언제 강림하실지 혹 밤에 혹 낮에
또 주님 만날 그곳도 난 알 수 없도다
[후렴] 내가 믿고 또 의지함은 내 모든 형편 잘 아는 주님
늘 돌보아 주실 것을 나는 확실히 아네

살다 보면 다른 사람이나 하나님께 은혜 받은 것을 잊어버리기는 쉽지만 기억하는 것은 어렵습니다. 은혜를 잊어버리는 것은 잘못된

것이지만 은혜를 기억하는 것은 축복의 지름길이며, 신앙생활하는 데 마땅한 도리이고 올바른 태도이며 귀한 마음 자세입니다. 우리도 은혜를 기억해서 하나님께서 기뻐하시는 삶을 살아가야 합니다. 은혜를 기억해서 첫째로 하나님의 일을 우선하고 함께하여 도와주고, 둘째로 자신보다 타인의 유익을 배려하며, 셋째로 마음을 시원하게 해주고 채워 주어서 하나님께 기쁨이 되고 영광이 되는 저와 여러분들이 되기 바랍니다.

유대인의 탈무드에는 이런 말이 있습니다.

"이 세상에서 가장 지혜로운 사람이 누구인가? 어떤 경우에도 배움의 자세를 갖는 사람이다. 이 세상에서 가장 강한 사람은 누구인가? 자신과의 싸움에서 이기는 사람이다. 그러면 이 세상에서 가장 행복한 사람은 누구인가? 지금 이 모습 이대로를 감사하며 사는 사람이다."

영국 속담에 "하루가 행복하려면 이발소에 가고, 일주일이 행복하려면 결혼을 하고, 한 달이 행복하려면 말을 사서 타고, 1년이 행복하려면 집을 짓고, 한평생이 행복하려면 정직해야 한다"라는 말이 있습니다. 영적 정직을 회복할 때입니다.

네가 어찌하여 여기 있느냐?

왕상 19:9-18

아드레날린 과다 분비 우울증

아드레날린 과다 분비 우울증이라는 것이 있습니다. 사람이 어떤 일에 몰두할 때 우리 몸 안에서 아드레날린이 많이 소모되고, 그 후에 쉽게 탈진하고 공허감을 느껴 우울증에 빠진다는 것입니다. 우리의 신앙생활도 이런 경우가 있습니다. 열정적으로 신앙생활을 하다가 급작스럽게 공허함과 허무함을 느끼며 하나님에 대해 절망하는 것입니다. 그럴 경우 잘못된 해결책은 하나님과의 절교 선언입니다. 오늘 본문 열왕기상 19장에 등장하는 엘리야 선지자가 그랬습니다.

본문에 등장하는 엘리야는 '아드레날린 과다 분비 우울증' 환자가 되었습니다. 이 증상의 첫 번째 특징은 혼자 있고 싶어 하는 것인데, 엘리야는 브엘세바에 도착해서 함께 동행했던 심부름꾼을 남겨두고 혼자서 하루를 더 걸어 깊은 광야로 들어갔습니다. 두 번째 특징은 끝없는 비교 속에 자살충동을 느끼는 것인데, 엘리야는 조상들보다 낫지 못하니 죽여 달라고 했습니다. 세 번째 특징은 한없이 잠을 자고 싶어 하는 것입니다. 로뎀 나무 아래서 엘리야는 깊은 잠에 빠져서, 천사가 와서 깨워도 잠시 뭘 먹다가 또다시 잡니다. 만사가 귀찮으니 잠만 잡니다.

극단적인 우울증에 시달리던 엘리야를 하나님이 찾아오셔서 치유하셨습니다. 먼저 육신의 치유입니다. 5절에 '천사가 어루만졌다'고 할 때 사용된 단어는 '안마를 했다'는 뜻을 가집니다. 그리고 먹을 떡과 마실 물을 주어 육신의 탈진을 회복시킵니다. 기력을 회복한 엘리야는 모세가 처음 하나님을 만나고 부르심을 받았던 호렙 산을 향하여 걸어갑니다. 40주야를 걸은 끝에 마침내 호렙 산에 도착하여 한 굴에 있을 때 하나님의 음성이 들립니다. 그것은 "네가 어찌하여 여기 있느냐?"라는 소리였습니다.

우리도 살다 보면 엘리야처럼 현실에서 도망치고 싶은 때가 있습니다. 도무지 일에 의욕도 없고, 사람을 만나는 것조차 두려울 때가 있습니다. "네가 어찌하여 여기 있느냐?"라는 질문은 세상에서 지친 사람들을 향한 치유의 음성입니다. 왜 하나님은 엘리야에게 그렇게 물으신 것일까요?

1. 탈진을 회복시키려고(9-10절)

"엘리야가 그곳 굴에 들어가 거기서 머물더니 여호와의 말씀이 그에게 임하여 이르시되 엘리야야 네가 어찌하여 여기 있느냐 그가 대답하되 내가 만군의 하나님 여호와께 열심이 유별하오니 이는 이스라엘 자손이 주의 언약을 버리고 주의 제단을 헐며 칼로 주의 선지자들을 죽였음이오며 오직 나만 남았거늘 그들이 내 생명을 찾아 빼앗으려 하나이다."

엘리야의 행적과 갈멜 산의 승리

오늘 본문의 주인공은 구약성경 최대의 능력의 선지자라고 일컬어지는 엘리야입니다. 직업적 예언자의 효시가 된 사람입니다. 그는 역사의 가장 어두운 시기에 혜성같이 등장했다가 바람같이 사라진 위대한 믿음의 영웅입니다. 그는 기원전 9세기경에 북왕국 이스라엘에서 활동했습니다. 그때 북이스라엘은 아합 왕이 통치하고 있었는데, 그의 아내 이세벨은 열광적인 바알 숭배자로, 페니키아 왕국과 정략결혼으로 이스라엘에 오면서 그 나라의 우상들을 가지고 왔습니다. 그 후 북왕국 이스라엘 전역에 바알 신앙을 퍼트리기 시작했습니다. 이세벨은 하나님의 선지자들을 내쫓고 잡아 죽이고, 우상의 선지자들을 키웠습니다.

온 나라에 영적 어두움이 짙었던 시대에 혜성같이 나타난 위대한 하나님의 종 엘리야는 아합을 두려워하지 않았습니다. 그는 능력의 종이었습니다. 엘리야가 여호와 신앙을 지키기 위해 아합과 이세벨의 칼과 싸울 수 있는 무기는 믿음밖에 없었습니다. 그는 하나님을 의지하고 "우상을 섬기는 이 땅에 앞으로 비가 오지 않을 것이다"라고 선포한 후 3년 6개월 동안이나 비가 오지 않았습니다. 그래도 그들은 깨닫지 못하고 더욱 완악해져서 바알 숭배를 포기하지 않았습니다.

결국 엘리야는 아합 왕과 대면하여 최후의 결전을 제안합니다. 누구의 신이 진짜 신인지 목숨을 걸고 대결해 보자는 것이었습니다. 갈멜 산에서 바알과 아세라 선지자 850명과 하나님의 종 엘리야가 단신으로 거기에 섰습니다. 먼저 바알과 이방신의 선지자들 850명이 제단을 쌓아놓고 그들이 믿는 바알에게 소리 질러 부르짖기 시작했습니다. 아침부터 한낮까지 이곳에 불을 내려달라고 소리 지르고 또 질렀습니다. 나중에는 자해하면서까지 부르짖었습니다. 엘리야가 그것을 보면서 "너희가 믿는 신이 아마 주무시나 보다. 좀 가서 깨워 보거라" 하고 이야기할 정도였습니다. 아무런 응답이 없자 그들은 결국 포기했습니다.

엘리야는 허물어진 여호와의 제단을 다시 수축하고 주변에 도랑을 판 다음 그곳에 물을 가득하게 부었습니다. 그리고 "여호와여, 여기에 불을 내리소서!"라고 기도했더니 하늘에서 불이 떨어져서 그 모든 제물과 도랑의 물까지 깨끗하게 태워 버렸습니다. 그것은 하나님의 승리이고, 이스라엘 민족의 승리이고, 엘리야의 승리였습니다. 온 백성은 지켜보다가 환성을 지르면서 너무나 좋아했습니다. "야훼 하나님이 진정한 신이시다." 엘리야라는 이름은 '여호와는 하나님이시다'라는 뜻입니다. 엘리야는 오직 하나님의 영광만을 위해 살아간 위대한 선지자였습니다.

이스라엘 백성들은 거짓된 바알과 아세라 선지자 850명을 다 갈멜 산 밑에 있는 기손 시냇가로 끌어다가 목을 쳐서 죽여 버렸습니다. 이제는 정말 하나님의 나라가 임한 줄 알았습니다. 하나님의 때가 오리라고 기대했습니다. 엘리야의 마음에 얼마나 큰 기쁨과 감격이 있었겠습니까? 그런데 놀랍게도 이것이 하루도 가지 못했습니다. 그 용기백배하던 하나님의 사람 엘리야가 하룻밤을 지내기도 전에 낙담하고 절망에 빠집니다. 불안에 떱니다. 그리고 생명을 구하기 위해서 도망가는 신세로 전락했습니다. 왜 이런 일이 있었을까요?

이세벨의 반격

성경으로 돌아가 19장 1-2절 말씀을 다시 한 번 보십시오.

"아합이 엘리야가 행한 모든 일과 그가 어떻게 모든 선지자를 칼로 죽였는지를 이세벨에게 말하니 이세벨이 사신을 엘리야에게 보내어 이르되 내가 내일 이맘때에는 반드시 네 생명을 저 사람들 중 한 사람의 생명과 같게 하리라 그렇게 하지 아니하면 신들이 내게 벌 위에 벌을 내림이 마땅하니라 한지라."

바로 이것입니다. 이세벨은 호락호락 포기하지 않았습니다. 그는 엘리야에게 사람을 보내서 경고를 합니다.

"내일 이맘때쯤에 너의 생명을 취할 것이다. 내가 너를 죽이지 않으면 내가 믿는 신들이 내게 벌에 벌을 내릴 것이다. 어제 갈멜 산에서 죽은 바알의 선지자들처럼 너도 동일한 죽임을 당할 것이다."

이 경고장을 받는 순간 엘리야가 낙심이 되어서 어떤 행동을 취합니까? 3절 말씀입니다.

> "그가 이 형편을 보고 일어나 자기의 생명을 위해 도망하여 유다에 속한 브엘세바에 이르러 자기의 사환을 그곳에 머물게 하고."

이 위험한 상황을 보고 스스로 생명을 구원하기 위해서 도망을 치기 시작했습니다. 그것만이 아닙니다. 4절을 보면 자기 생명을 거두어 달라고 하나님 앞에 기도하고 있습니다. 쉽게 말하면, 자살 충동을 느끼고 "하나님, 내 생명 거둬 가세요" 하고 낙담과 절망에 빠져 있는 것입니다. 참 이해가 안 됩니다. 그토록 위대한 선지자가 어떻게 이럴 수 있을까요?

학자들은 엘리야의 모습에 대해서 다각도로 연구를 했습니다. 그들이 일반적으로 말하는 공통된 의견은 엘리야가 탈진(Burn-out)했다고 말합니다. 탈진이라는 것은 무엇입니까? 어떤 학자들이 말하길, "쏟아놓을 만큼 쏟아놓은 사람들에게 나타나는 증상이다. 더 이상 무언가 쏟아놓을 것이 없어서 나타나는 탈수증상이 탈진이다"라고 정의했습니다.

엘리야의 대답 "오직 나만 남았거늘"

하나님의 질문에 대한 엘리야의 대답 중에 하나는 "오직 나만 남았나이다"입니다. 지쳤다는 것입니다. 탈진의 대표적인 증세가 바로 고독감입니다. 남자들도 한 15퍼센트 정도가 우울증을 경험하고, 여자들은 적어도 30퍼센트 정도가 우울증을 경험합니다. 특별히 40대 후반에 가서, 그리고 폐경기를 경험할 때 여인들은 잠시나마, 가볍게라도 우울증을 다 경험한답니다. 이때 조심해야 합니다. 쉽게 보면 안 됩니다. 엘리야의 '오직 나만 남았다'는 고백 속에서 그가 고독감을 느끼고 있다는 것을 잘 알 수 있습니다.

대개 중년이 되면 자기 혼자라는 고독감을 느낄 때가 많습니다. 나는 정말 너무 외로운데, 남편은 나를 위로해 주지 않습니다. 있으나 마나 합니다. 좀 위로받으려고 했더니 아침 먹으면서 국이 짜니 싱거우니 불평만 하다 나가 버립니다. 없는 것이 낫겠습니다. 자식이라고 위로받으려고 불평 좀 했더니, 엄마처럼 행복한 사람이 어딨냐며 행복한 줄 알라고 합니다. 자식도 내 마음을 모릅니다. 아무도 내 마음을 모릅니다. 이렇게 버려진 것 같은 고독감이 우리에게 찾아옵니다.

인생을 살다 보면 탈진할 때가 있습니다. 스펄전(Spurgeon)이라는 영국의 목사님은 목회자 후보생에게 쓴 편지를 모은《목회자 후보생들에게》(Lectures to my Students)라는 책에서 목회자가 침체에 빠지는 이유를 "큰일을 앞두고 있을 때, 고난이 겹칠 때, 계속되는 사역에 지칠 때"라고 하면서 이유도 모르는 침체(Burn-out)를 조심하라고 했습니다.

요즘 아이들은 침체를 '멘붕'(멘탈 붕괴)라고 합니다. UC 버클리(Berkeley) 대학교의 크리스티나 메슬렉(Cristina Measlack)이라는 교수는 의사나 간호사처럼 남을 섬기는 직업을 가진 사람이 탈진에 많이 빠진다고 했습니다. 탈진에는 세 가지 현상이 있는데 첫째는 감정의 소진, 둘째는 비인격화로 인한 삶의 의미 상실이고, 셋째는 개인적 성취감의 감소입니다. 1970년대 심리학자 프로이덴베거(Herbert Freudenberger)가 탈진(Burn-out)이란 말을 처음 썼고, 이런 상태를 모든 활동에 무의미를 느끼고 환경 부적응 현상을 가져오는 심신 증후군이라고 했습니다.

성경의 엘리야는 모세와 함께 구약의 양대 기둥이고 예수님이 변화산에서 불러내기도 하신 인물이지만 극한 탈진 속에 삶의 의미를 상실했습니다. 열왕기상 17, 18장에서 엘리야는 하나님께 기도해 국가에 비가 오게도 하고 오지 않게도 하고, 또 기도로 하늘에서 불이 떨어져 이방 선지자들을 다 죽이고 영적 승리로 큰 역사를 이룬 후에 19장에서 갑자기 영적 난조에 빠집니다.

엘리야의 회복

본문에 엘리야의 탈진 원인은 없지만 그는 영적인 대승리, 인생의 클라이맥스 뒤에 오는 영적 탈진감(스트레스)을 이기지 못했습니다. 그는 성경에 흠 없는 사람이라고 나오지만 본문에서 겁쟁이, 비겁자, 도망자가 됩니다. 우리 인간은 아무리 완벽해도 흠집이 있고 죄인입니다. 엘리야의 실패를 통해 유한한 죄인의 한계를 발견합니다.

엘리야가 영적으로 탈진했을 때 하나님께서 다섯 가지 과정을 거쳐 엘리야를 회복시키십니다. 먼저, 잠을 자야 합니다. 열왕기상 19장 5절에 "로뎀 나무 아래에 누워 자더니"가 나옵니다. 사람은 낮에 활동할 때 혈압이 올라가고 몸의 균형이 깨지는데 8시간 이상 잠을 잠으로 자율신경이 균형을 잡아 건강해집니다. 또한 잠을 충분히 자야 면역 기능이 향상되어 병균을 이길 힘도 생기고 스트레스(stress)도 날려 버립니다.

둘째는, 섭식을 잘하는 것입니다. 본문 5절에 "천사가 그를 어루만지며 그에게 이르되 일어나서 먹으라 하는지라"가 나오고 호렙에 이르러 두 번 먹었다는 기록이 나옵니다. 사람은 영적 존재이자 육적 존재여서 몸과 영혼이 떨어질 수 없습니다. 예수님도 낙심한 제자들에게 갈릴리 바닷가에서 구운 생선과 떡을 먹이셨고, 엠마오에서 십자가 죽음을 보고 낙심한 제자들에게 떡을 떼시며 위로해 주셨습니다.

셋째는, 어루만짐입니다. 본문 5절 중반에 "천사가 그를 어루만지며", 7절에 "여호와의 천사가 또다시 와서 어루만지며"라는 기록이 나옵니다. 엘리야가 로뎀 나무 아래서 잠잘 때 하나님의 사자가 그를 어루만졌습니다. 힘들고 아파하는 사람은 말보다 꼭 안아 주는 게 위로와 힘이 됩니다. 동물들뿐 아니라 사람들도 어루만짐(skinship)을 통해 만족과 위로를 느낍니다.

넷째는, 부드러운 말씀의 위로입니다. 본문 9절에 "엘리야가 그곳 굴에 들어가 거기서 머물더니 여호와의 말씀이 그에게 임하여 이르시되 엘리야야 네가 어찌하여 여기 있느냐", 그리고 13절에도 "엘리야야 네가 어찌하여 여기 있느냐"라고 하면서 하나님이 부드러운 말씀으로 엘리야를 위로하시는 내용이 나옵니다. 하나님은 우리를 몽둥이로 때리고, 쫓아다니며 심판하시고 골탕 먹이는 분이 아니라 인자와 자비로 우리를 이끄는 분이십니다.

다섯째는, 다시 기회를 주시는 소명(Calling)입니다. 하나님은 굴에 숨어 있는 엘리야에게 "너는 돌이켜 하사엘과 예후에게 가라! 엘리사에게 기름을 부어 일하게 하라!"고 명령하십니다. 우리는 하나님의 일을 하다가 그만두고 싶은 마음이 들고 침체와 탈진에 빠지면 다 내려놓고 싶어집니다. 그럼에도 하나님은 우리에게 돌이킬 수 있는 두 번째 기회를 주십니다. 본문 15절에 "여호와께서 그에게 이르시되 너는 네 길을 돌이켜 광야를 통하여 다메섹에 가서"라고 말씀합니다. 야곱은 간교한 야망의 실패자였지만 하나님은 그를 회복시켜 축복의 사람으로 바꾸셨고, 다윗은 큰 실수로 죄를 범했지만 하나님의 회복으로 두 번째 기회를 받았습니다. 요나는 주의 음성을 듣고 도망했지만 니느웨로 가게 하셨고, 베드로는 주님을 세 번 부인했지만 주님께서 "내 양을 먹이라"는 새로운 소명을 주셨으며, 마가 요한은 1차 전도여행에서 힘들어 도망쳤지만 나중에 주님의 유익한 종으로 변화되었습니다.

본문에서 탈진한 엘리야를 회복시키기 위해 결정적인 두 가지 처방을 내리십니다. 첫째는, 하나님의 함께하심을 보여주신 것입니다. 하나님의 처방은 엘리야 혼자가 아님을 알려 주시는 것이었습니다. 하나님이 만져 주시고 먹여 주셨지만 쉽게 탈진이 치유되지 않자 바람과 지진과 불과 세미한 음성으로 그와 함께하심을 보여주셨습니다. 우리의 탈진을 이겨낼 근본적인 방법이 여기에 있습니다. 그래서 다윗은 시편 18편 1-3절에서 이렇게 노래했습니다.

"나의 힘이신 여호와여 내가 주를 사랑하나이다 여호와는 나의 반석이시요 나의 요새시요 나를 건지시는 이시요 나의 하나님이시요 내가 그 안에 피할 나의 바위시요 나의 방패시요 나의 구원의 뿔이시요 나의 산성이시로다 내가 찬송 받으실 여호와께 아뢰리니 내 원수들에게서 구원을 얻으리로다."

둘째는, 동역자를 붙여 주신 것입니다. 혼자 남았다는 고독감에 괴로워하는 엘리야를 살리기 위해서 결정적으로 7천 명의 믿음의 용사가 있음을 상기시켜 주십니다(18절). "네가 어찌하여 여기 있느냐?"라는 질문은 하나님께서 자기 백성의 모든 것을 알고 계신다는 메시지입니다. 하나님은 위로하시는 하나님입니다.

호렙 산에는 자연적으로 생긴 굴이 많다고 합니다. 엘리야가 들어간 굴이 어느 굴인지 알 수는 없습니다. 동쪽에 있는 굴인지 서쪽에 있는 굴인지, 산 정상에 있는 굴인지 중턱에 있는 굴인지도 모릅니다. 하나님은 굴 속에 있는 엘리야를 찾아내셨습니다. 엘리야가 몸을 숨기고 있는 굴에 오셔서 말씀하셨습니다.

하나님께서는 엘리야를 부르신 때부터 엘리야의 모든 형편을 잘 알고 계셨습니다. 아합 때문에 신변에 위험을 느꼈을 때 하나님은 엘리야를 그릿 시냇가에 숨기셨습니다. 엘리야가 그곳에 머무는 동안에는 까마귀를 보내어 떡과 고기를 공급해 주셨습니다.

계속되는 가뭄으로 그릿 시냇물이 말라 버리자 하나님은 엘리야를 사르밧에 살고 있는 한 과부에게 보내시어 거기서 기적의 가루로 가뭄 때의 양식을 삼게 하십니다. 사르밧 과부의 외동아들이 죽었을 때 하나님은 엘리야의 기도를 들으시고 그 아이를 살려 주십니다. 엘리야가 갈멜 산에서 450명의 바알의 선지자들과 대결할 때 하나님은 엘리야의 제단에 불로 응답해 주심으로 승리하게 하시고, 바알의 선지자들을 처결하게 하십니다.

엘리야가 갈멜 산 꼭대기에서 기도할 때 하나님은 3년 6개월 동안이나 메말랐던 대지에 비를 쏟아부어 주시어 엘리야의 기도에 응답해 주셨습니다. 엘리야가 아합의 아내 이세벨의 협박을 피해 광야로 도망하여 로뎀 나무 아래 지쳐 쓰러져 잠들었을 때 하나님은 떡과 물을 가지고 친히 오셔서 엘리야를 어루만져 주시고, 그것을 먹여 새 힘을 공급해 주셨습니다. 이제 엘리야가 주님이 공급해 주신 떡과 물을 먹고 새 힘을 얻어 40주 40야를 달려 호렙 산까지 이른 후, 하나님은 호렙 산의 어느 굴 속에 숨어 있는 엘리야를 찾아가 말씀하십니다.

"엘리야야, 네가 어찌하여 여기 있느냐?"

하나님께서 굴 속에 숨어 있는 엘리야의 일거수일투족을 주목하셨습니다. 엘리야가 산에 있으나 강에 있으나 광야에 있으나 굴에 있으나 집에 있으나 길에서 행할 때나 하나님은 엘리야를 주목하셨습니다.

성도 여러분, 하나님은 백성의 모든 형편과 처지를 아십니다. 그래서 다윗은 시편 139편 2절에서 이렇게 노래하였습니다.

"주께서 내가 앉고 일어섬을 아시고 멀리서도 나의 생각을 밝히 아시오며."

하나님은 함께하십니다. 하나님의 위로와 힘을 노래한 찬양이 있어 소개합니다.

너는 내 아들이라!

♪ 힘들고 지쳐 낙망하고 넘어져
　일어날 힘 전혀 없을 때에
　조용히 다가와 손 잡아 주시며
　나에게 말씀하시네
　나에게 실망하며 내 자신 연약해
　고통 속에 눈물 흘릴 때에
　못 자국 난 그 손길 눈물 닦아 주시며
　나에게 말씀하시네

　너는 내 아들이라
　오늘날 내가 너를 낳았도다
　너는 내 아들이라
　나의 사랑하는 내 아들이라

　언제나 변함없이 너는 내 아들이라
　나의 십자가 고통 해산의 그 고통으로
　내가 너를 낳았으니
　너는 내 아들이라
　오늘날 내가 너를 낳았도다
　너는 내 아들이라
　나의 사랑하는 내 아들이라

거장의 위로

파데레프스키는 유명한 세계적인 피아니스트이며 폴란드인입니다. 그는 작곡가이기도 하고, 폴란드의 국무총리까지 지낸 정치인이기도 합니다. 어느 날 파데레프스키의 친구가 그에게 부탁을 했습니다. "여보게! 자네는 세계적인 피아노의 거장이 아닌가? 내 딸이 이제 피아노를 배워가지고 연주대회에 나가는데 자네가 와서 좀 봐주게!" 그런데 마침 그날 파데레프스키는 선약이 있었습니다. 그래서 정중하게 거절했습니다.

약속 당일에 선약을 했던 사람이 약속을 취소했습니다. 그래서 파데레프스키는 연주회장으로 부랴부랴 달려갔습니다. 친구의 딸이 첫 번째 곡을 연주하고 있었는데 매우 훌륭했습니다. 그는 감탄을 하면서 바라보고 있었습니다. 첫 곡이 끝나고 두 번째 곡을 하기 전에 잠시 쉬다가 딸이 관중석에서 파데레프스키의 얼굴을 보았습니다. 세계적인 거장의 얼굴을 보는 순간 딸이 긴장해서 얼어 버렸습니다. 당황하기 시작했습니다. 그때부터 제대로 연주를 못했습니다. 엉망이 되어 버렸습니다. 다 망쳐 버렸습니다. 결국 중간에 통곡하며 울었습니다.

그때 파데레프스키가 조용히 걸어 나왔습니다. 그리고 친구의 딸을 안아 주면서 그 이마에 입을 맞추고 이렇게 조용히 말합니다. "애야! 틀려도 괜찮아! 다시 한 번 시작해 보렴, 내가 봐줄게!" 이 딸이 용기를 얻어 두 번째 곡을 다시 연주했는데 얼마나 훌륭했는지 온 관중이 일어나 기립박수를 보냈습니다.

사랑하는 여러분! 하나님은 오늘도 실패와 좌절 속에 낙심한 우리들을 향해서 이렇게 말씀하십니다.

"얘야! 틀려도 좋아! 이제 다시 한 번 새롭게 시작해 보지 않겠니? 내가 너를 지켜보고 있단다. 내가 너를 도와줄게!"

사랑하는 여러분! 이 주님의 위로의 음성, 주님의 부드러운 격려의 소리를 들으시고 절망과 좌절의 자리에서 일어서시기를 바랍니다. 다시 용기를 얻고 일어나서 하나님의 큰 역사를 이루어 나가는 저와 여러분이 되시기를 주의 이름으로 축원합니다.

2. 삶의 의욕을 불어넣으려고(11-12절)

"여호와께서 이르시되 너는 나가서 여호와 앞에서 산에 서라 하시더니 여호와께서 지나가시는데 여호와 앞에 크고 강한 바람이 산을 가르고 바위를 부수나 바람 가운데에 여호와께서 계시지 아니하며 바람 후에 지진이 있으나 지진 가운데에도 여호와께서 계시지 아니하며 또 지진 후에 불이 있으나 불 가운데에도 여호와께서 계시지 아니하더니 불 후에 세미한 소리가 있는지라."

살기 위해 피신한 곳

하나님께서 엘리야에게 "네가 어찌하여 여기 있느냐?" 하고 물으시자 그가 이곳에 있는 이유를 "그들이 내 생명을 찾아 빼앗으려 하나이다"라고 대답했습니다. 이것은 사실이었습니다. 엘리야가 지나치게 무서워하거나 과대망상에 걸린 것은 아닙니다. 실제로 갈멜 산에서 자신의 목숨을 바쳐서 대결을 했던 엘리야의 기도에 하나님께서 불을 내려 주셔서 멋진 승리를 했으나 이세벨과 아합은 약속한 대로 항복하지 않습니다. 오히려 복수심이 더욱 타올라 엘리야를 죽이고야 말겠다고 선포합니다.

이런 반응에 엘리야는 절망합니다. 조금 전까지만 해도 기세가 등등하여 우상숭배자 850명을 잡아서 기드론 시내에서 죽였던 엘리야가 갑자기 고양이 앞의 쥐처럼 이세벨을 피하여 도망가기 시작합니다. 엘리야는 이세벨의 살벌한 분노에 꼼짝없이 죽을 처지에 몰렸습니다. 하는 수 없이 엘리야는 이스라엘의 갈멜 산에서 도망하기 시작하여 국경을 넘어 유다의 최남단인 브엘세바까지 갑니다. 그리고 그의 사환을 거기에 남겨 두고 그는 하룻길을 더 갑니다. 엘리야는 스스로 광야로 들어가서 하룻길을 더 간 뒤에 로뎀 나무 아래에 앉아서 하나님께 죽여 달라고 기도를 합니다. 이렇게 열심히 기도하며 하나님의 뜻을 이루며 살아가던 사람도 죽고 싶을 때가 있습니다.

그때 하나님은 천사를 동원하여 음식(물)을 공급해 주셨습니다. 이에 새 힘을 얻은 엘리야는 하나님의 거룩한 산 호렙 산에 이르렀습니다. 호렙 산은 특별히 하나님의 계시가 임하는 곳이었습니다. 출애굽기 3장 2절에 보면 모세가 이 산에서 떨기나무 불꽃 가운데 임하신 하나님을 만난 곳입니다. 모세를 부르신 하나님께서, 불이 붙었지만 타서 없어지지 아니하는 떨기나무를 보여주신 거룩한 곳, 모세에게 십계명을 주신 거룩한 곳이었습니다. 엘리야는 지금 그 거룩한 곳으로 피신을 하여 굴 속에 숨어 지내게 되었습니다.

그런 그에게 이상한 일이 벌어집니다. 아니 놀라운 하나님의 역사가 시작됩니다. 9절을 보면 "엘리야가 그곳 굴에 들어가 거기서 머물더니 여호와의 말씀이 그에게 임하여 이르시되 엘리야야 네가 어찌하여 여기 있느냐"라고 했습니다. 엘리야가 하나님을 만나는 호렙산은 바로 그런 곳이었습니다. 하나님께서는 이곳에서 모세를 만나셨던 것과 같이, 엘리야도 만나고 계십니다. "네가 어찌하여 여기 있느냐?"라는 하나님의 말씀에 엘리야가 대답합니다.

> "그가 대답하되 내가 만군의 하나님 여호와께 열심이 유별하오니 이는 이스라엘 자손이 주의 언약을 버리고 주의 제단을 헐며 칼로 주의 선지자들을 죽였음이오며 오직 나만 남았거늘 그들이 내 생명을 찾아 빼앗으려 하나이다"(10절).

엘리야와 하나님의 대화를 살펴보면, 그는 모든 것이 짜증이 난 상태였습니다. 그래서인지 반항심도 들어 있는 것을 발견하게 됩니다. 하나님의 위대한 종 엘리야였지만, 육체적인 목숨이 위협을 받을 때는 두려워하여, 이곳까지 살기 위해 도망을 온 것입니다.

여호와 앞에 서라

엘리야는 죽을 고비를 넘겨가며 하나님의 말씀이 이스라엘 백성들에게 온전하게 전해지고 실천되길 바라며 달려오다가 지쳤습니다. 그런데 "엘리야야, 네가 여기서 무엇을 하고 있느냐?"라니…. 엘리야는 하나님의 물음에 서운하여 그 의중을 제대로 읽지 못했습니다.

지금 엘리야는 '나보고 더 이상 어찌하라는 말씀입니까? 더 이상 내가 무엇을 할 수 있습니까?' 하는 마음이 들었을 것입니다. 이미 수많은 하나님의 선지자, 예언자들이 이세벨의 칼에 죽었고 이젠 자신마저 풍전등화와 같은 처지에 놓여 있으니 이젠 기대할 것도 바랄 것도 없다는 자포자기의 언성이 섞여 있습니다. 하나님께서는 그러한 엘리야에게 다시금 말씀하십니다.

"너는 나가서 여호와 앞에서 산에 서라"(11절).

하나님께서는 엘리야를 자신 앞에 초대하셨습니다. 세상의 역사 속에 하나님의 정의와 평화와 사랑이 깨어지고 사라졌다고 생각하는 한 영혼을 불러 자신의 마음을 나타내십니다. 세상의 역사가 하나님의 법과 역행하는 것처럼 보일지라도 하나님의 역사는 소리 없이 온 지면에 충만하여 진행되고 있다는 것을 알리기 위해, 하나님께서 낙심한 엘리야를 자신 앞에 초대하신 것입니다.

하나님께서는 자신의 궁핍함으로 숨고 싶고 안주하고 싶은 엘리야에게 "앞으로 나가서"라고 말씀하십니다. 인간의 눈으로 보는 것, 인간이 생각하는 것이 전부가 아니라는 것을 깨달아 하나님 앞에 있는 산 위에 서 있으라고 엘리야에게 주문하십니다.

하나님 앞에 있는 산 위에 선 엘리야의 마음은 어떠했을까요? 떨렸을까요? 서운한 마음이 아직도 가시지 않았을까요? 하나님께서 어떠한 말씀을 하실까 궁금해하며 기대에 찬 마음이었을까요? 엘리야는 하나님 앞에 있는 산 위에 섰습니다.

그때 하나님께서 지나가셨습니다. 하나님께서 지나가실 때 크고 강한 바람 한 줄기가 일어 산을 뒤흔들고 앞에 있는 바위를 산산조각 내었습니다. 산을 뒤흔들고 바위를 산산조각 내는 바람의 능력이 얼마나 위대해 보였겠습니까?

지금 엘리야에게는 거대한 산처럼 변함없을 것 같은 아합 왕과 이세벨의 권세를 뒤흔들고 굳건한 바위 같은 그들을 산산조각 내버리는 여호와의 능력이 절실하게 필요합니다. 자신을 죽이겠다고 병사들을 보내어 쫓아오는 현실을 막아 줄 하나님의 능력이 왜 필요하지 않겠습니까? 하나님의 예언자들을 모조리 찾아 죽이는 암흑 같은 상황을 벗어나게 하는 하나님의 능력과 역사하심! 아합 왕에게 독설을 퍼부으며 회개할 것을 외치는 엘리야의 말에 동의해 줄 하나님의 능력이 바로 엘리야의 눈앞에서 펼쳐지고 있습니다. 자신들의 선조를 노예의 속박에서 구속하신 하나님의 능력을 왜 기대하지 않겠습니까? 지팡이를 던지니 뱀이 되고, 나일 강 상류에 지팡이를 넣으니 물이 핏물이 되고, 공중의 먼지를 치니 이가 되고, 하늘이 어두워지며, 우박이 내리고, 애굽의 모든 장자를 죽여 선조들을 출애굽 시키신 하나님의 능력이 간절합니다.

그러나 그러한 강력한 능력의 바람 가운데 하나님은 계시지 않았습니다. 크고 강한 바람이 지나간 다음에 지진이 일어났지만, 그 가운데에도 하나님은 계시지 않았고, 지진 후에 불이 있으나 불 가운데에도 하나님은 계시지 않았습니다. 불은 엘리야의 마음입니다. 엘리야의 마음에는 민족을 향한 불과 같은 열정과 기대가 있습니다. 그러나 이제 자신의 틀에 갇힌 열정이 되어 버린 것입니다. "나만 남았습니다"라는 열정에는 하나님의 임재가 없었습니다.

예수께서 세상에 오셨을 때 열두 제자와 많은 사람들은 세상에 하나님 나라가 완전하게 임할 줄 알았습니다. 돌을 떡으로 만들어 사람들을 먹이고 세상의 권세자들을 발등상 아래에 놓고 하늘의 권세를 이루실 것을 확신했습니다. 제자 베드로는 죽은 자를 살리고 떡 다섯 덩이와 물고기 두 마리로 5천 명을 먹이고 병든 자들을 고치는 예수님의 능력을 보고 그를 따르며 죽기까지 맹세했습니다.

그러나 세상에 변화를 가져올 자신의 스승이 감람산에서 무력하게 잡혀갈 때는 용납이 안 되어 칼을 빼어 휘둘렀습니다. 하나님의 아들 예수께서 세상의 폭력과 사망의 권세에 맞서 싸워 승리할 것을 기대하며 베드로는 몸부림을 쳤습니다. 그러나 열정으로 가득 찬 베드로에게 예수님께서는 칼을 집어넣으라고 말씀하셨습니다. "칼로 선 자는 칼로 망하리라"는 엄중한 경고만을 들었습니다.

엘리야는 크고 강한 바람과 지진과 불 가운데 하나님의 임재를 보지 못했습니다. 엘리야는 실망했을까요, 아니면 깨달음을 얻었을까요?

세미한 음성의 의미

본문 12절은 엘리야가 들었던, 세미하게 들려오는 하나님의 음성에 대한 말씀입니다. 그 모든 것이 지난 후에 세미한 소리가 있었습니다. 엘리야는 바람과 지진과 불과 같은 인간의 소리, 인간의 행위가 지나간 후 하나님의 조용한 음성을 듣습니다. 엘리야는 자신의 겉옷을 가지고 얼굴을 가리고 굴에서 나가 입구에 서 있습니다(13절). 엘리야는 이제 하나님의 음성을 들을 준비가 되었습니다. 미처 깨닫지 못한 인간의 나약함을 인정하고 하나님 앞에 선 것입니다.

엘리야가 민족을 위해 자신만의 강한 열정으로 하나님 앞에 나아갔을 때는 들리지 않던 하나님의 음성을 자신의 모든 것을 내려놓았을 때 듣게 되었습니다. 여기에서 세미한 음성의 의미는 무엇일까요?

세미한 음성은 가장 깊은 교제의 상징입니다. 정말 깊은 교제는 큰 소리로 말하지 않아도 됩니다. 세미한 음성은 하나님께서 엘리야와 가장 깊은 인격적인 교제를 나누려는 상징적인 모습입니다. 여기에서 삶의 근원을 찾을 수 있습니다.

삶의 의욕을 잃고 살고 싶지 않을 때가 언제입니까? 오직 육체적인 생명만 소중하여 죽는 것이 두려울 때가 언제입니까? 그것은 영적인 생명을 잃었을 때입니다. 삶에 너무 열중한 나머지 하나님과의 교제가 끊어지면 삶의 의욕은 사라집니다. 그래서 요한복음에서는 '영생', '생명'을 수없이 강조합니다. 참 생명, 영생이란 육체적으로 영원히 사는 상태를 말하는 것이 아닙니다. 생명은 하나님과의 영적인 교제가 회복된 상태를 말합니다.

사람이 탈진을 경험하면 하나님이 나와 함께하시지 않는 것 같은 느낌을 받습니다. 이것을 어느 신학자는 "신의 일식"이라고도 표현하였습니다. 그러면 죽고 싶기도 하면서 육체적으로는 죽는 게 두려운 모순적인 상황에 빠집니다. 하나님은 엘리야를 너무 잘 아십니다. 죽고도 싶고, 다른 한편으로는 영적 생명이 고갈되어 죽는 게 두렵게 느껴집니다. 하나님께서 엘리야에게 질문하신 이유가 여기에 있습니다. 죽음의 공포에 사로잡혀 있는 엘리야에게 죽고 사는 문제를 초월하여 다시 한 번 태어나게 하려는 큰 뜻이 있었던 것입니다. 그래서 질문을 하고 여러 이적을 보이신 후 세미한 음성을 들려주신 것입니다. 예수님이 "나는 부활이요 생명"이라고 하신 것과도 일맥상통합니다.

우리가 언제 지칩니까? 하나님의 임재를 잃어버릴 때입니다. 하나님은 세미한 음성을 통해 깊은 교제로 부르셔서 생명을 가득 채우시고 삶의 의욕을 주고자 하십니다. 진짜 사는 게 무엇입니까? 육체로만 사는 것은 사는 게 아닙니다. 정말로 두려운 게 무엇입니까? 하나님과의 교제에서 끊어지는 것입니다.

오늘 우리는 엘리야가 들었던 하나님의 세미한 소리를 들어야 합니다. 우리의 내면에 크고 강한 바람과 지진과 불이 있다면 하나님의 음성을 들을 수 없을 것입니다. 엘리야와 같은 처음 열정을 가지고 있어도 하나님의 세미한 음성은 들을 수 없습니다. 오직 자신만 하나님 앞에 남아 있는 하나님의 사람이라고 생각하고 사명을 감당하려 한다면 쉽게 지치고, 많은 사람들을 다치게 하고 갈등을 초래할 것입니다. 그렇다면 어떻게 우리 안에 바람과 지진과 불이 지나가기를 기다릴 수 있을까요?

헨리 나우웬은 《사랑의 세미한 소리》에서 이렇게 권면하고 있습니다.

"많은 사람들이 우리가 주의를 기울여 줄 것을 요구하고 있습니다. '당신이 좋은 사람이라는 것을 증명해 봐' 하고 말하는 소리가 있습니다. '자기 스스로 부끄러운 줄 알아야지'라고 다른 소리가 말합니다. 어떤 소리는 '너를 진정으로 걱정해 줄 사람은 아무도 없어'라고 말하기도 하고, 또 어떤 소리는 '성공도 하고, 인기도 끌고, 권력도 잡아야만 해'라고 이야기합니다.

그러나 이러한 시끄러운 소리들 밑에는 '너는 내가 사랑하는 사람이야. 나의 은총이 네게 있어'라고 말하는 작고 세미한 소리가 있습니다. 이 소리야말로 무엇보다도 우리가 귀 기울여 들어야 할 소리입니다. 이 소리를 듣기 위해서는 특별한 노력, 즉 고독과 침묵 그리고 듣고자 하는 강한 의지가 필요합니다. 이것이 바로 기도입니다. 기도는 '나의 사랑하는 자여' 하고 부르시는 소리를 듣는 것입니다."

기도는 하나님의 세미한 소리를 듣게 합니다. 기도하며 마음을 하나님께 돌리고 열어 놓을 때 하나님께서 함께하시는 생명의 소리를 듣게 됩니다. 하나님의 산에 올라 무릎 꿇어 땅에 엎드릴 때 땅 아래 생명의 노랫소리와 생명이 연대하는 소리를 발견하게 될 것입니다.

하나님께서는 온 땅에 자신의 생명을 살게 하셨습니다. 마치 아합 왕의 폭정 아래 7천 명을 남겨 놓으셨듯이 오늘 우리 삶의 중심에 하나님께 생명을 받아 호흡하며 노래하며 춤추는 생명들을 남겨 두셨습니다. 바람에 부딪치는 나뭇가지 소리와 풀이 바람에 사각거리는 소리, 이름 모를 새들의 울음소리, 온 생명의 소리들이 있습니다. 들풀 사이를 헤치며 자신의 삶을 살고 있는 벌레가 기어 다니는 생명의 소리를 들으십시오. 하나님의 세미한 생명의 소리는 그 소리와 함께 임재하고 있으며, 그들과 연합하라고 하십니다.

한 목사님 이야기

감리교회에 장학봉 목사님이 있습니다. 우리 교회에 가을 성회 강사로 모신 일이 있습니다. 그때 목사님으로부터 들었던 이야기입니다.

장 목사님의 친구 중에 개척교회 목회를 하는 목사님이 있었습니다. 열심히 목회하여 교회가 점점 부흥했습니다. 월세 교회에서 전세 교회, 전세 교회에서 드디어 땅을 사고 꿈에 그리던 교회 건축을 하게 되었습니다. 넉넉해서 교회 건축을 하는 교회는 없습니다. 교인들과 한마음이 되어 건축헌금을 하고 부족한 것은 은행에 융자도 얻었습니다.

어렵게 시작한 건축이 끝날 때쯤 예기치 않은 위기가 몰려왔습니다. 그 유명한 1997년 IMF 위기가 왔던 것입니다. 은행 금리는 감당할 수 없을 만큼 치솟기 시작했습니다. 공사업체들은 공사대금을 받기 위해 밤낮으로 찾아와 시위하였습니다. 일가친척 등 다닐 곳은 다 돌아다니며 자금을 융통하여 빚과 건축대금을 막아 보려 했지만 중과부적이었습니다. 업자들의 요구는 더욱 사나워지기 시작했습니다. 폭언과 협박에 시달려야 했습니다. 더 이상 길이 없어 보였습니다.

너무 지치고 절망하여 죽고 싶은 생각밖에 들지 않았습니다. 그러나 목사가 자살했다고 하면 얼마나 언론에 크게 부각되겠습니까? 길은 없고 보이는 것은 죽는 길밖에 없으니 표시 나지 않게 죽는 길은 없을까 생각하다가 금식이라는 것을 발견했습니다. 금식기도라고 말했지만 실상은 굶어 죽으려고 기도원에 올라가 산에 들어갔습니다. 죽으려고 물도 먹지 않고 산에 누웠습니다. 그렇게 열흘이 지났습니다. 온몸은 모기가 물어뜯어 곰보딱지가 되었습니다. 모든 기운이 다 빠져 곧 죽을 것만 같았습니다. 그런데 그때 하늘이 밝아지면서 청천벽력 같은 소리가 들렸습니다.

"아들아, 죽지 마라! 내가 해결하마!"

그 음성이 절망 중에 있는 목사님을 일으켰습니다. 그리고 정말 하나님이 하나씩 기적같이 해결하시기 시작했습니다. 하나님은 이렇게 탈진한 종도 일으키시고 새 일을 일으키시는 분입니다.

지금 여러분의 자리가 어디입니까? 하나님은 지금도 묻고 계십니다. "어찌하여 여기 있느냐?"라고 말입니다. 하나님은 탈진에서 회복시키고 삶의 이유를 다시 찾아 주시며, 잃어버린 사명도 회복시키시는 분입니다. 엘리야처럼 다시 한 번 힘을 내서 위대한 삶으로 나아가시기를 축원합니다.

3. 새 비전을 주시려고 (15-16절)

"여호와께서 그에게 이르시되 너는 네 길을 돌이켜 광야를 통하여 다메섹에 가서 이르거든 하사엘에게 기름을 부어 아람의 왕이 되게 하고 너는 또 님시의 아들 예후에게 기름을 부어 이스라엘의 왕이 되게 하고 또 아벨므홀라 사밧의 아들 엘리사에게 기름을 부어 너를 대신하여 선지자가 되게 하라."

현실에 좌절한 엘리야

엘리야는 이스라엘의 국경을 넘어 유대의 브엘세바로 월남했습니다. 사명지 이탈입니다. 그는 '생명을 위하여' 남으로 남으로 발걸음을 옮겨, 북쪽 이스르엘에서 220킬로미터 정도 떨어진 유대의 남쪽 지역인 브엘세바에 도착했습니다. 그곳에서 하나님의 만져 주심을 받아 엘리야는 다시 일어났습니다. 그는 40일간 밤낮으로 호렙 산을 향해 걸어갔습니다. 브엘세바에서 호렙 산까지는 장장 320킬로미터입니다. 엘리야의 최종 목적지 호렙 산의 다른 이름은 시내 산입니다. 그 산은 광야에 있는 붉은 산입니다. 고독한 산입니다.

엘리야가 이곳까지 이른 것은 요나처럼 사명의 자리에서 되도록 멀리 벗어나고 싶은 생각 때문이었는지도 모릅니다. 그가 호렙 산 어느 동굴에 몸을 피했을 때 하나님께서는 "네가 어찌하여 여기 있느냐?"라고 질문하셨습니다. 9절에서 한 번 질문하시고 여러 이적을 보이신 후에 13절에서 똑같은 질문을 다시 하십니다. 이 질문에 엘리야가 대답합니다.

> "그가 대답하되 내가 만군의 하나님 여호와께 열심이 유별하오니 이는 이스라엘 자손이 주의 언약을 버리고 주의 제단을 헐며 칼로 주의 선지자들을 죽였음이오며 오직 나만 남았거늘 그들이 내 생명을 찾아 빼앗으려 하나이다"(14절).

엘리야 또한 같은 말을 반복하여 대답합니다. 이 대답의 요지는 '내가 아무리 몸부림치고 애를 써봤자 소용없다'는 것입니다. 더 이상 비전이 보이지도 않고, 이스라엘 백성은 요지부동이요, 아합과 이세벨은 더욱 악해져 가니 뭘 더 해보겠느냐는 체념입니다.

새 사명의 감당

엘리야의 두 번째 대답 후에 하나님께서 엘리야에게 다음과 같은 지시를 하십니다. 15절에 보면 하나님께서 엘리야에게 '하사엘에게 기름 부어 아람 왕을 삼고, 예후에게 기름 부어 이스라엘 왕을 삼고, 엘리사에게 기름 부어 네 후계자를 삼으라'는 새로운 사명을 주십니다. 이는 역사적으로 보면 엘리야가 지금까지 한 일보다 더 큰 일입니다. 엘리야는 자기 사명이 끝났다고 생각하고 하나님께 생명을 거두어 주시기를 간청했으나 하나님은 아직 사명이 남아 있다고 하십니다. 이에 엘리야는 호렙 동굴을 떠나서 새롭게 인생을 시작하게 됩니다.

혹시 이제 나이가 많으니 할 일을 다 하고 인생이 끝났다고 생각합니까? 아닙니다. 아직도 할 일이 남아 있습니다. 남은 일이 지나간 일보다 더 큰 일입니다. 그러니 지난날보다 더 충성해야 합니다. 바울같이 푯대를 향해 달려갈 길이 남아 있습니다. 그 길을 열심히 가야 훗날 바울같이 "나는 선한 싸움을 싸우고 나의 달려갈 길을 마치고 믿음을 지켰으니 이제 후로는 나를 위하여 의의 면류관이 예비되었으므로 주 곧 의로우신 재판장이 그날에 내게 주실 것이며"(딤후 4:7-8)라고 고백하는 자들이 될 것입니다. 과거보다 미래, 오늘보다 내일의 믿음과 열심이 더 크기를 주의 이름으로 축원합니다.

하나님께서 엘리야에게 질문하신 것은 절망하고 있는 그에게 사명을 감당하게 하시려는 사랑의 호출이었습니다. 하나님께서 굴 속에 몸을 숨긴 엘리야를 찾아와서 "네가 어찌하여 여기 있느냐?"라고 물으신 궁극적 목적은 사명을 감당하게 하시려는 사랑의 호출인 것입니다.

성도 여러분, 오늘 여러분에게 들려오는 하나님의 음성을 들으시기 바랍니다. 나를 향한 하나님의 사랑의 호출에 귀를 기울이시기 바랍니다. 주님의 부르심에 합당치 못한 행위가 있습니까? 성도로서 주님의 뜻에 맞지 않는 삶이 있습니까? 맡은 직분을 제대로 감당하지 못하는 게으름이나 불의가 있습니까? 하나님의 음성을 들어야 합니다. 본문 11절에서처럼 크고 강한 바람이 산을 가르고 바위를 부수듯이 하나님께서 내게 오시지 않는다고 그대로 있으면 안 됩니다. 또 땅을 진동하는 지진이나 불 같은 두려움으로 하나님께서 오시지 않는다고 안심하고 있어서도 안 됩니다. 하나님은 이슬처럼 임하십니다. 본문의 12절 말씀같이 세미한 음성으로 오십니다. 성도 여러분, 오늘 아침 속삭이듯 들려오는 하나님의 음성에 귀를 기울이시기 바랍니다.

성도 여러분, 내가 마땅히 있어야 할 곳에 있습니까? 하나님께서 소명하시는 곳, 내 직무가 있는 곳, 그리고 내가 쓰여야 할 곳에 있습니까? 바로 그러한 곳으로 나를 보내려고 이 음성을 들려주시는 것입니다. 나를 죽음과 저주의 자리에서 불러내어 생명과 축복의 곳으로 보내시려고 찾으시는 하나님의 사랑의 호출을 들으시기 바랍니다.

성도 여러분, 나를 바로 세우시고 나로 하여금 사명을 감당하게 하시려고, 그리고 나로 하여금 축복을 받게 하시려고 사무쳐 들려오는 하나님의 사랑의 호출을 들으시기 바랍니다. 본문 바로 다음 절인 19절에 보면 엘리야는 즉시 호렙 산 굴을 빠져나와 하나님의 명령을 좇아갑니다.

세 번 물으신 이유

요한복음 21장 15-19절에 보면 부활하신 예수님이 베드로를 찾아가서 "네가 나를 사랑하느냐?"라고 세 번 물으십니다. 성서학자들이 제시하는 21장이 기록된 다른 이유는, 베드로의 권위를 회복해 주기 위해서라는 것입니다. 우리가 잘 아는 대로 베드로는 예수님이 잡히셔서 심문 받으시는 동안 세 번씩이나 예수님을 모른다고 부인했습니다. 마가복음 14장 71절은 세 번째에는 저주하며 맹세까지 했다고 말씀합니다.

그런데 사도행전에 의하면, 놀랍게도 그런 베드로가 교회의 첫 번째 지도자가 되었습니다. 오순절 성령 강림 후에 탄생한 교회 공동체를 이끄는 역할을 했습니다. 예수님을 세 번씩이나 모른다고 부인한 사람이 지도자로 나서서 교회를 이끌어 가는 것이 가능하다고 생각합니까? 아무리 부활하신 예수님을 만나고 성령 체험을 했다고 하더라도 다른 열 명의 사도들을 제치고 교회의 첫 번째 지도자가 되었다고 하는 것은 좀 심하다는 생각이 들지 않습니까?

바로 그것 때문입니다. 누군가 제기할 수 있는 의문에 대한 답을 주기 위해 21장을 기록했다는 것입니다. '왜 예수님을 세 번씩이나 부인한 베드로가 첫 번째 지도자가 되어 교회를 이끌어 가게 되었느냐?'는 의문에 대해, 부활하신 예수님이 베드로를 회복시키셨다는 것을 알려 주기 위해서라는 것입니다. 예수님께서 "네가 나를 사랑하느냐?"라고 세 번 물으신 것은 예수님이 베드로를 용서해 주셨다는 의미입니다. 예수님은 자신을 세 번씩이나 모른다고 부인한 베드로를 용서해 주시기 위해, 세 번씩이나 "나를 사랑하느냐?"라고 물으셨고, 그를 치유하고 새 출발하게 하셨습니다(16절). 그리고 세 번씩이나 "내 양을 먹이라"라는 사명을 주셨습니다.

백혈병에 걸린 호세 카레라스

세계 3대 테너라고 하면 플라시도 도밍고, 루치아노 파바로티, 그리고 호세 카레라스를 꼽았습니다. 호세 카레라스는 1946년 12월 5일 스페인 바르셀로나에서 출생하였습니다. 그는 6세 때 이탈리아의 테너 가수 카루소의 전기 영화 〈위대한 카루소〉를 보고 성악가가 되기로 결심했습니다. 그리고 8세 때 지방 방송에 출연하여 공연 활동을 시작하였고, 바르셀로나 음악원에서 수학하였습니다. 1968년 바르셀로나 리세오가 극장에서 도니체티의 〈루크레치아 보르지아〉로 데뷔하였고, 1976년 카라얀 초청 잘츠부르크 부활 축제에서 오페라 〈레퀴엠〉에 출연해 명성을 얻었습니다.

성악가로서 그의 명성이 최고조에 달했던 1987년, 그의 나이 41세 되던 해 7월, 유명한 오페라 〈라보엠〉에서 주인공 역을 맡아서 한참 연습을 하다가 갑자기 쓰러졌습니다. 병원으로 옮겼는데 치명적인 백혈병 선고를 받았습니다. 그는 플라시도 도밍고나 파바로티보다 훨씬 더 상대하기 힘든 적수를 만났습니다. 불행히도 백혈병에서 살아날 생존 확률은 10분의 1에 지나지 않았습니다.

백혈병과의 투쟁은 심신을 고갈시켰고, 더 이상의 활동이 불가능했습니다. 그동안 상당한 재산을 축적했지만 한 달에 한 번씩 치료를 위해 미국 시애틀을 왔다 갔다 하다 보니 비용이 많이 들었습니다. 결국 그의 경제 형편은 극도로 열악해졌습니다. 골수 이식과 치료에 있는 재산을 다 쏟아부었건만 질병에서 쉽게 회복되지 못했습니다. 그 과정에서 그의 경쟁자였던 플라시도 도밍고가 몰래 재단을 설립하여 도왔다는 유명한 일화도 있습니다.

'이제 꼼짝없이 인생이 끝나는구나!'라고 생각하다가 호세 카레라스는 히스기야를 떠올리며 하나님께 매달리기 시작했습니다. 그리고 새로운 사명을 발견했습니다. '나의 생명을 연장해 주시면 남은 평생 주를 위해 충성하겠다'고 다짐했습니다. 머리카락이 빠지고 손톱과 발톱이 떨어져 나가도 찬송과 기도를 멈추지 않았습니다. 골수 이식 수술과 힘든 화학치료를 잘 받아 내고 재기에 성공하였습니다. 그리고 자기의 전 재산으로 '카레라스 백혈병 재단'을 세우고 백혈병 환자를 돕고 있습니다. 자신의 아픔과 약점이 오히려 사명이 되었습니다. 그는 이렇게 말했습니다.

"때로는 질병도 은혜가 될 때가 있다. 백혈병과의 싸움을 통해 나보다 남을 생각하는 사람이 되었다. 이제 나는 단순히 노래만 부르는 것이 아니다. 나에게 생명을 연장시켜 주신 하나님께 감사하며, 살아 있다는 것을 기뻐하고 축하하기 위해 노래를 부르고 있다."

우리가 고난 가운데 낙심하지 말아야 할 이유가 여기에 있습니다. 때로는 고난을 통해 하나님은 새로운 사명을 깨닫게 하시고 새 삶을 살게 하시기 때문입니다.

누가 나를 위해 갈꼬?

사 6:1-13

첫 번째
펭귄 (First Penguin)

　　무리를 지어 사는 남극의 황제 펭귄들은 배가 고파도 먹이를 구하기 위해 바다에 뛰어들기를 주저합니다. 왜냐하면 물속에 있는 바다표범 같은 천적들 때문입니다. 섣불리 바다에 들어갔다가는 바다표범이나 물개에 잡아먹힐 수도 있습니다. 그래서 쉽사리 물에 뛰어들지 못하고 주변에서 어슬렁거리는 것입니다. 안전이 확인되기 전까지는 눈치 보기가 이어집니다. 모두가 머뭇거리고 있을 때 한 마리가 과감히 뛰어듭니다. 그가 바로 '첫 번째 펭귄'입니다. 그제야 나머지 펭귄들이 뒤따라 들어간다고 합니다. 이처럼 두렵고 불확실한 상황에서 남보다 먼저 용기를 내고 도전하는 사람을 가리키는 영어 관용어가 '첫 번째 펭귄'(First Penguin)입니다. 역사는 이런 사람들에 의해서 발전하고 진보합니다.

　　본문에 등장하는 이사야가 바로 그런 사람입니다. 점점 어둠이 짙어 가는 이스라엘의 역사 앞에 모두가 나서기를 주저하고 있을 때 그는 "제가 여기 있나이다, 나를 보내소서"라고 하나님께 자원함으로 예수 그리스도의 오심을 예언하고 길을 닦는 위대한 선지자의 삶을 삽니다. 하나님은 지금도 우리를 향해 "누가 나를 위해 가겠느냐?"라고 묻고 계십니다. 과연 하나님이 찾으시는 일꾼은 누구일까요?

1. 하나님의 살아 계심을 체험한 자(1-4절)

"웃시야 왕이 죽던 해에 내가 본즉 주께서 높이 들린 보좌에 앉으셨는데 그의 옷자락은 성전에 가득하였고 스랍들이 모시고 섰는데 각기 여섯 날개가 있어 그 둘로는 자기의 얼굴을 가리었고 그 둘로는 자기의 발을 가리었고 그 둘로는 날며 서로 불러 이르되 거룩하다 거룩하다 거룩하다 만군의 여호와여 그의 영광이 온 땅에 충만하도다 하더라 이같이 화답하는 자의 소리로 말미암아 문지방의 터가 요동하며 성전에 연기가 충만한지라."

본문의 배경

이사야가 소명을 받던 때는 웃시야(B.C. 797-740) 왕의 죽던 해(1절)입니다. 웃시야 왕은 남유다의 10대 왕으로 52년간 통치했습니다. 그는 군사와 외교 능력이 뛰어난 왕으로서 주변 국가들의 조공을 받는 등 국격을 높였습니다. 웃시야 왕의 통치 기간 동안 유다는 태평성대를 누렸습니다. 웃시야 왕의 치세 때 유다는 전성기 때의 국력을 회복했습니다(대하 26장).

그러나 그러한 외적인 번영의 이면에는 종교적 부패의 상처가 점차 그 도를 더해 가고 있었습니다. 정규적인 제사는 화려하게 남아 있었으나 이미 그 마음속에 하나님에 대한 열심은 식었으며, 향락과 사치 풍조가 더욱 번져 갔습니다. 그것은 하나님과의 관계에 있어서 중대한 변화를 야기시켰습니다.

한편, 앗수르의 디글랏 빌레셀(B.C. 745-727)이 새로운 실력자로 부상하면서 근동지방이 긴장에 휩싸이는 등 국제 정세의 흐름 또한 심상치 않았습니다. 그런 상황에서 민족의 영웅인 웃시야 왕이 죽었으니 유다로서는 위기 상황에 놓인 것입니다. 웃시야 왕의 죽음은 이사야 개인에게도 위기였습니다. 이사야는 웃시야 왕의 사촌이었으며 궁중 제사장으로 정치적인 영화를 누리던 사람이었습니다. 그러니 웃시야의 죽음은 정치적인 큰 배경이 없어지는 것입니다. 이런 때에 선지자는 국가적 위기를 직감하고 성전을 찾아갔습니다.

성전에서 본 것

이사야서 6장에 선지자 이사야가 보았던 성전 환상 속에서 주님은 높이 들린 성전 보좌에 앉아 계셨습니다. 주님의 좌우편에 선 스랍들이 날개 치며 "거룩하다 거룩하다 거룩하다 만군의 여호와여 그의 영광이 온 땅에 충만하도다"라고 외치자, 문지방의 터가 요동하고 성전에 연기가 충만하였습니다. 웃시야 왕은 나라를 강성하게 만든 왕이었습니다. 그가 죽자 선지자의 내면에 큰 걱정이 생겼을 것입니다. 나라 안팎의 정세는 날로 위중해지는데 나라를 강성하게 하였던 왕이 세상을 떠나니 마음에 염려와 불안이 있었을 것입니다.

그때 하나님은 그에게 환상을 보여주시면서 더 높이 계시고 영원히 거하시는 하늘의 임금이요 만유의 주재이신 여호와 하나님의 건재하심을 보여주셨습니다. 사도 요한은 이사야 선지자가 바로 우리 주 예수님의 영광을 미리 보았던 것이라고 요한복음 12장 41절 말씀에서 밝혔습니다. 이처럼 우리도 현 시대에 나라가 혼란스럽고 백성들의 삶이 불안하고 우리들의 삶에 걱정과 염려가 생겨날수록 하나님을 뵙는 체험을 해야 합니다.

우리는 위기를 만날 때 하나님 앞에 나아가야 합니다(1절). 1절에 보면 왕이 죽던 해에 이사야는 성전에서 하나님을 만나게 됩니다. 이사야는 국가적인 위기이며 개인적인 위기 상황에서 하나님 앞에 나아갔던 것입니다. 불쌍한 사람은 위기를 만난 사람이 아니라 위기 중에도 하나님을 찾지 못하는 사람입니다. 하나님은 성경에서 "환난 날에 나를 부르라 내가 너를 건지리니 네가 나를 영화롭게 하리로다"(시 50:15)라고 말씀하시지만 그들은 환난에서 건져 주시는 하나님을 모릅니다. 하나님은 우리가 위기 가운데서 하나님을 찾고 하나님 앞에 나아가고 하나님께 부르짖으면 위험에서 건져 주시는 좋으신 하나님입니다.

야곱의 하나님 체험

이삭의 아들 야곱은 모태신앙입니다. 그는 독실한 신앙인인 할아버지 아브라함과 아버지 이삭 밑에서 자랐습니다. 그는 할아버지 아브라함에게 나타나신 하나님, 아버지 이삭에게 나타나신 하나님에 대한 간증을 듣고 자랐지만, 할아버지와 아버지와 함께 있는 동안에는 단 한 번도 하나님을 만난 적이 없었습니다.

그런데 야곱에게 인생 최대의 위기가 찾아왔습니다. 야곱은 눈이 어두운 자기 아버지를 속이고 형이 받아야 할 장자의 축복을 가로챘습니다. 그 일로 화가 난 형 에서가 동생 야곱을 죽이려고 합니다. 야곱은 불같은 형의 성격을 알았기에 정신없이 집에서 도망할 수밖에 없었습니다. 형을 피해서 도망하는 야곱은 급하게 떠나느라 여비도 제대로 준비를 못했는지 들판에서 잠을 자야 했습니다. 땅을 요 삼고 하늘을 이불 삼고 돌을 베개 삼고 잠을 잤습니다. 얼마나 처량합니까?

그날 밤에 하나님이 찾아오셨습니다. 땅에서 하늘로 연결된 사닥다리가 보이고 그 위에 천사가 오르락내리락합니다. 그리고 하늘에는 하나님이 계시고 야곱을 축복해 주셨습니다. 야곱의 인생 중에 가장 불쌍한 순간에 하나님은 자신을 보여주시면서 야곱과 함께 있다는 사실을 가르쳐 주셨습니다. 위기를 만난 분들이 계시다면 하나님 앞에 나아오십시오. 어디든지 계시지만 특별히 주의 전에서 우리를 만나 주시는 하나님 앞에 나와서 하나님을 만나십시오. 하나님은 위기 중에도 우리와 함께하십니다.

고통의 의미

추운 겨울, 아기를 안고 길을 가던 한 부인이 길에서 쓰러져 얼어 죽게 되었습니다. '나와 내 아기는 이제 죽는구나.' 마침 그때 마차한 대가 지나가고 있었습니다. "아저씨, 살려 주세요. 우리가 죽게 되었어요." 마부가 보니 부인이 얼어서 죽어 가고 있습니다. 말에서 내린 마부가 아기를 빼앗아 안은 후 부인을 밀쳐서 넘어뜨리고 마차에 올라탔습니다. 아기를 빼앗기자 다 죽어 가던 부인이 소리를 지르며 마차를 따라 달리기 시작했습니다. 마부는 아기를 데리고 부인이 따라올 만한 속력으로 달렸습니다. 부인은 계속해서 "내 아기를 달라!"며 마차를 쫓아갔습니다. 20분 정도 지나자 부인의 온몸에 땀이 막 흘렀습니다. 그제야 마부가 마차를 세우더니 부인에게 말했습니다.

"부인, 미안합니다. 처음부터 부인을 마차에 태웠으면 부인은 얼어 죽었을 것입니다. 부인을 살리기 위해서 아이를 잠시 빼앗았으니 이해해 주십시오."

마부의 지혜 덕분에 부인도 살고 아기도 살았습니다. 마부가 부인에게 고통을 준 것은 부인을 살리기 위해서였습니다.

하나님께서 우리에게 어려움을 허락해 주시고 내 가정과 일터와 내 인생에 풍랑을 주시는 것은 하나님께서 우리를 훈련시키실 필요가 있고 정신 차리게 할 필요가 있기 때문입니다. 하나님께서는 우리를 살리기 위해서 그렇게 하시는 것입니다. 그때 우리가 원망하고 불평하면 시험에 듭니다. 얼어 죽어 가던 여인이 마차를 따라 달렸던 것처럼 우리들은 하나님 앞에 부르짖으며 우리 자신을 변화시키고 하나님의 뜻을 구해야 합니다. 그러면 좋으신 하나님은 우리를 환난에서 건져 주실 것입니다.

여러분! 여러분이 개인적인 위기를 만났다면 하나님 앞에 나아가야 합니다. 우리의 힘이 되신 하나님 앞에 나아가면 전능하신 하나님은 우리의 기도를 들으시고 우리의 힘이 되어 주실 것입니다. 모든 문제의 해결은 하늘을 바라보는 데서부터 시작됩니다. 세상을 바라보면 슬픔과 절망에 빠질 수밖에 없고, 하늘을 바라보면 기쁨과 소망을 누리게 될 것입니다.

블라인드 사이드

가족과 함께 보면 좋을 영화 한 편을 소개하겠습니다. 산드라 블록이 주연한 〈블라인드 사이드〉(The Blind Side)라는 미국 영화입니다. 저는 2012년 미국 클레어몬트 졸업식에 참석했다가 그랜드 캐니언까지 가는 버스 안에서 보았습니다. 이 영화는 현재 NFL(북아메리카미식축구리그) 볼티모어 레이븐스에서 활약하고 있는 미식축구 스타 '마이클 오어'의 실화를 다루고 있습니다.

아버지에 대한 기억이 전혀 없는, 몸무게 155킬로그램의 18세 흑인 소년 마이클 오어(퀸튼 아론 분)는 5세 때 마약중독인 어머니와 강제로 격리된 후 현재 친구의 집에서 하루하루를 간신히 버텨 내고 있습니다. 그러다 친구 아버지를 따라 우연히 상류층이 다니는 사립학교에 갔다가 그곳 미식축구 코치의 눈에 띄어 전혀 기대하지 않았던 학교 입학을 허가받았습니다. 하지만 상류층 백인 학생들로 가득한 이곳에서 마이클 오어는 낯선 이방인일 뿐입니다. 가는 곳마다 사람들의 불편한 시선이 느껴지고, 수업을 따라가지 못하는 자신이 바보처럼만 느껴집니다. 설상가상으로 친구 집에서 쫓겨나 그나마 이제는 눈 붙일 장소도 없는 상태입니다.

그러던 어느 날 마이클은 자신의 인생을 송두리째 바꾸게 될 운명적인 만남이 나타났는데 바로 리 앤(산드라 블록 분)과의 만남입니다. 리 앤과 그녀의 남편 숀(팀 맥그로 분)은 남부 미시시피 대학 출신으로 미국 사회의 전형적인 와스프(WASP: White Anglo-Saxon Protestant)입니다. 와스프는 그대로 해석하면 앵글로색슨계 미국 신교도를 줄인 말인데 정통적인 미국사회의 주류 계급을 뜻합니다.

추수감사절을 하루 앞둔 저녁 차가운 날씨에 반팔 셔츠만을 걸친 채 거리를 떠도는 마이클의 모습이 리 앤의 눈에 들어옵니다. 이유는 알 수 없지만 리 앤은 집으로 향하던 차를 돌려, 그전에 한 번도 만나 적이 없고 아무 관계도 없는 18세 흑인 소년 마이클을 자신의 집으로 데리고 가서 추수감사절을 함께 보냅니다. 그런데 시간이 지나면서 하루만 재워 주려고 했던 생각이 변하여 아예 방을 만들어 주고, 보험비를 내 주고, 신원보증인이 되어 줍니다. 나중에는 심지어 마이클을 입양하여 법적인 가족으로 삼습니다.

이 영화는 정말 동화 같은 내용을 담고 있습니다. 현재 미국 사회의 가장 큰 문제는 인종차별과 빈부격차라고 할 수 있는데 이 영화에서는 이런 문제들이 너무나도 자연스럽게 해소가 됩니다. 주인공 리 앤을 비롯해서 그녀의 남편 숀, 아들 S.J., 딸 콜린스 외에 학교 선생님들까지도 인종과 빈부의 문제를 안고 있는 마이클을 위해 지원을 아끼지 않고 진심으로 대합니다. 결국 이들의 동화 같은 헌신과 사랑이 자칫 나락으로 떨어질 수 있었던 마이클을 지금의 NFL 스타로 만들었다는 것이 영화의 내용입니다.

영화 제목으로 쓰인 '블라인드 사이드'는 원래 잘 보이지 않는 사각지대를 뜻하는 단어로, 특히 럭비나 미식축구의 경우 쿼터백이 잘 볼 수 없는 지역을 말합니다(마치 등잔 밑이 어둡다는 식입니다). 가까이에 위치한 위험한 지역이지만 인지할 수 없는 곳이기 때문에 다른 선수들이 방어해 주어야 합니다. 주인공인 마이클 오어의 가장 뛰어난 능력은 보호본능입니다. 다른 사람이 보지 못하는 위험을 감지하여 막아 주는 능력을 지니고 있습니다. 그는 이 능력 때문에 우수한 미식축구 선수가 됩니다.

누구나 할 수 있어 보이는 일이지만 정작 아무나 할 수 없는 일이기에, 리 앤과 그의 가족들의 행동은 영화를 보는 이들에게 놀라움과 말할 수 없는 감동을 줍니다. 이렇게 아무나 할 수 없는 행동을 가능하게 하는 근거가 하나님을 뵙는 체험입니다. 그 사실을 바울의 생애가 단적으로 보여주고 있습니다.

이 영화 〈블라인드 사이드〉가 실화가 아니었다면 우리는 영화를 보는 내내 이것은 말도 안 되는 이야기라고 평가했을 것입니다. 미국에서 가장 인종차별이 심한 미시시피 주의 대학을 졸업했고 공화당의 열렬한 지지자인 미국 주류 계급의 한 백인 부부가 어떻게 출신도 알지 못하는 155킬로그램의 흑인 소년을 아무 조건 없이 가족으로 받아들일 수 있습니까? 리 앤의 친구들이 모임에서 마이클을 킹콩으로 비하하고 웃음거리로 여기면서 리 앤에게 "딸 걱정은 하지 않아요?"라고 던진 질문은 사실 어떻게 보면 당연한 걱정입니다. 그런데 리 앤은 미국 주류 사회의 사람들이 당연하다고 여기는 이 질문에 "부끄러운 줄 아세요"라고 답변합니다.

이 대사를 들으면서 저는 눈물을 흘렸습니다. 사람을 편견 없이 대해야 한다는 윤리적 원칙을 어려서부터 배워 왔지만 이것은 단지 도덕적 이론이라고만 생각해 온 사람들에게 리 앤의 이 한마디는 부끄러운 상식의 틀을 산산조각 낸 용기 있는 블랙 스완이었습니다. 사실은 리 앤의 행동이 이 사회에서 상식적인 모습이어야 하는데 오히려 이런 모습이 블랙 스완이라는 것이 인정하지 않을 수 없는 슬픈 현실입니다.

결국 리 앤과 그녀의 가족들, 주변 사람들의 전혀 상식적이지 않은 관심과 사랑으로 마이클은 고등학교를 당당히 졸업하고, 미식축구 선수로 인정을 받아 미시시피 대학에 입학하게 됩니다. 그리고 대학을 졸업한 후 2009년 마이클 오어는 NFL에서 1차 드래프트에서 지명되어 볼티모어 레이븐스 팀에 입단하면서 영화는 끝이 납니다.

우리도 하나님의 은혜를 깊이 체험해야 시대와 한계를 뛰어넘는 하나님의 일꾼이 될 수 있습니다.

2. 죄 사함의 은혜를 경험한 자 (5-7절)

"그때에 내가 말하되 화로다 나여 망하게 되었도다 나는 입술이 부정한 사람이요 나는 입술이 부정한 백성 중에 거주하면서 만군의 여호와이신 왕을 뵈었음이로다 하였더라 그때에 그 스랍 중의 하나가 부젓가락으로 제단에서 집은 바 핀 숯을 손에 가지고 내게로 날아와서 그것을 내 입술에 대며 이르되 보라 이것이 네 입에 닿았으니 네 악이 제하여졌고 네 죄가 사하여졌느니라 하더라."

본문 주해

"화로다 나여 망하게 되었도다"(5절)를 직역하면, '나에게 화로다. 왜냐하면 나는 끝장났기 때문이다'입니다. 선지자가 이렇게 울부짖을 수밖에 없었던 것은, 여호와의 완전무결하신 거룩과 영광 앞에서 그 자신의 죄인 됨과 그 백성의 죄악 됨을 깊이 깨우쳤기 때문입니다. 하나님의 거룩하심은 죄악을 삼키는 불과 같아서(사 33:14) 부패한 인간이 그 앞에 설 수 없으며, 따라서 하나님을 본 자는 그 누구도 살 수 없다고 성경은 말하고 있습니다(출 33:20; 삿 13:22). 환상 가운데 여호와를 목도한 선지자는 실제로는 죽지 않았지만 의식 속에서는 자기가 벌써 죽은 것처럼 느꼈습니다.

"나는 입술이 부정한 사람이요"(5절)라고 선지자는 자신의 죄 가운데 특별히 부정한 입술을 지목해서 말합니다. 이는 첫째로 정결한 입술로 여호와를 찬양하는 스랍들의 모습과 자신의 모습을 대조할 때 충격을 받았기 때문이요, 둘째는 마음으로 범죄한 것이 입으로 표출된다는 점에서(마 15:11) 부정한 입술이 모든 죄악을 총체적으로 나타내기 때문입니다(약 3:2 참조). 죄의 고백에 이어 하나님의 사죄 의식(儀式)이 뒤따릅니다.

"그때에 그 스랍 중의 하나가 부젓가락으로 제단에서 집은 바 핀 숯을 손에 가지고 내게로 날아와서 그것을 내 입술에 대며…"(6-7절)에서 제단은 하늘에 있는 향단을 가리킵니다. 계시록에 의하면, 하늘 향단은 금으로 만들어졌습니다(계 8:3, 9:13). '핀 숯'은 불타는 숯 혹은 뜨거운 돌을 뜻합니다. 천상에서 거행된 죄 사함의 성례는 스랍 중 하나가 단으로 날아가 그곳에서 정금으로 만든 화저(불집게)를 가지고 핀 숯을 취하여 선지자에게로 날아가 그가 부정하다고 탄식한 입술에 댐으로써 이루어졌습니다.

이러한 일련의 상징적인 행동은 다만 선지자에게 그의 죄가 사해졌음을 확신시키려는 의도에서 이루어진 것이며, 핀 숯 자체가 정화의 능력을 가진 것은 아닙니다. "보라 이것이 네 입에 닿았으니 네 악이 제하여졌고 네 죄가 사하여졌느니라"(7절)에서 스랍 천사들의 말로 앞 절의 신비한 행동의 의미가 밝혀집니다. '네 악이 제하여졌고 네 죄가 사하여졌다'는 평행법은 선지자에게 사죄의 확신을 더욱 강력하게 전달해 주기 위해 사용된 말입니다.

본문에서 선지자가 받은 사죄 의식에는 피 흘림의 제사가 결코 포함되어 있지 않습니다. 이는 장차 그리스도의 온전한 속죄 행위로 인하여 그 같은 제사가 불필요하게 될 날이 올 것을 암시하는 것입니다.

하나님이 원하시는 것은 우리의 깨끗함입니다(5-7절). 이사야가 문제를 가지고 하나님 앞에 나아갔던 이유가 무엇일까요? 당연히 문제를 해결 받기 위해서였습니다. 그런데 하나님은 이사야에게 하나님을 보여주고, 하나님의 빛 앞에서 이사야가 부정한 인간임을 보여주셨습니다. 그래서 이사야는 5절에서 이렇게 고백했습니다.

> "화로다 나여 망하게 되었도다 나는 입술이 부정한 사람이요 나는 입술이 부정한 백성 중에 거주하면서 만군의 여호와이신 왕을 뵈었음이로다."

하나님은 이사야의 고백을 들으시고 스랍 천사를 통해서 이사야의 입술을 숯불로 지져서 정결하게 해주셨습니다. 희한합니다. 제단 숯불로 입술을 지지면 상처를 받아야 하는데 상처도 없이 정결해졌습니다. 이런 것이 영적인 체험입니다.

하나님은 위기를 가지고 찾아온 이사야의 문제를 해결해 주시기보다 먼저 그를 정결하게 만들어 주셨습니다. 또 하나님은 이사야에게 사명을 맡기시기 전에 먼저 이사야를 깨끗하게 해주셨습니다. 8절부터 보면 이사야의 소명이 나옵니다. 그는 하나님의 일을 위하여 부르심을 받았습니다. 그런데 하나님은 그에게 소명을 주시기 전에 먼저 그를 깨끗하게 하신 것입니다.

사람들은 문제를 만나면 문제 해결에 모든 신경을 집중합니다. 그런데 하나님은 문제 해결보다 우리를 정결하게 하는 일에 더 관심이 크십니다. 신자가 가장 열망해야 할 것 중에 하나가 자신의 깨끗함입니다. 그릇 하나를 사용해도 깨끗해야 하는데 하물며 하나님이 원하시는 인생을 살고 하나님이 쓰시는 그릇이 되려면 더욱 깨끗해야 하지 않겠습니까? 하나님의 손에 아름답게 쓰임 받으려면 깨끗해야 합니다. 하나님의 능력이 나타나려면 깨끗해야 합니다. 하나님의 도구가 되어 귀하게 쓰임 받으려면 깨끗해야 합니다.

여러분! 우리가 깨끗하게 되려면 이사야처럼 먼저 자신의 부정함을 보아야 합니다. 자신이 부정한 존재라는 것을 인정해야 하나님의 긍휼을 받을 수 있습니다. 사람들이 자기를 모르니까 까불고 잘난 척하는 것입니다. 그런데 중요한 것은, 자기 모습을 보려면 하나님 앞에 나아가야 하고, 부정한 사람이 깨끗해지려면 하나님의 은혜를 받아야 한다는 것입니다. 이사야가 깨끗하게 된 것은 하나님의 빛으로 인해서 자기를 봤기 때문이며, 하나님께서 천사를 통해서 깨끗하게 해주셨기 때문입니다. 하나님의 은혜로 깨끗하게 되었습니다. 그러므로 우리는 하나님 앞에 서야 합니다. 하나님의 은혜를 입어야 합니다. 문제 해결보다 시급한 것이 우리의 깨끗함입니다.

자기 발견은 선택의 기회

하나님의 빛이 이사야에게 비춰지니 이사야는 자기의 모습을 발견하게 되었습니다. 이 빛이 비춰지기 전에는, 자신은 율법대로 살아왔고 하나님을 위해 할 만큼 충성했으며 화려한 궁중 제사장이라는 남다른 긍지를 갖고 살았을 것입니다. 그런데 하나님의 빛 앞에서 자신을 보니 너무나 더럽고 추하기 짝이 없습니다. 자기 입술의 부정함을 견딜 수 없었습니다. 특히 선지자로서 왕에게 바른 말을 못해 왕이 잘못된 것에 대한 죄책감도 없지 않았을 것입니다.

저도 목회자로서 가장 큰 죄라면 성도들에게 꼭 해야 할 말을 사람을 의식하여 못한 것일 것입니다. 그러므로 입술을 잘못 사용해도 입술의 죄요, 해야 할 말을 하지 못함도 입술의 죄입니다. 이사야는 5절에서 "화로다 나여 망하게 되었도다 나는 입술이 부정한 사람이요 나는 입술이 부정한 백성 중에 거주하면서 만군의 여호와이신 왕을 뵈었음이로다"라고 고백했습니다.

이처럼 정말 하나님을 만나면 자기 모습을 발견합니다. 하나님을 만나면 나도 모르게 눈물이 납니다. 나도 모르게 겸손해집니다. 나도 모르게 사랑하게 됩니다. 모든 문제는 나 때문이라는 의식을 가지고 회개하게 됩니다. 이렇게 자기를 발견하고 가슴 치는 이사야에게 하나님께서 천사를 보내 제단 숯불로 그 입술을 정결하게 하셨습니다. 위기를 통해 그의 영혼이 살게 되었습니다.

우리도 이와 같습니다. 우리는 예수님의 보혈로 용서받았고 어떤 이유로든 사탄의 참소를 받지는 않겠지만 인격적으로 하나님 앞에 죄송한 마음을 가지고 가슴 치는 뉘우침이 있어야 합니다.

십대의 청개구리적인 행동의 이유

10대 자녀를 둔 부모들은 여러모로 걱정이 많습니다. 왜 아이들은 부모의 말에 다짜고짜 "싫어", "몰라", "안 해"라고 대답하는 것일까요? 10대 청소년기 이전 어렸을 때에는 부모의 말을 우선적으로 따랐는데 말이죠. 부모의 방법이 가장 적절한 답이라고 생각하면서도 짜증부터 솟구치고 답이 아니라고 말하고 싶어지는 것이 10대 청소년기입니다. 이는 자신 안의 자신, 즉 정체성이 형성되는 시기이기 때문입니다. 아이들로서는 '자신만의 것'을 만들어야겠다는 결심이 강해지면서 문제가 생깁니다. 이러한 생각이 들기 이전에는 부모의 결정에 우선 순응해 왔기 때문에 자기 의견을 내고 싶어도 그 방법을 알지 못합니다. 어른 같으면 자신의 의견을 피력하고 논리적으로 말할 수 있을 텐데 말이죠. 그래서 부모의 무엇이 잘못되었는지도 모르는 채 우선 거부하고 부정하고 보는 것입니다. 이것이 아이가 '청개구리'가 되는 이유입니다.

이는 아이들에게도 괴로운 과정입니다. 비가 온다고 우산을 들고 가라고 해도 놓고 가고, 영화를 보러 가자고 해도 그 영화는 싫어한다고 말하고, 감기 걸렸으니 따뜻한 물을 마시라고 해도 차가운 물을 마십니다. 반항하느라 마음이 불편하면서도 자신의 본능이 이끌고 그것을 행동하도록 만듭니다.

이런 자녀들이 철이 들기 시작합니다. 언제일까요? 남자들은 군대 다녀올 때이고, 여자들은 결혼하여 출산할 때입니다. 남자들이 군대 가서 꼭 우는 순간이 있습니다. 사격 훈련을 할 때입니다. 실탄 사격은 사소한 실수에도 엄청난 사고가 일어나므로 고도의 주의력을 필요로 합니다. 그것을 가능하게 하는 방법이 얼차려입니다. 사격 전에 얼차려는 먹은 것을 토할 정도로 진행됩니다. 교관들이 얼차려 후에 훈계하는 코스가 훈련병들의 불효를 꾸짖는 것입니다. 정말 놀라운 것은, 교관의 뻔한 멘트이지만 '어머니 마음'을 부르면 부모의 은혜가 가슴에 사무치면서 눈물이 홍수를 이룹니다. 드디어 부모의 심정을 이해할 수 있게 되기 때문입니다.

여자들이 결혼하여 출산할 때도 그렇습니다. 제가 몇 해 전 출산 심방을 갔을 때입니다. 산모의 엄마 되신 권사님이 자녀의 첫 출산을 지켜본 소회를 밝혔습니다. 여러 시간의 산통 후에 얼굴이 퉁퉁 부은 모습으로 분만실에서 나오는 딸을 보고 두 번 울었답니다. 한 번은 딸이 안쓰러워서 울고, 또 한 번은 돌아가신 부모님 생각이 나서 울었답니다. 자기의 어머니도 자기를 보고 얼마나 가슴 아팠을까 하는 생각이 그제야 나더라는 것이지요.

불효하는 나, 형편없는 나를 발견하면서 자식으로서 철이 들어가듯이, 신앙인은 자신의 죄인 됨을 깨달으면서 하나님의 사람으로 세워져 갑니다. 오늘 본문에서 이사야가 가르쳐 주는 이치가 바로 이것입니다. 하나님이 찾으시는 일꾼은 바로 이런 사람입니다.

왜 하나님 앞에서 죄를 씻는 일이 중요할까요? 하나님은 거룩하시기 때문입니다. 그래서 바울은 이렇게 말씀합니다.

"큰 집에는 금그릇과 은그릇뿐 아니라 나무 그릇과 질그릇도 있어 귀하게 쓰는 것도 있고 천하게 쓰는 것도 있나니 그러므로 누구든지 이런 것에서 자기를 깨끗하게 하면 귀히 쓰는 그릇이 되어 거룩하고 주인의 쓰심에 합당하며 모든 선한 일에 준비함이 되리라"(딤후 2:20-21).

하나님은 깨끗해야 쓰십니다.

3. 사명에 헌신하는 자(8절)

"내가 또 주의 목소리를 들으니 주께서 이르시되 내가 누구를 보내며 누가 우리를 위하여 갈꼬 하시니 그때에 내가 이르되 내가 여기 있나이다 나를 보내소서 하였더니."

필요한 자질은 사명

이사야서 6장의 순서를 보면, 하나님은 먼저 이사야에게 하나님 만나는 체험을 주십니다. 그리고 나서 자신의 죄악 된 모습을 깨닫게 하신 후 이제 8절에서 이사야에게 음성을 들려주십니다.

"내가 누구를 보내며 누가 우리를 위하여 갈꼬."

이 음성은 헌신의 열정을 가지고 자원하여 하나님의 일을 하러 갈 사람을 구하는 음성이었습니다. 하나님은 부르시는 하나님입니다. 믿음의 조상을 삼으시려고 아브라함을 부르셨습니다. 이스라엘을 애굽에서 구원하시려고 모세를 부르셨습니다. 하나님의 말씀이 희귀하여 역사의 어둠이 짙었던 사사 시대에 사무엘을 부르셨습니다. 예나 지금이나 하나님은 일꾼을 부르시는 분입니다. 그 부르심의 음성에 이사야가 대답합니다.

"내가 여기 있나이다 나를 보내소서."

입술이 정결해짐으로써 죄에서 자유함을 입은 선지자는 여호와의 음성을 듣자마자 그 가슴의 뜨거움만큼이나 불타는 정열로 이렇게 소리칩니다. "나를 보십시오. 나를 보내십시오!" 여기서 '나를 보내십시오'(히네니)란 말은 헌신할 준비가 되어 있음을 나타내는 관용적 표현입니다. "누가 나를 위하여 갈꼬?"라는 질문은 사명자를 찾는 음성입니다.

그 시대 종교인들이 없어서 일꾼을 찾은 것이 아닙니다. 직업적인 제사장도 많았고, 선지자들 또한 넘쳐났습니다. 그러나 하나님의 일꾼을 자처하는 그토록 많은 사람들이 있었음에도 세상은 날로 어두워져 갔습니다. 이사야서의 첫 장을 보십시오. 한마디로 너희의 손에 피가 가득하다고 말씀합니다.

그렇다면 왜 이런 것일까요? 이 질문은 하나님의 일꾼의 진정한 자질은 무엇인가 하는 것으로 귀결됩니다. 그것은 학력이나 가정적인 배경, 가문, 인맥, 재력일 수는 없습니다. 하나님이 원하시는 자질은 바로 사명감입니다. 가라면 가고 죽으라면 죽고, 십자가를 지라면 지는 자세가 있어야 하나님의 일꾼이 될 수 있습니다.

모든 일의 일꾼은 세 종류입니다. 첫째는 자신을 위하여 일하는 자, 둘째는 일을 위하여 일하는 자, 셋째는 하나님을 위하여 일하는 자입니다. 이 중에서 정말 하나님을 위하여 일하는 사람을 두고 사명적 인간이라 합니다. 회사의 조그만 심부름꾼이 소사입니다. 몰래 보낸 심부름꾼이 밀사입니다. 하나님 심부름꾼이 천사입니다. 특별한 심부름꾼이 특사입니다. 급한 심부름꾼이 급사입니다. 임금의 심부름꾼이 칙사입니다. 공적 심부름꾼이 공사입니다. 심부름 받은 신하가 사신입니다. 심부름 받은 제자가 사도입니다. 심부름 받은 사람이 사자입니다.

그러면 우리의 사명이 무엇입니까? 하나님께로부터 받은 심부름입니다. 우리는 하나님의 심부름꾼입니다. 하나님의 심부름꾼은 주를 위해 죽고, 주를 위해 사는 것입니다.

키에르케고르가 코펜하겐 대학의 신학생 시절 그가 22세 되던 때에 일기를 이렇게 썼습니다.

"온 천하가 다 무너지더라도 내가 이것만은 꽉 붙들고 놓을 수가 없다. 이것을 위해 살고 이것을 위해 죽을 수 있다 하는 나의 사명을 발견해야 한다."

우리 그리스도인에게 있어서 '이것'은 무엇입니까? 바울에게서 대답을 듣습니다.

"내가 달려갈 길과 주 예수께 받은 사명 곧 하나님의 은혜의 복음을 증언하는 일을 마치려 함에는 나의 생명조차 조금도 귀한 것으로 여기지 아니하노라"(행 20:24).
"우리가 살아도 주를 위하여 살고 죽어도 주를 위하여 죽나니 그러므로 사나 죽으나 우리가 주의 것이로다"(롬 14:8).
"내가 복음을 전할지라도 자랑할 것이 없음은 내가 부득불 할 일임이라 만일 복음을 전하지 아니하면 내게 화가 있을 것이로다 내가 내 자의로 이것을 행하면 상을 얻으려니와 내가 자의로 아니한다 할지라도 나는 사명을 받았노라"(고전 9:16-17).

사명자의 자세

본문에서 하나님의 부르심에 헌신한 이사야에게 사명자가 지녀야 할 자세에 대해서 세 가지로 설명합니다.

첫째, 사명자는 가서 전해야 합니다. 오늘 본문 9절에서도 "여호와께서 이르시되 가서 이 백성에게 이르기를…"이라고 말씀합니다. 하나님의 사람은 전하는 자입니다. 그래서 신약성경 디모데후서 4장 2절에 "너는 말씀을 전파하라 때를 얻든지 못 얻든지 항상 힘쓰라 범사에 오래 참음과 가르침으로 경책하며 경계하며 권하라"고 한 것입니다. 오늘 이 사명이 우리에게 있습니까? 사도 바울은 예루살렘으로 올라가면서 사명을 세 가지로 표현했습니다. 첫째로 달려갈 길, 둘째로 주 예수께 받은 것, 셋째로 생명조차 귀한 것으로 여기지 아니하는 것입니다. 그것은 '하나님의 은혜의 복음을 증언하는 것'이라고 했습니다. 왜냐하면 복음은 모든 믿는 자에게 구원을 주시는 하나님의 능력이기 때문입니다.

그리고 하나님 나라를 이루는 방법이기도 합니다. 그래서 사도 바울은 예수님과 똑같이 '하나님 나라를 위한 복음 전파'에 헌신할 수 있었습니다. 사람마다 사명이 다른 것 같지만 목표는 동일합니다. 하나님 나라와 복음입니다. 그래서 우리는 행복보다 거룩이란 말을 더 좋아하고, 재미보다 사명이라는 말에 더 흥분합니다. 가족이 사명이고, 직장이 사명이며, 교회가 사명입니다. 그곳에 은혜의 복음으로 하나님 나라가 임할 때까지 죄송한 마음으로 달려가고 또 달려가야 합니다.

둘째, 결과를 낙관하지 말아야 합니다. 본문 9-10절에서 이렇게 말씀합니다.

"여호와께서 이르시되 가서 이 백성에게 이르기를 너희가 듣기는 들어도 깨닫지 못할 것이요 보기는 보아도 알지 못하리라 하여 이 백성의 마음을 둔하게 하며 그들의 귀가 막히고 그들의 눈이 감기게 하라 염려하건대 그들이 눈으로 보고 귀로 듣고 마음으로 깨닫고 다시 돌아와 고침을 받을까 하노라 하시기로."

그런데 이 말씀이 선뜻 이해가 되지 않습니다. 하나님이 이사야를 부르셔서 기껏 하시는 말씀이, 말씀을 선포하라 하시고는 다시 그들이 깨닫고 돌아올까 염려하신다니요. 이것이 무슨 뜻입니까? 이것은 하나님의 역설입니다. 복음을 전할 때 다 거절하여도 낙심하지 말라는 말입니다. 아무리 거절하여도 다 그러지는 않을 것이라는 말씀입니다. 이 말씀은 결국 전도할 때에 순진한 낙관주의에 사로잡히면 안 된다는 뜻입니다. 내가 나가서 전하기만 하면 모조리 회개하고 단박에 돌아올 것이라는 기대를 해서는 안 된다는 말입니다. 그렇기에 귀 기울여 주지 않는다고 포기하지 말라는 말입니다.

신약성경 사도행전 28장에서 본문을 인용합니다.

> "일렀으되 이 백성에게 가서 말하기를 너희가 듣기는 들어도 도무지 깨닫지 못하며 보기는 보아도 도무지 알지 못하는도다 이 백성들의 마음이 우둔하여져서 그 귀로는 둔하게 듣고 그 눈은 감았으니 이는 눈으로 보고 귀로 듣고 마음으로 깨달아 돌아오면 내가 고쳐 줄까 함이라 하였으니 그런즉 하나님의 이 구원이 이방인에게로 보내어진 줄 알라 그들은 그것을 들으리라 하더라"(행 28:26-28).

사도 바울이 로마에 도착한 후 연금 상태에서 복음을 전할 때를 말합니다. 그래서 바로 두 절 앞에서 이렇게 말합니다.

> "그들이 날짜를 정하고 그가 유숙하는 집에 많이 오니 바울이 아침부터 저녁까지 강론하여 하나님의 나라를 증언하고 모세의 율법과 선지자의 말을 가지고 예수에 대하여 권하더라 그 말을 믿는 사람도 있고 믿지 아니하는 사람도 있어"(행 28:23-24).

이사야서 본문 9-12절을 보면 이사야가 가는 사명의 길은 쉬운 길이 아닙니다. 이사야가 외칠 때 백성들이 듣기는 들어도 깨닫지 못하고, 보기는 보아도 알지 못할 것이기 때문입니다. 사명의 길은 힘들어도 가야 하고, 열매가 없어도 해야 하는 길입니다.

일제가 한국 교회에 신사참배를 강요하던 시절에 있었던 일입니다. 의사인 박관준 장로님이 새벽기도를 드리는데 자꾸 마음속에서 어떤 음성을 들려왔습니다.

"나를 위해 피 흘릴 자가 누구냐?"

새벽기도를 마치고 집에 와서 조간 신문에 "신사참배 문제로 기독교에 위기가 도래했다"라는 기사를 보았습니다. 장로님은 하나님께서 자신을 부르신다는 사실을 깨달았습니다. 바로 짐을 싸서 서울로 올라갔습니다. 그리고 신사참배의 부당성을 알리는 전단을 뿌렸고, 총독을 면회하여 신사의 부당성을 경고하다가 투옥당했고, 옥중에서 순교했습니다. 박관준 장로님은 자신이 그 일을 하면 주를 위하여 피를 흘릴 수밖에 없다는 것을 알았습니다. 자신의 죽음을 예견했습니다. 그 일을 한다고 일제가 변한다고 생각하지는 않았을 것입니다. 하지만 그 길이 사명의 길이었기에 그 길을 묵묵히 가셨습니다.

내가 사명을 감당할 때 어떤 열매가 있느냐는 중요하지 않습니다. 진짜 중요한 것은 내가 사명의 길에 서 있는 것입니다.

옛 동독 땅 중부에 보름스라는 조그만한 도시가 있습니다. 여기에 옛날 독일 의회 터가 있습니다. 지금은 기둥과 흔적만 남았습니다. 거기에 마르틴 루터가 당시 독일 의회에서 당당하게 종교개혁의 뜻을 밝히며 사형 언도를 받던 자리가 있습니다. 동판에 "내가 여기 서 있습니다"라고 새겨져 있습니다. 당시 기록을 보면 교황이 루터에게 마음을 돌리라고 회유했습니다. 그때 루터는 너무나 유명한 답을 했습니다.

"나의 양심은 하나님의 말씀에 사로잡혀 있습니다. 나는 아무것도 취소할 수 없습니다. 왜냐하면 양심에 반하는 것은 옳지 못하고 완전한 일이 아니기 때문입니다…. 하나님, 내가 여기 서 있습니다."

셋째, 남은 자의 응답을 기대해야 합니다. 본문 13절 말씀을 보십시오.

"그중에 십분의 일이 아직 남아 있을지라도 이것도 황폐하게 될 것이나 밤나무와 상수리나무가 베임을 당하여도 그 그루터기는 남아 있는 것 같이 거룩한 씨가 이 땅의 그루터기니라 하시더라."

여기에 보면 그루터기에 대해서 말합니다. 그루터기는 새 생명의 역사가 일어날 남은 자들을 말합니다. 아무리 이사야의 선포를 듣지 않는다고 하여도 그루터기 같은 남은 자들이 있을 것입니다. 그 그루터기를 만날 때까지 전하라는 것입니다. 이사야가 말씀을 전파하여 10분의 9는 온데간데없어지고 10분의 1이 남아 있을지라도 그 10분의 1마저 황폐하게 될 것이라는 말씀입니다. 산에 있는 나무가 다 베임을 당하는 것 같은 처참한 상황이 벌어지겠지만 사명자는 남은 그루터기를 보며 사역해야 합니다. 나무가 다 베임을 당해도 그루터기가 남아 있는 것같이 거룩한 씨가 있다는 것입니다. 사명자는 풍성한 열매가 아닌 거룩한 씨만 있어도 사명의 길을 가야 합니다.

여기서, 비록 이단이지만 여호와 증인의 열심을 참고해 보아야 합니다. 그들은 전도훈련을 받을 때 1,000분의 1의 가능성을 가지고 전도한다고 합니다. 10분의 1 정도가 아닙니다. 잘못된 복음을 가지고도 애쓰는 그들의 열정에 도전을 받아야 합니다.

평범한 사람의 사명

미국 아이오와 주의 제일침례교회에 다니는 린퀴스트 씨는 88년간 한 교회만 출석을 했습니다. 천국에 갈 때까지 한 교회만 다녔던 그녀는 주일을 비롯한 절기 예배에 한 번도 빠지지 않았습니다. 그녀가 다니던 기간 동안 교회의 목사님은 열다섯 번이나 바뀌었고, 그녀가 들었던 설교는 총 8,000번이 넘었습니다. 그녀는 4,000번의 기도회에 참석을 하며 29,000번 이상 다른 사람을 위한 기도 시간을 가졌습니다.

또한 50년 이상을 주일학교 교사로 헌신을 했습니다. 그녀는 주일학교 교사로 헌신하면서 많은 어린이들을 교회로 인도했는데, 그중에서 많은 아이가 목사님이 되고 성공한 사업가가 되는 등 훌륭하게 성장했습니다.

린퀴스트 씨의 삶은 매우 평범했습니다. 그러나 충실했습니다. 열매를 맺는 삶은 특별한 헌신과 결단이 요구되는 삶이 아니라 맡은 자리에서 할 수 있는 최선을 다하는 충성된 삶인 것입니다.

여러분은 하나님께서 "내가 누구를 보내며 누가 우리를 위하여 갈꼬"라고 탄식하실 때 어떻게 하시겠습니까? 2011년 3월 11일에 발생한 규모 9.0의 동일본 대지진과 곧이어 들이닥친 거대한 쓰나미로 후쿠시마 제1원전에서 수소 폭발과 방사능 유출 사고가 발생했습니다. 그때 원전 사고를 수습하기 위해 목숨을 걸고 자원한 사람들이 324명이었다고 합니다. 그들은 "일본의 미래가 내 행동에 달렸다"라는 유서를 남기고 가족의 만류에도 불구하고 가족과 지역과 국민을 지켜야 한다는 사명감으로 원전 현장으로 갔습니다.

그리스도인들은 324명의 일본인들에게서 사명감을 배워야 합니다. 주님이 부르시면 "내가 여기 있나이다, 나를 보내소서" 하고 달려가야 합니다. 하나님은 지금도 그런 일꾼을 부르고 계십니다.

네가 성내는 것이 옳으냐?

욘 4:1-11

수염을
찾아라!

　　이어령 선생의 《길을 묻다》에 할아버지의 수염에 관한 재미있는 이야기가 나옵니다. 하얀 수염이 신선처럼 길어 앞가슴을 가린 할아버지가 길에서 한 아이를 만났습니다. 아이가 수염을 보더니 "할아버지는 수염이 그렇게 긴데, 주무실 때는 수염을 이불 속에 넣고 주무세요, 아님 **빼놓고** 주무세요?" 물었습니다. 할아버지는 "하하하! 누울 때는 말이다, 내 수염을 이불…" 하고 대답을 하려다 말았습니다. 할아버지는 자기 수염을 어떻게 하고 자는지 생각이 나지 않았습니다. "글쎄다, 오늘 밤 자고 내일 가르쳐 주마."

　그러고는 얼른 집으로 돌아와 초저녁부터 이부자리를 펴고 누웠습니다. 하지만 수염을 이불 속에 넣으면 갑갑해서 꼭 **빼놓고** 잤던 것 같고, 이불 밖으로 내놓으면 허전한 느낌이 들어 꼭 이불 속에 넣었던 것 같고, 이래도 거북하고 저래도 거북해서 할아버지는 밤새도록 수염을 넣었다 뺐다 하면서 한숨도 자지 못했습니다. 10년도 넘게 기르며 살았는데도 끝내 자신이 수염을 어떻게 하고 잤는지 알지 못했다는 것입니다.

우리는 누가 질문하기 전까지 무의식적으로 일상에 매몰되어 있는 자신의 모습을 모르는 경우가 많습니다. 등잔 밑이 어둡다는 말처럼 우리는 다 아는 것 같지만 정작 나만 모르고 있는 나의 모습도 있습니다. 굳이 철학적인 분석이 아니더라도 내 안에서 찾아야 할 수염은 참 많습니다. 예를 들어 어떤 월급 생활자가 있는데, 어찌된 일인지 이 사람이 매달 적자를 봅니다. 그 사람에게 "도대체 돈을 어디다 쓰는 겁니까?" 하면 제대로 대답하지 못합니다. 정작 돈이 어디로 새어 나가는지 모르는 경우가 많지요. 다이어트를 결심한 사람에게 "뭘 얼마나 먹습니까?" 하면 당장 답이 나오지 않습니다. 자신이 삼 시 세 끼 무엇을 얼마나 먹고 있는지 기록해 본 사람은 많지 않으니까요. 수염 긴 할아버지가 아이의 질문에 답을 못한 것처럼 내가 하루하루를 어떻게 살고 있는지 모르는 경우가 허다합니다.

하지만 이 많은 수염들을 하나하나 알려고 노력해야만 나의 삶을 바꿔 나갈 수 있습니다. 그래야 고칠 것은 고치고, 계획할 것은 계획하면서 내 인생을 끌고 나갈 수 있지 않겠습니까?

만약 이 이야기에서 아이가 할아버지에게 질문을 던지지 않았다면 할아버지는 평생 자기가 수염을 어찌하고 자는지 알 수 없었을 것입니다. 그렇기에 자기 자신에게 끊임없이 질문하는 일은 자기를 성찰하고 올바른 미래로 나아가게 하는 안내자입니다. 그래서 하나님은 오늘도 요나 선지자에게 물으십니다.

"네가 성내는 것이 옳으냐?"

우리도 살면서 종종 화를 내곤 합니다. 그런 내 모습을 보고 "네가 성내는 것이 옳으냐?"라고 물으시면 요나처럼 내가 옳다고 고집하는 경우가 많습니다. 과연 하나님은 이 질문을 통해서 무엇을 깨우치고자 하신 것일까요?

1. 포기하지 않으신다는 메시지(5-6절)

"요나가 성읍에서 나가서 그 성읍 동쪽에 앉아 거기서 자기를 위하여 초막을 짓고 그 성읍에 무슨 일이 일어나는가를 보려고 그 그늘 아래에 앉았더라 하나님 여호와께서 박넝쿨을 예비하사 요나를 가리게 하셨으니 이는 그의 머리를 위하여 그늘이 지게 하며 그의 괴로움을 면하게 하려 하심이었더라 요나가 박넝쿨로 말미암아 크게 기뻐하였더니."

요나서의 특징

구약성경의 요나서는 내용에 있어서도 몇 가지 특징이 있습니다. 첫째, 이방인을 용서하기 위하여 선지자를 보내어 회개를 요청하시는 하나님, 둘째, 하나님의 뜻을 거역하며 도망치는 비정상적인 선지자의 모습, 셋째, 그런 선지자를 열심히 설득하시는 하나님, 넷째, 물고기 뱃속에서 부른 감사의 시편(기도) 등으로 구성됩니다.

그렇다면 요나서의 궁극적인 메시지는 무엇일까요? 하나님이 이방에 베푸시는 자비라기보다는 그런 하나님을 이해하지 못하는 이스라엘을 교훈하시는 성격이 강합니다. 즉, 크신 하나님을 이해하지 못하는 폐쇄적인 기독교인을 깨우는 말씀이라고 볼 수 있습니다.

오늘 본문을 보면 요나가 심하게 토라졌습니다. 1절을 보십시오. "요나가 매우 싫어하고 성내며"라고 했습니다. 왜 이렇게 토라졌을까요? 요나가 지금 성내고 토라질 상황이 아닙니다. 그가 토라진 이유가 전혀 합당하지 않다는 데 문제가 있습니다. 하나님 입장에서는 요나가 화를 내는 것을 도저히 용납할 수 없는 상황입니다. 그런데도 요나는 큰소리치며 화를 냅니다. 심지어 3절에 보면 "여호와여 원하건대 이제 내 생명을 거두어 가소서 사는 것보다 죽는 것이 내게 나음이니이다"라고 큰소리를 칩니다. 왜 그럴까요?

첫째, 예언대로 이루어지지 않았기 때문입니다(5절). 한마디로 자기 체면을 구겼다는 것입니다. 요나는 하나님이 전하라고 하신 대로 니느웨에 가서 외쳤습니다. 그러나 사실 자발적으로 간 것은 아닙니다. 물고기 뱃속에서 죽을 수밖에 없는 상황 속에 회개는 했으니 마지못해 간 것입니다. 어떻든 그는 니느웨로 가서 외쳤습니다. "40일이 지나면 무너지리라."

그런데 뜻밖에도 니느웨 사람들이 그 외침을 듣고 대대적으로 회개합니다. 심지어는 왕도 왕복을 벗고 잿더미 위에 앉았습니다. 백성들에게 조서를 내려서 전국적으로 모든 백성과 짐승들도 회개운동에 동참시킵니다. 그러니 하나님이 뜻을 돌이키실 수밖에 없는 것입니다. 그렇다면 요나는 하나님 앞에 감사해야 합니다. 자기같이 못난 사람을 들어 사용하신 것을 찬양해야 할 것입니다.

그런데 오늘 본문의 요나는 정반대 모습입니다. 매우 싫어하고 성을 냅니다. 거기서 그치는 것이 아니라 "이제 내 생명을 거두어 가소서"라고까지 합니다. 왜일까요? 자기 체면이 구겨졌다는 것입니다. 하나님이 약속을 어기셨다는 것입니다. 그는 하나님의 종인 선지자라는 직분을 가지고 외쳤는데 그 체면이 구겨진 것입니다. 그래서 화가 났습니다. 안 가겠다는 사람을 억지로 떠밀어서 어쩔 수 없이 가서 외쳤는데, 하나님이 자기가 외친 대로 이루어 주지 않으셨다는 것입니다. 그러니 죽고 싶다고 떼를 쓰는 것입니다.

한마디로 요나는 다른 사람의 영혼보다는 자기 체면을 더 중시하는 사람입니다. 다른 사람이야 죽든 말든 상관없습니다. 그에게는 자기 명예, 자기 체면이 더 중요했습니다. 우리 중에도 그런 성도가 있습니다. 남이야 예수를 믿든 말든 나는 체면 구기는 전도는 못하겠다는 것입니다. 그래서 전도를 못합니다. 어쩌다 한번 전도하다가 욕을 한번 얻어먹으면 씩씩거리며 화를 냅니다.

그러나 내가 욕을 먹을지라도, 내 체면과 자존심이 구겨질지라도, 영혼이 구원을 받는다면 그것으로 감사하고 기뻐할 수 있어야 합니다. 하나님의 일에는 자존심과 체면을 내버려야 합니다. 교회 와서는 세상 직분과 배경도 다 내려놓아야 합니다. 만약 그런 것을 가지고 그대로 교회 안에 들어오면 그는 절대로 하나님의 은혜를 맛볼 수가 없습니다.

둘째, 하나님이 뜻을 돌이키신 것 때문이었습니다(2절). 하나님의 용서가 맘에 안 든다는 것입니다. 하나님은 불의를 심판하시고 공의를 기뻐하시는 하나님이라고 생각했습니다. 그런데 왜 불의한 니느웨 사람들을 심판하지 않느냐는 것입니다. 마땅히 심판받을 놈들을 왜 용서하시느냐는 것입니다.

그러나 요나는 이것을 몰랐습니다. 하나님은 불의한 자를 심판하시는 공의의 하나님이시기도 하지만 반면에 죄를 회개한 자를 한없는 사랑으로 용서하시는 사랑의 하나님이십니다. 하나님에게는 사랑과 공의가 공존합니다. 어떤 분은 "구약의 하나님은 공의의 하나님이고, 신약의 하나님은 사랑의 하나님이다"라고 하지만 그것은 잘못 본 것입니다. 하나님은 구약에서도 사랑의 하나님이자 공의의 하나님이시고, 신약에서도 사랑의 하나님이자 공의의 하나님이십니다. 만약에 하나님에게 공의만 존재한다면 우리는 오늘 이 자리에 아무도 있을 수 없었을 것입니다. 또한 하나님이 사랑의 하나님이시기만 하다면 그 사랑은 아무런 의미가 없었을 것입니다.

십자가는 하나님의 공의와 사랑이 만난 곳입니다. 죄를 향해 무서운 심판을 행하시는 하나님의 공의, 또한 독생자를 버리시면서까지 죄인을 용서하고 사랑하시는 하나님의 사랑이 십자가에 있습니다. 그 공의와 사랑이 여러분에게도 임해 있음을 믿으시기를 축원합니다.

요나는 이 사랑의 하나님을 몰랐습니다. 그러니 하나님을 향해 감히 성을 내는 어린아이 같은 짓을 하는 것입니다. 만약에 하나님이 공의의 성품만 가지셨다면 요나는 벌써 바닷속에 수장되었을 것입니다. 아니, 바다까지 갈 것도 없습니다. 도망치려고 일어서는 그 순간 능지처참되었을 것입니다. 그것도 모르고 하나님의 공의만을 주장하며 화를 내고 난리를 치는 것입니다.

강 건너 불구경

본문 5절 말씀을 보면 "요나가 성읍에서 나가서 그 성읍 동쪽에 앉아 거기서 자기를 위하여 초막을 짓고 그 성읍에 무슨 일이 일어나는가를 보려고 그 그늘 아래에 앉았더라"라고 기록되어 있습니다. 세상에서 제일 재미있는 구경은 싸움구경, 불구경이라고 합니다. 요나는 하나님이 뜻을 돌이키신 것에 대해 심히 불평하였습니다. 그리고 자기의 성냄을 꾸짖으시는 하나님의 음성도 외면하였습니다. 그는 니느웨를 완전히 떠난 것도 아니고 그 성안에 머물지도 않았습니다. 그가 한 일은 성 밖에서 그 성이 어떻게 되나 구경하는 것입니다.

요나가 그렇게 행동한 이유는 하나님께 거세게 항의를 했으니 아마도 하나님이 자기의 시위를 받아 주시고 그 성을 다시 심판하실 것이라고 생각하고 그 모습을 보고자 했던 것 같습니다. 분명한 것은 싸움구경이든 불구경이든 구경꾼의 자세는 부도덕하다는 것입니다. 하나님은 구경하는 것을 기뻐하지 않으십니다. 다음의 구절들을 보십시오.

"그 사람들이 그들을 밖으로 이끌어 낸 후에 이르되 도망하여 생명을 보존하라 돌아보거나 들에 머물지 말고 산으로 도망하여 멸망함을 면하라"(창 19:17).
"롯의 아내는 뒤를 돌아보았으므로 소금 기둥이 되었더라"(창 19:26).
"예수께서 이르시되 손에 쟁기를 잡고 뒤를 돌아보는 자는 하나님의 나라에 합당하지 아니하니라 하시니라"(눅 9:62).

이 말씀의 뜻은 무엇일까요? 지금이 구경할 때입니까? 분명히 성경은 구경할 때 곧 심판의 날이 있다고 선언합니다. 그러나 그때는 인간이 알 수 없습니다. 하나님의 주권에 속해 있습니다. 지금은 구경의 때가 아니라 은혜 받을 때입니다. 고린도후서 6장 2절에 "이르시되 내가 은혜 베풀 때에 너에게 듣고 구원의 날에 너를 도왔다 하셨으니 보라 지금은 은혜 받을 만한 때요 보라 지금은 구원의 날이로다"라고 하였습니다. 지금은 구경할 때가 아니라 씨를 뿌릴 때입니다. 그리고 추수할 때입니다.

"눈물을 흘리며 씨를 뿌리는 자는 기쁨으로 거두리로다"(시 126:5). "너희는 넉 달이 지나야 추수할 때가 이르겠다 하지 아니하느냐 그러나 나는 너희에게 이르노니 너희 눈을 들어 밭을 보라 희어져 추수하게 되었도다"(요 4:35).

설득하시는 하나님

본문에서 우리는 하나님의 인자하심을 보게 됩니다. 하나님은 너무도 철이 없고 앞뒤가 꽉 막힌 요나를 포기하지 않으십니다. 그리고 오히려 인내하고 설득하며 깨닫게 하시는 모습을 보여주십니다. 마치 아버지가 철모르는 어린 자식을 설득하고 자상하게 설명하는 것 같습니다.

하나님의 설득 장면을 자세히 보면 먼저 요나가 성내는 것이 부당함을 설명하십니다. 4절에 "여호와께서 이르시되 네가 성내는 것이 옳으냐 하시니라", 9절에도 "하나님이 요나에게 이르시되 네가 이 박넝쿨로 말미암아 성내는 것이 어찌 옳으냐" 하십니다. 두 번씩 부당함을 지적하십니다.

요나는 니느웨가 어떻게 되는지 니느웨 동편 언덕에 올라가 내려다보고 있었습니다. 그때 하나님은 요나의 초막에 박넝쿨을 준비하셔서 그늘이 지게 하십니다. 요나가 넝쿨의 그늘을 즐겁게 하신 후 벌레를 통해 넝쿨을 갉아먹게 하십니다. 또 뜨거운 동풍을 불게 하여 그 넝쿨을 말리십니다. 그러자 요나가 성질을 냅니다. 그때 하나님이 "네가 성냄이 어찌 합당하냐" 하며 요나의 성내는 것의 부당함을 이해시키십니다.

요나는 박넝쿨을 위하여 아무것도 한 것이 없습니다. 심는 수고도 하지 않았고 배양도 안 했고, 물 한 방울 주지도 않았습니다. 오직 하나님이 준비하셨고, 하나님이 기적적으로 하룻밤에 속성으로 자라게 하셨습니다. 그러므로 요나가 성질을 내는 것은 어느 모로 보나 합당하지 않습니다. 그런데도 요나는 화를 내고 하나님께 대듭니다.

가만히 살펴보면 요나가 성을 낸 기준은 자기 기분입니다. 자기 주관적 기분에 맞으면 옳고, 기분에 안 맞으면 스트레스를 받아 성질을 부리는 것입니다. 그러나 그런 것은 하나님이 기뻐하지 않으십니다. 우리의 성냄은 자기 기분에 좌우되지 않고 하나님 중심적인 기준을 가져야만 하나님 앞에 합당합니다.

어느 목사님이 경험한 이야기입니다. 어느 날 전철을 타고 가고 있었는데, 그 칸에 어떤 엄마가 세 살 정도 된 어린아이를 데리고 탔습니다. 그런데 이 아이는 뭐가 맘에 안 드는지 계속 칭얼대며 엄마를 힘들게 합니다. 엄마가 승객들에게 미안하니 그만하라고 야단을 칩니다. 그러자 이 아이가 난폭하게 변합니다. 씩씩거리며 자기 엄마를 때리고 머리카락을 잡아당깁니다. 목사님은 옆에서 도저히 그냥 보고 있을 수가 없어서 야단을 쳤습니다. "떼끼 이놈, 아저씨가 침 준다" 했더니 목사님을 향해 "이~씨" 하고 손을 들고 덤벼듭니다. 어이가 없었습니다. 엄마가 야단을 치니 더 난리를 치고 자기 엄마한테 욕설을 합니다. 결국 그 엄마는 창피해서인지 몇 정거장 못 가서 아이를 데리고 내렸습니다.

그 목사님은 거기서 아이 엄마를 보면서 생각을 많이 했답니다. '왜 아이를 저렇게 기를까?' 하는 생각도 했습니다. 그러다가 한편으로는 '엄마니까 그럴 수 있다'고 생각했습니다. 엄마는 자식이 아무리 못되었어도 다 받아줍니다. 도저히 용납이 안 되는 짓도 용납합니다. 그게 엄마입니다. 그러면서 '나도 어릴 적에 저렇게 컸겠구나!' 하고 생각했습니다. 어린아이가 가정교육에 문제가 있어서 그럴 수도 있으나 엄마의 사랑이 모든 것을 받아주기에 그 아이가 그럴 수 있었을 것입니다. 부모가 가진 사랑의 속성 중 가장 위대한 것은, 커다란 기대 속에서 모든 것을 용납하고 그리고 한없는 사랑으로 용서하고 인내하는 것입니다.

우리 하나님 아버지도 그렇습니다. 하나님의 속성 중 가장 위대한 속성은 '사랑'이고, 그 사랑의 실천으로 '용서와 용납'을 해주시는 것입니다. 성경을 읽다 보면 도저히 용납할 수 없는 인물들이 상당합니다. 도저히 있을 수 없는 짓을 합니다. 그런데도 하나님은 이상하리만큼 용납하십니다. 하나님의 그 위대한 사랑이 구약성경 호세아에 나타납니다.

호세아서는 하나님이 이스라엘 백성을 얼마나 사랑하시는지를 보여주는 성경입니다. 호세아의 부인이 집을 나가 다른 사람의 아이를 임신해서 들어옵니다. 그래도 받아들입니다. 이것은 하나님이 이스라엘을 사랑하시는 것을 상징합니다. 하나님은 한도 끝도 없이 용서하시고 받아주십니다. 하나님의 사랑은 다윗 왕을 용서하시는 장면에서도 볼 수 있고, 사기꾼인 야곱을 축복하시는 장면에서도 볼 수 있습니다. 탕자의 비유에서 둘째 아들을 받아들이는 장면과 첫째 아들을 설득하는 장면에서도 볼 수 있습니다.

본문의 요나는 철없는 어린아이 같습니다. 그럼에도 불구하고 하나님은 그를 버리거나 포기하지 않으십니다. 오히려 그를 변화시켜 하나님의 종으로 사용하시려고 열심을 내십니다. 요나서를 보면 하나님은 요나 한 사람을 변화시키기 위해 여러 가지를 준비하여 일하십니다. 1장에서는 大風(대풍)을 준비하시고, 2장에서는 大魚(대어)를 준비하시고, 3장에서는 大城(대성)을 준비하십니다. 그리고 4장에서는 大草(대초), 즉 큰 박넝쿨도 준비하십니다. 그 외에도 벌레도 준비하시고 동풍의 뜨거운 바람도 불게 하십니다. 요나 한 사람을 변화시키기 위해 열심히 일하시는 모습을 볼 수 있습니다.

목적이 뭡니까? 요나가 하나님이 쓰시는 사람이 되게 하기 위해서입니다. 하나님은 이렇게 못난이 요나를 쉽게 버리지 않고 열심을 가지고 만들어 가십니다. 아브라함도 만들어 가시고, 요셉도 만들어 가시고, 모세도 하나님의 사람으로 만들어 쓰셨습니다.

여기에 우리의 소망이 있습니다. 여러분, 나는 부족하여 쓰임 받을 수 없다고 느낍니까? 그렇다면 성경에 나오는 하나님이 들어 쓰신 사람들을 한번 보십시오. 노아는 술 취한 사람이었습니다. 술을 먹고 옷을 벗어 자식이 죄를 지을 원인을 제공했습니다. 아브라함은 아내를 동생이라고 거짓말했습니다. 야곱 역시 거짓말쟁이였고, 레아의 외모는 별로였습니다. 또 요셉은 형들에게 버림받은 외톨이였고, 모세는 말을 잘 못하는 사람이었습니다. 삼손은 긴 머리에 바람둥이였습니다. 라합은 기생이었습니다. 가장 위대한 사람이었던 다윗은 간음자요 살인자였습니다. 솔로몬은 남에게 빼앗은 부인에게서 낳은 자식이었습니다.

신약에서도 상황은 나아지지 않습니다. 베드로는 그리스도를 부인하였고, 세례 요한은 감옥에서 목 베임을 당해 죽었습니다. 디모데는 너무 어렸고, 막달라 마리아는 귀신이 들렸던 사람입니다. 그리고 사도 바울은 교회를 대적하던 자였습니다.

그들은 모두 흠투성이 사람들이었습니다. 하나님은 그런 사람들을 변화시켜 쓰셨습니다. 하나님의 열심은 아무도 당할 자가 없습니다. 나는 안 된다, 나는 못한다고요? 하나님이 하십니다. 어쩌면 약하기 때문에 쓰일 수 있는 것입니다. 나는 할 수 없다고 믿기에 하나님은 그런 자를 더 열심히 만들어 쓰시는 것일지 모릅니다. 하나님은 만들어 쓰십니다. 이것이 하나님의 방법입니다.

하나님께선 요나를 지켜보고 계셨습니다. 당신의 일거수일투족도 지금 지켜보고 계십니다. 요나를 포기하지 아니하시는 하나님은 당신도 절대로 포기하지 않으십니다. 불순종의 길을 걸어가도록 내버려 두지 않으십니다. 의미 없는 삶을 살아가도록 내버려 두지 않으십니다. 기억하십시오. 하나님은 당신의 자녀를 포기하지 않으십니다. 이것이 자녀들을 향한 아버지 마음입니다.

2. 하나님의 주권을 인정하라 (7-9절)

"하나님이 벌레를 예비하사 이튿날 새벽에 그 박넝쿨을 갉아먹게 하시매 시드니라 해가 뜰 때에 하나님이 뜨거운 동풍을 예비하셨고 해는 요나의 머리에 쪼이매 요나가 혼미하여 스스로 죽기를 구하여 이르되 사는 것보다 죽는 것이 내게 나으니이다 하니라 하나님이 요나에게 이르시되 네가 이 박넝쿨로 말미암아 성내는 것이 어찌 옳으냐 하시니 그가 대답하되 내가 성내어 죽기까지 할지라도 옳으이이다 하니라."

요나와 박넝쿨

하나님이 니느웨를 용서하시자 요나는 화가 났습니다. 그는 하나님이 정말 니느웨 백성을 용서하시는지 확인하기 위해 뙤약볕 아래 앉아 니느웨 성을 지켜보았습니다. 초막을 지었지만, 너무 엉성하여 뙤약볕을 피할 수는 없었습니다. 바로 그때 하나님은 요나에게 작은 선물을 하나 주십니다. 바로 박넝쿨입니다. 요나의 머리가 뙤약볕에 상하지 않도록 그늘을 만들어 주신 것입니다.

본문 6절에 "…그의 괴로움을 면하게 하려 하심이었더라 요나가 박넝쿨로 말미암아 크게 기뻐하였더니"라고 기록합니다.

하나님의 작은 선물에 요나는 기뻤습니다. '하나님이 내 마음을 헤아리고 계시는구나. 나를 지켜보고 계시는구나' 하는 안도감이었을 것입니다.

그런데 아침에 일어나니 밤새 벌레가 박넝쿨을 갉아먹어 박넝쿨이 시들었습니다. 그것을 보니 요나는 다시 화가 났습니다.

"해가 뜰 때에 하나님이 뜨거운 동풍을 예비하셨고 해는 요나의 머리에 쪼이매 요나가 혼미하여 스스로 죽기를 구하여 이르되 사는 것보다 죽는 것이 내게 나으니이다 하니라"(8절).

하나님은 요나가 있는 곳에 뜨거운 동풍을 불게 하셨고, 요나는 화가 잔뜩 나서 불평과 원망의 소리를 하나님을 향해서 터뜨렸습니다.

"아니, 하나님! 제가 이런 소소한 기쁨을 누리는 것도 못 봐 주시는 거예요? 너무하신 것 아니에요? 제가 이 정도의 복도 누릴 수가 없나요? 사랑의 하나님, 은혜의 하나님이시면서 제가 위로받고 있는 이 박넝쿨을 시들게 하십니까? 차라리 제가 죽도록 내버려 두세요. 사는 것보다 죽는 것이 더 낫겠습니다!"

그때 하나님은 요나의 화난 목소리를 들으시고는 "네가 화를 내는 것이 옳으냐?" 하고 물으셨습니다. 그것은 질책이나 야단이 아니었습니다. 따뜻하고 다정한 물음이었습니다. 요나는 무엇이라고 대답했습니까?

"하나님이 요나에게 이르시되 네가 이 박넝쿨로 말미암아 성내는 것이 어찌 옳으냐 하시니 그가 대답하되 내가 성내어 죽기까지 할지라도 옳으니이다 하니라"(9절).

굉장한 말이 아닙니까? 겨우 박넝쿨 때문에 화내는 것이 옳다는 것입니다. 이런 요나의 모습은 그가 영적 침체에 빠진 것처럼 보이게 합니다. 영적 침체와 영적 분노는 자기 연민, 자기 모멸을 동반합니다. 하나님의 이해를 받지 못한다는 생각이 요나를 괴롭혔습니다. 영적 침체를 경험하는 사람은 본래 열정이 있는 사람입니다. 뜨겁게 불타는 비전을 가졌던 사람들이 목표를 잃어버렸을 때 영적 침체에 빠지고, 영적 분노를 경험하게 됩니다. 뜨겁지도 않고 차갑지도 않고, '하나님이 도우시면 감사하고 안 도우시면 내가 하면 되지' 하는 마음을 가진 사람은 영적 침체나 영적 분노를 경험하는 일이 별로 없습니다.

요나는 열정을 가진 사람이었습니다. 하나님이 주신 비전을 확인하고 이스라엘을 향한 사명감이 강했던 그는 자신의 생각대로 일이 이루어지지 않자 무기력과 절망 속에서 신음하게 된 것입니다.

세상 사람들이 나를 안 알아주면 기분이 나쁩니다. 그런데 그들은 나와 밀접한 관계를 가진 것은 아니어서 기분은 나빠도 살아가는 데 크게 지장은 없습니다. 그러나 가족이나 친구처럼 내가 사랑하고 나를 잘 아는 사람이 나를 안 알아주면 화가 치밀 뿐만 아니라 절망하게 됩니다. 그런데 이 또한 참을 수는 있습니다. 사람이 사람의 마음을 다 헤아릴 수는 없는 것이니 알아주지 못할 수도 있다고 생각할 수 있습니다.

그런데 믿음의 사람들에게 도저히 빠져나올 수 없는 괴로움이 있습니다. 바로 하나님이 나를 외면하시는 것처럼 느껴질 때의 괴로움입니다. 하나님의 침묵과 부재를 느낄 때, 우리는 영적 침체와 영적 분노에 빠지게 됩니다.

영적인 지도자들에게 이런 경우가 많았습니다. 모세도, 450명의 바알 선지자들을 물리쳤던 용맹한 선지자 엘리야도 영적인 침체에 빠진 적이 있었습니다. 욥은 어느 날 모든 것을 잃어버렸습니다. 재산을 잃고, 사랑하는 자녀들까지 모두 잃어버렸습니다. 몸에는 종기가 나서 괴로웠습니다. 그 모습을 보던 아내는 "당신을 이렇게 만든 하나님을 저주하고 죽어라"라고 말하며 떠났습니다. 욥은 그 모든 것을 참을 수 있었습니다. 욥이 견딜 수 없는 것은 다른 것이었습니다. 바로 하나님이 사라지신 것이었습니다. 하나님이 침묵하시고, 자신을 외면하시는 것을 견딜 수가 없었습니다. 그래서 그는 끊임없는 물음을 하나님 앞에 토해 냈습니다. 이것이 욥기의 이야기입니다.

하나님은 박넝쿨을 통해 요나가 깨닫기를 바라셨습니다. 하나님은 마지막 순간에 요나의 마음을 움직이시려고 합니다. 하나님의 생각과 요나의 생각이 그리 다르지 않음을 알려 주시며 요나를 설득하십니다.

"여호와께서 이르시되 네가 수고도 아니하였고 재배도 아니하였고 하룻밤에 났다가 하룻밤에 말라 버린 이 박넝쿨을 아꼈거든"(10절).

"이 박넝쿨이 자라는 데 네가 수고한 것이 없지 않으냐? 그저 하룻밤에 났다가 하룻밤에 시든 박넝쿨인데도 좋아하고 아끼지 않았느냐?" 박넝쿨을 통해서 하나님이 요나에게 가르치시려는 교훈은 명백합니다. 바로 하나님의 주권을 말씀하시려는 것입니다. 한 나라를 심판하고 구원하는 것은 요나의 일이 아닙니다. 그것은 전적으로 하나님의 일입니다. 하나님의 주권입니다. 하나님의 주권을 인정하지 못하면 신앙인은 수많은 시험과 불필요한 분노에 휩싸이게 됩니다. 하나님의 주권 사상은 성경의 뼈대와 같습니다. 바로 하나님의 주권 사상을 표현한 말씀이 '토기장이 비유'입니다.

토기장이의 교훈

아재 개그에 속하는 퀴즈입니다. '엿장수가 하루에 가위질을 몇 번 할까요?'라는 질문입니다. 그 답은 '엿장수 마음대로'입니다.

예레미야 18장에는 하나님께서 예레미야 선지자를 토기장이의 집으로 보내어 그곳에서 교훈을 주시는 내용이 기록되어 있습니다. 하나님께서는 예레미야에게 일어나서 토기장이의 집으로 내려가라고 하셨습니다. 하나님의 말씀을 들은 예레미야는 즉시 그 말씀에 순종하여 토기장이의 집에 갔습니다. 토기장이의 집에 간 예레미야는 그 집에서 토기장이가 진흙이 자신의 생각대로 빚어지지 않자 그것을 파상하여 새로운 그릇을 만드는 것을 보았습니다. 하나님께서는 이러한 모습을 통해 예레미야를 깨우쳐 주려고 하셨습니다.

토기장이가 그릇을 빚는 것을 바라보던 예레미야에게 하나님의 말씀이 임하였습니다. 그릇을 자기 임의대로 파상하고 새로 만드는 토기장이처럼 이스라엘 자손이 하나님의 손에 있다는 것입니다. 이것은 예레미야가 유다 백성들에게 외쳐야 할 말씀으로, 유다의 운명은 하나님의 손에 달려 있음을 가리킵니다. 우리는 모든 것을 하나님께 받았으므로(고전 4:7) 모든 것의 주인 되시는 하나님께 대한 의무가 있습니다. 특별히 우리의 생활 속에서 하나님의 주권을 인정하는 삶을 살아야 합니다.

왜 하나님께서는 예레미야 선지자를 토기장이의 집으로 데려가셨습니까? 그것은 바로 하나님의 주권에 대하여 설명하기 위해서였습니다. 진흙이 토기장이의 손에 있는 것처럼 우리는 하나님의 손에 붙들린 자들이라는 겁니다. 그래서 하나님 손에서 하나님의 뜻대로 빚어지기를 소원할 때 우리는 진정 행복하고, 우리는 그 안에서 참된 자유를 누릴 수 있습니다. 창세기 2장 7절에 하나님께서 흙으로 사람을 자기 형상대로 만드시고, 생기를 코에 불어넣으셨다고 말씀하였습니다. 우리는 진흙 덩어리와 같은 존재입니다. 그래서 창조주 되시는 우리 하나님께서 토기를 빚으시듯이 우리를 빚어 나가신다는 사실을 우리는 인정하고 수용해야 합니다.

이사야 선지자와 사도 바울도 토기장이 비유를 말했습니다.

> "그러나 여호와여, 이제 주는 우리 아버지시니이다 우리는 진흙이요 주는 토기장이시니 우리는 다 주의 손으로 지으신 것이니이다"(사 64:8).

창조주 되시는 하나님, 그리고 우리를 주관해 나가시는 하나님의 주권을 인정하고 있습니다. 그리고 로마서 9장 20절에 "이 사람아 네가 누구이기에 감히 하나님께 반문하느냐 지음을 받은 물건이 지은 자에게 어찌 나를 이같이 만들었느냐 말하겠느냐"라고 하면서, 사도 바울은 토기장이의 비유를 통해서 우리 한 사람 한 사람이 하나님 앞에 겸손한 자세로 서야 함을 말하고 있습니다.

그러나 우리 인간은 하나님의 주권을 인정하기를 싫어합니다. 왜 그렇습니까? 우리 인간의 마음속에 죄가 자리를 잡고 있기 때문입니다. 우리의 마음은 교만으로 덮여 있습니다. 교만한 자는 그 마음에 이르기를 하나님이 없다고 한다고 시편 기자가 말합니다. 이처럼 오늘 우리 현대인들은 과학 만능주의에 사로잡혀 있습니다. 과학을 우상처럼 떠받들고 있습니다. 그러다 보니까 그 마음에 하나님을 제대로 인정하지 않으려고 하고, 하나님의 주권도 인정하지 않으려는 방자함이 서려 있는 것입니다.

사람이 이 세상을 살아가면서 하나님의 주권을 인정하지 않으려는 데서부터 불행이 시작됩니다. 하나님의 주권을 인정하지 않는 사람은 그 마음에서 평안도 기쁨도 감사도 없어집니다. 늘 불평과 불만이 그의 마음에 가득하여 하나님을 바라보면서 불평하고 원망합니다. '나는 가난한 집에 태어나서 고생하는데, 왜 저 사람은 나보다 못났으면서도 부모를 잘 만나 떵떵거리며 살까?' 하면서 자기를 불행의 주인공으로 인식합니다.

그러나 만들어진 그릇이 토기장이에 대해서 불평을 늘어놓아서는 안 되듯이 우리 신앙인들은 우리를 빚으신 하나님께 불평하는 것이 아니라 오히려 하나님의 뜻을 헤아리는 영적인 지혜가 필요하다고 성경이 말씀하고 있습니다. 하나님의 주권을 인정할 때 우리는 하나님께 감사하게 되고, 긍정적으로 반응하며 우리 인생을 살아갈 수 있을 것입니다.

3. 무엇이 중요한가?(10-11절)

"여호와께서 이르시되 네가 수고도 아니하였고 재배도 아니하였고 하룻밤에 났다가 하룻밤에 말라 버린 이 박넝쿨을 아꼈거든 하물며 이 큰 성읍 니느웨에는 좌우를 분변하지 못하는 자가 십이만여 명이요 가축도 많이 있나니 내가 어찌 아끼지 아니하겠느냐 하시니라."

회개를 기뻐하지 아니한 요나

기원전 8세기 여로보암 2세 중엽에 활동하던 요나 선지자는 앗수르의 수도 니느웨가 회개한 것을 보고 견딜 수 없었습니다. 자기는 니느웨가 심판받기를 바라고 외쳤지만 니느웨 사람들이 깨닫고 모두 회개했기 때문입니다. 요나가 성내는 데는 나름대로 이유가 있었습니다.

첫째, 배타적인 민족주의, 선민의식 때문입니다. 요나의 하나님에 대한 이해는 옳았습니다. 흠잡을 데 없었습니다. 본문 2절을 보십시오.

"…주께서는 은혜로우시며 자비로우시며 노하기를 더디 하시며 인애가 크시사 뜻을 돌이켜 재앙을 내리지 아니하시는 하나님이신 줄을 내가 알았음이니이다."

이는 교과서적으로 균형 잡힌 하나님 이해입니다. 정통 신학의 신론입니다. 그런데 요나의 문제는 무엇입니까? 우리도 얼마든지 정통 신학을 가질 수 있고 바른 성경 교리를 수호할 수 있습니다. 그러나 문제는 죽은 정통입니다. "죽은 정통은 이단보다 무섭다"는 교회사의 위대한 경구를 새기지 않을 수 없습니다. 우리가 성경을 아무리 많이 읽고 공부하고 또 신학을 공부하고 성경 구절들을 암송할지라도 생명이 없으면, 하나님의 마음을 헤아리지 못하면 아무 소용이 없습니다. 하나님의 마음을 헤아리지 못하는 신학박사가 아니라, 하나님의 마음을 헤아리는 작은 자 한 사람이 필요합니다. 요나가 하나님에 대한 정통 신학의 입장을 가지고 있었음에도 불구하고 정반대의 반응을 보였던 것은 바로 요나의 고질적인 문제인 민족 이기주의 때문이었습니다.

우리는 요나를 너무 쉽게 비판합니다만, 당시의 배경을 살펴보면 요나의 마음도 이해가 갑니다. 니느웨는 옛 앗수르의 수도입니다. 앗수르는 대단히 잔인한 나라였습니다. 한 나라 한 도시에 쳐들어가면 모든 사람, 모든 문화, 모든 재산을 불살라 버렸습니다. 포로들을 끌고 가는데 그냥 잡아가는 것이 아니라 코에다 구멍을 뚫고 끈으로 묶어 끈 하나만 당기면 전부 다 끌려오도록 해서 도시를 지나갑니다. 그 모습을 보고 다음 마을은 아예 항거할 엄두도 내지 못하게 했습니다. 반항하는 사람이 있으면 사막 모래 바닥에 묻어 콧구멍만 밖으로 내밀게 하고 햇볕에 말려 죽였습니다. 그래서 앗수르가 쳐들어온다고 하면 자살하는 젊은이들이 많았다고 합니다.

요나는 이 장면을 여러 마을에서 목격했습니다. 소문을 들었습니다. 앗수르 '앗'자만 들어도 '악' 하고 괴성이 나왔습니다. '이런 잔인한 민족은 망해도 싸다. 반드시 망해야 한다'고 생각했습니다. 그런데 하나님께서는 요나에게 그 끔찍한 니느웨 성을 향하여 하나님의 사랑을 전하라는 겁니다.

많이 좋아지긴 했습니다만 요나의 앗수르에 대한 감정만큼이나 우리에게도 나쁜 감정을 지우기 어려운, 멀고도 가까운 한 나라가 있습니다. 프로 권투가 한창 인기가 있을 때 일본 선수하고 붙으면 온 국민이 텔레비전 앞에 몰려들어 응원을 했습니다. 축구를 해도 이 나라와 붙으면 공은 못 차도 그 사람들을 짓밟고 싶습니다. 해마다 태풍이 불어오는데 태풍이 한반도를 향해 돌진해 오다가 일본으로 방향을 돌렸다고 하면 말은 하지 않지만 괜히 입이 찢어집니다. 언젠가 지진이 일어나 고베에 있는 전쟁범을 모신 신사가 땅속에 거의 파묻혔다는 소식이 전해졌을 땐 오장이 다 시원해졌습니다. 우리 예수 믿는 사람만은 정말 그래서는 안 되는데, 이제 저들도 사랑하고 불쌍히 여길 줄 알아야 하는데 말입니다.

일본에 대한 우리의 감정과 비할 바가 못 되는 것이 요나의 앗수르 니느웨에 대한 감정이었습니다. 그런데 하나님은 그런 징글징글한 니느웨를 아끼신다는 겁니다. 그것이 아버지의 마음이라는 겁니다.

둘째, 유한한 것과 무한한 것의 혼동 때문입니다.

"하나님 여호와께서 박넝쿨을 예비하사 요나를 가리게 하셨으니 이는 그의 머리를 위하여 그늘이 지게 하며 그의 괴로움을 면하게 하려 하심이었더라 요나가 박넝쿨로 말미암아 크게 기뻐하였더니"(6절).

박넝쿨이 무엇인지 비유적인 측면에서 살펴보고자 합니다. 6절을 보면 요나가 이 박넝쿨을 보고 심히 기뻐했다고 했습니다. 나무 그늘 아래에 가면 얼마나 좋습니까? 막힌 가슴이 확 트이는 것 같습니다. 더군다나 뜨거운 사막에서 박넝쿨의 그늘이 생겼으니 얼마나 기뻤겠습니까? 그런데 10절을 보면 하나님께서 "하룻밤에 났다가 하룻밤에 말라 버린 이 박넝쿨"이라고 하셨습니다.

세상의 모든 즐거움과 물건과 육체가 이 박넝쿨과 같습니다. 있다가 다 없어질 것들입니다. 그러나 사람들은 이것을 취하려고 사력을 다하며, 그것이 최고의 행복이요 전부인 것처럼 여깁니다. 그래서 물질, 명예, 권세, 쾌락을 붙잡으려고 좇아 달려갑니다. 인생의 목적이 세상의 것인 양 추구하고 있다는 말입니다. 심지어는 돈을 위해서 사람을 살해하고 친족을 살해하기까지 합니다.

하나님께서 박넝쿨 사건을 통해서 분명한 뜻을 밝히십니다. 그것은 '무엇이 중요한가?'에 대한 문제입니다. "뭣이 중헌디? 뭣이 중허냐고?" 영화 〈곡성〉에서 주인공 종구의 딸 효진의 대사가 한동안 한국 사회 일각에서 유행되었습니다. 우리가 붙들어야 할 것은 영화의 대사가 아니라 '정말 무엇이 중요한 것일까?'에 대해서 돌아보는 일입니다.

삶에 있어서 중요한 것은 무엇일까요? 그것은 결국 가치관의 문제라고 할 수 있습니다. 가치관이 뒤죽박죽되면 화낼 일에 침묵하고, 화내지 않을 일에 흥분하게 됩니다. 요나는 은혜를 많이 체험했습니다. 그런데 왜 다시 이렇게 수렁으로 미끄러져 내려가고 있는 것일까요?

모든 그리스도인의 비극은 그가 귀중히 여기는 가치와 하나님이 귀중히 여기시는 가치가 다르다는 데서 생깁니다. 자기가 소중히 여기는 것에 대한 이기적 열정은 하나님이 영혼을 향하여 가지고 계시는 긍휼을 쫓아냅니다. 요나가 귀중히 여긴 것은 박넝쿨이었고, 하나님이 귀중히 여기신 것은 12만에 달하는 니느웨 백성들이었습니다.

요나가 귀중히 여긴 모든 가치는 결국 박넝쿨에 불과한 것이었음을 하나님은 요나와 우리들에게 가르치고 계십니다. 그것은 하룻밤에 났다가 하룻밤에 망해 버리는 가치입니다. 이런 가치에 얼마나 목숨을 걸고 살아가고 있습니까? 우리 모두에게 박넝쿨은 자기의 가족, 자식, 아내를 향한 제한된 사랑이요, 자기 직업, 장래의 꿈, 중류적 삶을 향한 기대와 집착입니다.

지나가는 인간의 군상 앞에서 그들의 목적 없이 방황하는 모습을 봅니까? 예수님은 목자 없이 유리하는 팔레스타인의 민중들의 영혼들을 보시고 그 고통스러움으로 민망해하셨습니다. 찰스 피니는 어느 날 뉴욕의 맨해튼 거리를 걷다가 지나는 비즈니스맨들의 비참한 영혼의 상태를 보고 참을 수 없는 울음을 터뜨리며 꿇어앉았습니다. 그 영혼들을 어떻게 하실 것이냐고 하나님께 물으며 맨해튼 거리에서 울었습니다.

왜 우리에게는 보이지 않는 것일까요? 박넝쿨이 우리의 눈을 가리고 있기 때문에 우리는 하나님이 귀중히 여기시는 가치를 더 이상 볼 수가 없는 것입니다. 나의 박넝쿨이 무너져야 하나님의 영혼을 볼 수 있습니다. 당신이 박넝쿨을 스스로 내려놓을 수만 있다면 당신의 삶은 새로운 가치, 하나님의 가치를 보게 될 것입니다.

당신의 가슴에 도무지 용서가 안 되는 누군가가 있습니까? 저 인간은 구원받을 수 없을 거다, 아니, 절대로 구원받아서는 안 된다고 생각하는 사람이 있습니까? '저 사람은 지옥 제일 밑바닥에 예약된 사람'이라고 느끼는 사람이 있습니까? 기억하십시오. 하나님은 그들도 아끼십니다. 그들도 사랑하십니다. 내가 구원받은 것도 아버지 마음, 아버지 사랑 때문이었고, 아버지 사랑이 있다면 그들도 구원받을 것입니다. 더구나 당신이 품고 기도하는 가족들, 그리고 성도들을 하나님이 얼마나 아끼시겠습니까?

가치관의 혼란

현대인의 문제는 가치관의 혼란이라고 말할 수 있습니다. 무엇이 가치 있는 것인지를 모른다는 말입니다.

덴마크 철학자 키에르케고르는 이런 이야기를 했습니다. 그의 고향인 덴마크에 있는 큰 상점에 도둑이 침입했는데 이상한 것은 상점에서 어떤 것도 가져가지 않았답니다. 아침에 점원이 문을 열었을 때 모든 상품은 그대로 진열되어 있었습니다. 그런데 자세히 보니까 도둑이 그 상점의 모든 물건의 가격표를 뒤바꾸어 놓은 것입니다. 수천 달러 다이아몬드 목걸이에는 2달러의 가격표가 붙어 있었고, 수십 달러 가죽 신발에는 50센트의 가격표가 붙어 있었습니다. 그리고 불과 몇 센트에 불과한 연필의 가격은 75달러였고, 아기의 딸랑이 장난감에는 5천 달러의 가격표가 붙어 있었습니다. 도둑들은 어떤 것도 훔쳐가지 않았습니다. 그러나 도둑들은 가장 중요한 것을 훔쳐갔습니다. 그들은 상품의 본질적인 가치를 훔쳐간 것입니다.

이 이야기처럼 지금 이 세상은 가치관이 심히 혼란한 가운데 있습니다. 무엇이 가치 있고 무엇이 가치가 없는지 모르고, 일시적이고 무가치한 것을 위해 일생을 보내고 있다는 말입니다. 내가 가져야 할 마음은 하나님이 기뻐하실 때 나도 기뻐하고 하나님이 아파하실 때 나도 아파하는 마음입니다.

요나서를 읽다 보면 결론이 참 애매합니다. 요나서 마지막 구절 4장 11절은 "내가 어찌 아끼지 아니하겠느냐" 하는 물음으로 끝이 납니다. 제가 요나서를 기록했다면 요나의 응답을 한 구절이라도 더

붙였을 것입니다. "요나가 드디어 깨닫고 응답하니라. 아버지 마음을 이제야 알았나이다 아멘." 얼마나 멋있습니까? 그러나 요나서는 결론이 없습니다. 미완성 교향곡입니다. 바로 여기에 중요한 메시지가 있습니다. '요나서 마지막 절은 네가 기록하라'는 것입니다. 네가 어떻게 순종했는가를 가지고 아버지 앞으로 오라는 것입니다. 요나서가 기록된 이후 수천 년 동안 우리 모두는 마지막 절, 그리고 요나서 후편을 기록하는 삶을 살고 있는 것입니다.

이 마른 뼈들이 살아날 수 있겠느냐?

겔 37:1-10

김익두 목사의 신유 기도

　　한국 교회사 가운데 가장 신유의 역사를 많이 일으킨 부흥사 중 한 분이 김익두 목사(1874-1950)입니다. 그가 예수님을 믿기 전에는 유명한 건달이었습니다. 김익두의 주먹이 얼마나 셌는지 그에게 맞지 않은 사람이 없었고, 사람들은 그에게 돈을 뺏기기 일쑤였습니다. 오죽했으면 사람들이 서낭당 앞을 지나면서 "산신령님, 금년에는 제발 억두인지 익두인지를 만나지 않게 해주세요"라고 빌 정도였습니다.

　　그런 김익두가 27세 되던 1900년 봄, 황해도 안악마을을 지나가다가 소안론 선교사를 통해 복음을 접하였고, 이후 김익두는 절친한 박태환의 전도로 안악군에 있는 금산교회에 나가기 시작했습니다. 미국인 선교사 스왈렌(W. L. Swallen, 소안론)의 "영생"이라는 설교를 듣고 기독교에 입교했습니다. 그는 신약성서를 1년에 100번이나 독파하는 독실한 신앙인으로 점차 변화됐습니다. 1901년 7월에는 부인, 어머니와 함께 교회에서 스왈렌 선교사에게 세례를 받았습니다.

그는 1901년 10월 재령교회 전도를 위해 헌신하라는 스왈렌 선교사의 권유를 받고 순종함으로 전도사역에 첫걸음을 내디뎠습니다. 그곳에서 100명 넘는 사람들을 전도해 성도들을 놀라게 했습니다. 스승인 스왈렌 선교사로부터 실력과 신앙을 인정받은 김익두는 1903년 신천 지역 개척 전도사로 파송됐습니다. 신천에서도 매일 새벽기도를 드리며 신·구약 성경을 하루 2장씩 숙독하고, 하루 세 번 이상 가정예배를 드리면서 스스로 신앙의 원칙을 지켜 나갔습니다. 그는 성경을 늘 들고 다니며 틈나는 대로 읽었으며, 길을 걸을 때 하나님께 기도드리는 습관이 생길 정도였습니다.

김익두 목사는 1910년 평양신학교를 졸업하고, 1911년에는 염수동 교회에 모인 제4회 노회에서 목사 안수를 받은 후 신유 부흥회를 다니게 됐습니다. 1919년 현풍교회에서 집회를 인도하던 중 아래턱 기형 환자 박수진이 나았고, 중풍병자 김경애 및 30년간 종기로 고생하던 최석황도 집회 중 치료됐습니다. 이후 그가 인도하는 집회에는 수많은 사람들이 몰려들어 건물 안에 들어오지 못하고 교회당 밖에서 멍석을 깔고 집회에 참여할 정도였습니다.

승동교회에서 집회할 때는 당시 19세의 김재준이 은혜를 받고 목사가 됐으며, 1921년 웅천집회에 참여한 주기철도 은혜를 받고 목사가 되었고 훗날 순교의 종이 됐습니다. 그가 인도한 부흥집회는 만주와 시베리아에 이르기까지 776회, 설교는 28,000여 회, 그를 통해 신설된 교회는 150여 곳, 집회에 참여해 목사가 된 사람은 200여 명 정도로 추산됩니다. 1920-1930년대 한국 교회의 부흥은 단연 김익두 목사의 부흥회가 이끌었다고 할 수 있습니다.

그런 김익두 목사님에게는 유명한 일화가 있습니다. 그가 은혜 받고 한참 뜨겁던 시절에 있었던 일입니다. 기록으로 보면 아마도 1910년 어간에 있었던 일 같습니다.

김익두 목사님이 전도사 시절 심방을 다녀오다 길거리에서 구걸을 하고 있던 거지 앉은뱅이를 만났습니다. 날마다 성경을 읽고 있었고 금강산에 들어가 40일 금식기도도 하고 나온 터라 자신도 예수님의 제자들처럼 예수의 이름으로 앉은뱅이를 고쳐 봐야겠다고 생각을 했습니다. 그러나 그 순간 '만일 대로변에서 기도하다가 역사가 일어나지 않으면 어쩌지?' 하는 생각이 들었습니다. 그는 거지를 등에 업고 사람들이 없는 한적한 과수원 돌담 밑으로 데리고 가서 기도를 하였습니다.

"은과 금은 내게 없거니와 내게 있는 것으로 네게 주노니 나사렛 예수 이름으로 일어나라!"

동시에 그는 거지의 손을 잡아 일으켰지만 일어나기는커녕 거지의 비웃음만 샀습니다. 그는 너무나 부끄러워 그 자리에서 황급히 도망하고 말았습니다.

김익두 전도사는 자신의 무능함을 탄식하다 굳은 결심을 하고 담요를 싸들고 산으로 올라가 금식과 철야를 하며 하나님 앞에 능력을 달라고 간절히 기도하였습니다. 간절히 기도하던 중 갑자기 불같은 성령이 그에게 임했고, 김익두 전도사는 성령의 능력으로 충만해졌습니다. 그는 너무도 기쁜 마음으로 산을 내려오다가 공교롭게도 자신이 일으키지 못했던 예전의 바로 그 앉은뱅이를 다시 만났습니다. 그리고 과거와 같은 소극적인 모습이 아닌 당당한 모습으로 거지에게 다가가 믿음으로 선포하였습니다. 그의 손을 잡고 예수의 이름으로 걸으라고 소리치자 앉은뱅이는 그 자리를 박차고 일어났습니다.

아무리 성경에 기록된 기적이라고 해도 인간의 이성과 한계를 뛰어넘는 일들에 대해서는 믿기가 쉽지 않습니다. 오늘 본문의 경우도 그렇습니다. 하나님은 에스겔 선지자에게 환상으로 나타나 이미 백골이 되어 버린 인간의 뼈를 보여주시며 "이 뼈들이 살겠느냐?"라고 물으십니다. 히브리서 9장 27절에 "한 번 죽는 것은 사람에게 정해진 것이요"라고 분명히 기록되어 있습니다. 그렇기에 죽어 이미 백골이 된 사람이 살아나는 것은 최후 심판 때가 아니면 섭리에 위배되는 것입니다. 그런데도 왜 하나님은 마른 뼈의 환상을 보여주시며 살아날 수 있겠느냐고 질문하신 것일까요?

1. 부활신앙을 가지라(1-3절)

"여호와께서 권능으로 내게 임재하시고 그의 영으로 나를 데리고 가서 골짜기 가운데 두셨는데 거기 뼈가 가득하더라 나를 그 뼈 사방으로 지나가게 하시기로 본즉 그 골짜기 지면에 뼈가 심히 많고 아주 말랐더라 그가 내게 이르시되 인자야 이 뼈들이 능히 살 수 있겠느냐 하시기로 내가 대답하되 주 여호와여 주께서 아시나이다."

본문 배경, 민족적인 절망

언제나 하나님 말씀을 바로 이해하기 위해서는 배경을 알아야 합니다. 본문의 배경은 남왕국 유다의 멸망입니다. 이 시대적인 비극을 이해하지 않고 에스겔을 문자적으로 읽으면 엉뚱한 해석을 하게 됩니다.

주전 605년, 느부갓네살이 바벨론의 왕위에 오른 후 근동의 대부분을 지배하게 됩니다. 대제국을 건설한 느부갓네살은 주전 597년에 오랜 포위 끝에 마침내 예루살렘을 점령하고, 왕과 많은 귀족들을 포로로 잡아갑니다. 제사장 가문이었던 에스겔도 바벨론으로 끌려간 사람들 가운데 끼어 있었습니다. 그때에 하나님의 말씀을 전하도록 선지자로 부르심을 받은 에스겔은 비관적인 예언을 합니다. 지금의 침략은 끝이 아니며, 아직 유다에 살고 있는 나머지 사람들도 곧 사로잡히고 말 것이라고 예언합니다.

그 예언대로 기원전 586년 남왕국 유다는 바벨론에 완전히 망하고 인재와 귀족들은 모조리 포로로 잡혀갑니다. 그리고 바벨론에서의 70년 포로생활이 시작된 것입니다. 도무지 대적할 수 없는 대제국에 짓밟힌 이스라엘 백성들의 심정은 어떠했을까요? 그것은 한마디로 해골, 마른 뼈가 아니었겠습니까? 그들은 죽음보다 더욱 깊은 절망에 빠져 있었습니다. 이때의 심정이 시편에 기록되어 있습니다.

"우리가 바벨론의 여러 강변 거기에 앉아서 시온을 기억하며 울었도다 그중의 버드나무에 우리가 우리의 수금을 걸었나니 이는 우리를 사로잡은 자가 거기서 우리에게 노래를 청하며 우리를 황폐하게 한 자가 기쁨을 청하고 자기들을 위하여 시온의 노래 중 하나를 노래하라 함이로다"(시 137:1-3).

하나님의 해석, 희망을 가지라!

하나님께서 에스겔 선지자에게 이 환상을 보여주신 이유를 37장 11-13절에서 해석을 하고 있습니다.

> "또 내게 이르시되 인자야 이 뼈들은 이스라엘 온 족속이라 그들이 이르기를 우리의 뼈들이 말랐고 우리의 소망이 없어졌으니 우리는 다 멸절되었다 하느니라 그러므로 너는 대언하여 그들에게 이르기를 주 여호와께서 이같이 말씀하시기를 내 백성들아 내가 너희 무덤을 열고 너희로 거기에서 나오게 하고 이스라엘 땅으로 들어가게 하리라 내 백성들아 내가 너희 무덤을 열고 너희로 거기에서 나오게 한즉 너희는 내가 여호와인 줄을 알리라."

11절에 보면 이 뼈들은 현재 완전히 절망에 빠진 이스라엘 백성을 나타낸다고 말씀하십니다. 그렇기에 이 뼈들이 살아날 수 있겠느냐고 물으신 것은 나라의 멸망으로 인한 절망을 치유하시려는 메시지입니다. 절망을 걷어내고 하나님이 주시는 희망으로 살게 하시려는 계획입니다. 그들이 희망을 가져야 하는 이유는 단 하나뿐, 그 외에는 아무것도 없습니다. 그들에게는 회복할 만한 능력이 없습니다. 정치적인 역학관계를 풀 수 있는 능력이 있어서 희망을 가지라는 것이 아닙니다. 경제적인 방법이나 다른 방법이 있어서 그런 것이 아닙니다. 그들이 희망을 가져야 하는 이유는 단 한 가지, 여호와가 그들의 하나님이시기 때문입니다. 그래서 13절에서 선포합니다.

> "내 백성들아 내가 너희 무덤을 열고 너희로 거기에서 나오게 한즉 너희는 내가 여호와인 줄을 알리라."

여호와가 함께하면 역사도 살아날 수 있기에 희망을 가지라는 것입니다. 여기에 분명한 메시지가 있습니다. 모든 그리스도인은 희망을 지니고 살아야 합니다. 왜냐하면 하나님은 살리시는 하나님이시기 때문입니다. 우리의 희망의 근거는 오직 하나님입니다. 그렇기에 하나님께서 이 뼈들이 살겠냐고 물으신 것은 좀 더 구체적인 의도가 있습니다.

첫째로, 희망의 선포자로 살라는 사명입니다. 본문 1-2절의 말씀을 보십시오.

> "여호와께서 권능으로 내게 임재하시고 그의 영으로 나를 데리고 가서 골짜기 가운데 두셨는데 거기 뼈가 가득하더라 나를 그 뼈 사방으로 지나가게 하시기로 본즉 그 골짜기 지면에 뼈가 심히 많고 아주 말랐더라."

하나님의 손이 에스겔을 붙잡고 어느 골짜기로 데리고 가셨습니다. 그 골짜기에는 뼈들이 매장되지 못한 채 사방에 널브러져 있었습니다. 죽음만이 지배하는 곳이었습니다. 하나님께서는 에스겔을 그곳으로 이끌고 가서 그 골짜기 가운데 세우시더니, 그 뼈 사방으로 지나게 하셨습니다. 원문에는 '사방으로'를 뜻하는 '사비브'(סביב)가 두 번이나 반복해서 나옵니다. 그러니까 하나님은 에스겔로 하여금 그 골짜기에 가득한 그 뼈들을 이쪽 끝에서 저쪽 끝까지, 또 저쪽 끝에서 이쪽 끝까지 하나도 남김없이 샅샅이 살피도록 하셨다는 의미입니다.

왜 그러셨을까요? 멀리서 보아도, 가까이에 있는 뼈들만 보아도 사람의 뼈라는 것을 금방 알 수 있는데 왜 일부러 뼈 사이사이를 지나게 하셨을까요? 그 뼈들을 다 보려면 상당히 많은 시간이 소요될 텐데 하나님께서는 그 긴 시간을 기다리시면서 왜 에스겔로 하여금 일일이 뼈들을 살피게 하셨을까요? 그것은 우리 하나님께서 에스겔이 그 완전한 죽음을 직접 눈으로 확인하기를 원하셨기 때문입니다.

여러분, 우리가 지금 있는 곳은 어디입니까? 하나님께서 우리를 세워 두신 곳은 어디입니까? 또한 우리 눈앞에 펼쳐져 있는, 하나님께서 우리에게 보여주시는 것은 어떤 장면들입니까? 우리들 가운데 죽어 있는 형제와 동족의 모습이 보이지 않습니까? 하나님께서는 우리를 부르실 때에 새카맣게 썩어 버린 그 생명을 되찾기 위해서 우리들을 택하셨고, 또 우리 삶의 자리에 보내셨습니다. 우리는 우리에게 맡겨 주신 생명들을 두루 살펴야 합니다. 혹시 세상 일로 상한 심령은 없는지, 교회 일에는 열심이지만 진정 예수 그리스도를 인격적으로 만나지 못한 성도는 없는지, 겉은 생생하게 살아 있는 듯하지만 실상은 숨을 쉬지 않는 영혼이 없는지 우리는 샅샅이 살펴야 합니다.

우리가 몸담고 있는 교회에서도 마찬가지입니다. 하나님께서는 우리 삶의 자리 구석구석을 살피기를 원하십니다. 하나님께서는 목말라 허덕이고 있는 심령들의 갈급함을 우리가 직접 느끼기를 원하십니다.

우리가 잘 아는 시편 23편은 우리를 목자의 양으로 비유합니다. 시편 기자는 든든한 반석과 같이 늘 안전하게 보호하고 돌보시는 하나님을 찬양합니다. 한편으로 시편 23편을 묵상하노라면, 양을 한 마리 한 마리 정성스럽게 돌보는 목자의 심정을 엿볼 수 있습니다.

필립 켈러가 쓴 《양과 목자》라는 책에 실려 있는 내용입니다. 양들이 발을 구르고 무엇엔가 쫓기는 듯 초장을 이리저리 뛰어다니거나, 머리를 여러 시간 동안 들었다 내렸다 하는 등의 불안한 징후를 나타내면, 양들은 파리의 공격을 받고 있는 상태입니다. 파리의 공격으로 양들은 급속히 건강이 나빠지고 살이 빠집니다. 이 파리의 유충은 콧구멍을 통해서 머릿속으로 들어가고 양에게 극심한 자극을 주며, 심하면 고통을 받지 않으려고 미친 듯이 날뛰다가 목숨을 잃기도 합니다.

목자는 이런 경우에 기름에 몇 가지 성분을 섞어서 양의 코와 머리에 발라 줍니다. 그러면 양들의 괴로운 소동이 사라지고 평온이 찾아옵니다. 파리들이 접근을 못하기 때문입니다. 이처럼 목자는 양들을 일일이 살피고, 양 한 마리 한 마리에게 적절한 조치를 취해 줍니다. 만일 한 마리의 양이라도 살피지 않는 날에는, 양이 파리 유충에 감염될 수 있고, 절벽에 떨어져 죽을 수도 있으니까요. 이는 우리에게도 목자와 같은 심정으로 절망 중에 있는 사람들에게 희망을 주라는 것입니다.

둘째로, 하나님만을 전적으로 믿고 의지하라는 것입니다. 본문 3절의 말씀을 보면 "그가 내게 이르시되 인자야 이 뼈들이 능히 살 수 있겠느냐 하시기로 내가 대답하되 주 여호와여 주께서 아시나이다"라고 기록되어 있습니다. 에스겔 선지자는 마른 뼈들이 하나님이 택하신 자기 동족 이스라엘 백성이라는 사실을 깨달았을 때에 참담한 심정으로 통한에 잠깁니다. 뼈 골짜기를 샅샅이 관찰하면서 죽음의 한기를 몸서리치게 느꼈던 에스겔 선지자로서는 그 뼈들이 생명을 얻는다는 것은 불가능한 것으로 보였습니다. 이때에 하나님께서 낙담한 에스겔 선지자에게 말씀하십니다.

"인자야, 이 뼈들이 능히 살겠느냐?"

에스겔 선지자는 하나님의 음성을 듣고서 "아니, 하나님, 뼈들이 말라비틀어지고 하얗게 바래 버린 것을 하나님도 아시지 않습니까? 어떻게 살아납니까?"라고 따지듯 반문하지 않고, 낮은 목소리로 대답합니다.

"주 여호와여, 주께서 아시나이다."

'오직 주님만이 그런 능력을 가지고 계심을 압니다. 주님, 내 백성을 살려 주십시오. 바벨론에 포로가 되어 미래에 대한 어떠한 희망도 품을 수 없는 이 절망적인 상황에서 구해 주십시오. 주 여호와여, 주께서 아십니다…' 에스겔 선지자는 하나님을 향하여 마음속에서 솟아나는 뜨거운 믿음의 고백을 하지 않을 수 없었습니다. 어느덧 에스겔 선지자는 참혹한 죽음에 대한 두려움이 아니라, 하나님께서 행하실 놀라운 생명 회복에 대한 기대감으로 당당하게 죽음의 골짜기 한가운데에 서 있을 수 있었습니다.

오늘 본문에서 하나님은 왜 에스겔 선지자에게 "인자야, 이 뼈들이 능히 살겠느냐?"라고 질문하셨을까요? 그것은 하나님께서 우리들의 믿음의 고백을 듣고자 하셨기 때문입니다. 우리가 하나님의 말씀을 대할 때에 무엇이 필요합니까? 그것 역시 하나님에 대한 전적인 믿음입니다. 하나님께서는 에스겔 선지자처럼 우리들도 철저하게 믿고 따르기를 원하십니다.

예수님께서 부활하신 후 디베랴 바닷가에서 사랑하는 제자들을 찾으실 때에 주님께서는 베드로에게서 사랑의 고백을 듣기 원하셨습니다. "요한의 아들 시몬아, 네가 나를 사랑하느냐?" "주님, 그러하나이다. 내가 주님을 사랑하는 줄 주님께서 아시나이다." 놀랍게도 예수님께서는 "내 양을 먹이라"고 말씀하십니다. '내 양을 먹이라'는 말은 예수님과 베드로 사이의 사랑의 관계를 회복시키고 주님께서 베드로를 초대교회의 영적인 지도자로서 사용하시겠다는 뜻입니다.

이처럼 하나님께서는 에스겔 선지자와 베드로와 같은 믿음의 소유자들을 죽어 있는 영혼의 생명을 살리는 일에 사용하시기를 원하십니다. 하나님께서는 생명 없는 삶의 자리에서 지쳐 버린 우리가 전적으로 하나님을 믿고 의지하기를 원하십니다. 하나님을 전적으로 의지하는 신앙 위에 든든히 서야만 생명을 살리는 사역을 감당할 수 있습니다.

셋째로, 하나님께서는 생명을 주관하시는 분은 오직 여호와 하나님이심을 우리들이 깨달아 알기를 원하십니다.

"너희 위에 힘줄을 두고 살을 입히고 가죽으로 덮고 너희 속에 생기를 넣으리니 너희가 살아나리라 또 내가 여호와인 줄 너희가 알리라 하셨다 하라"(6절).

육체의 설계자이신 하나님께서는 메마른 뼈들이 살기 위해서 필요한 것이 무엇인지 잘 알고 계셨습니다. 먼저 뼈와 뼈를 잇기 위해서 억센 힘줄을 붙이셨고, 그 위에 살이 오르게 하셨습니다. 또한 피부조직을 보호하기 위해서 살 위에 가죽을 덮으셨습니다. 이 부분은 그야말로 어마어마한 장관을 이루었습니다. 에스겔서에서 "내가 여호와인 줄 너희가 알리라"는 말씀이 60회 이상 반복하여 선포되면서 에스겔서의 중심을 이룹니다. 하나님께서는 "내가 여호와인 줄 너희가 알리라"고 강력히 촉구하십니다.

하나님께서 낙담한 에스겔 선지자에게 에스골 골짜기에 널브러져 있던 메말랐던 뼈들이 다시 살아나는 환상을 보여주시는 이유는, 하나님을 전적으로 의지하고 신뢰하라는 의미입니다. 하나님의 권능을 보여주신 장면입니다. 오늘날 권능의 하나님께서는 생명을 살리는 일에 우리들을 부르십니다. 비록 우리가 처해 있는 상황이 어둡고 힘들게만 느껴질지라도, 하나님께서는 캄캄한 이 땅에 빛을 비추시기를 원하시며, 그 일을 통해서 전능하신 하나님이심을 알게 하십니다.

우유 통에 빠진 개구리

탈무드에 이런 동화가 나와 있습니다. 어느 날, 개구리 삼형제가 커다란 우유 통에 빠졌습니다. 우유 통이 얼마나 큰지 아무리 애를 써도 빠져나올 수가 없었습니다.

첫째 개구리가 말했습니다. "이제 우리 힘으로는 아무것도 할 수가 없어. 모든 것을 포기하고 하늘의 뜻에 따르는 것이 좋겠다." 첫째 개구리는 낙심한 채 우유 통에 빠져 죽고 말았습니다. 그러자 둘째 개구리가 눈물을 뚝뚝 흘리면서 하나님을 원망하였습니다. "하나님, 제가 무슨 잘못을 했다고 이런 큰 벌을 내리십니까? 정말 억울합니다." 그러더니 마구 원망의 몸부림을 쳤습니다. 결국 둘째 개구리도 우유 속으로 빠져 버리고 말았습니다. 하지만 셋째 개구리는 포기하지 않았습니다. "우유 통 속에 빠진 것은 우리 실수야. 하지만 분명히 빠져나갈 방법이 있을 거야. 이대로 죽을 수는 없어!" 셋째 개구리는 열심히 헤엄을 치면서 밖으로 나갈 방법을 궁리했습니다. 그리고 밤을 새워 하나님께 기도했습니다.

밤새 헤엄치던 셋째 개구리의 발끝에 무엇인가 딱딱한 것이 걸렸습니다. "찾았다! 여기서 뛰면 밖으로 나갈 수 있을 거야!" 셋째 개구리는 발끝에 닿은 것을 딛고 있는 힘껏 뛰었습니다. 이렇게 해서 밖으로 나올 수 있었습니다. 셋째 개구리의 발끝에 닿았던 것은 무엇이었을까요? 개구리가 밤새 헤엄쳤기 때문에 우유가 굳어서 된 버터였습니다. 이처럼 낙심하느냐, 희망을 가지냐는 삶에 큰 차이를 불러옵니다.

하나님께는 언제나 희망이 있습니다. 하나님은 에스겔 선지자에게, 낙심과 절망 중에 있는 이스라엘 백성에게 희망을 심어 주기를 원하십니다.

2. 말씀을 선포하라(4-5절)

"또 내게 이르시되 너는 이 모든 뼈에게 대언하여 이르기를 너희 마른 뼈들아 여호와의 말씀을 들을지어다 주 여호와께서 이 뼈들에게 이같이 말씀하시기를 내가 생기를 너희에게 들어가게 하리니 너희가 살아나리라."

하나님의 대언 명령

하나님은 마른 뼈들을 보여주시고 살겠느냐는 질문을 하신 후에 에스겔 선지자에게 명령하십니다. '대언하라!'는 것입니다. 죽은 뼈들에게 하나님의 말씀을 전하라는 것입니다. 하나님의 말씀이 그 뼈들에게 들어가면 뼈들이 살아날 것이라고 약속하십니다. 설교해야 할 대상은 다양하지만 해골과 뼈들을 놓고 설교하는 것은 참 막막할 것 같습니다. 그래도 에스겔은 하나님의 명령대로 말씀을 대언합니다. 그랬더니 뼈들이 움직이는 소리가 납니다. 뼈들이 서로 인체조직으로 연결되고 살이 붙고 힘줄이 다시 살아나기 시작했습니다.

여기에 중요한 하나님의 메시지가 있습니다. 절망 중에 있는 개인을 살리고, 가정을 살리고, 교회를 살리고, 나라를 살리는 것은 어떤 정치적인 혹은 경제적인, 사회적인 수단으로 되는 게 아니라는 것입니다. 오직 하나님의 말씀으로 된다는 사실을 알려 주십니다. 우리 믿는 그리스도인이 다시 한 번 확신해야 하는 것이 바로 이것입니다. 하나님의 말씀의 능력을 믿어야 합니다. 말씀으로 돌아가야 합니다. 살리는 능력이 말씀에 있다는 것은 교회 역사를 통해서 여러 나라와 민족들과 성도들에게서 증명되었습니다. 마른 뼈가 살아나기 위해서는 하나님의 말씀을 들어야 합니다(4절).

진실로 하나님의 말씀은 살리는 힘이 있습니다. "진실로 진실로 너희에게 이르노니 죽은 자들이 하나님의 아들의 음성을 들을 때가 오나니 곧 이때라 듣는 자는 살아나리라"(요 5:25)고 했습니다. 예수님은 공생애 사역 중에 세 번 죽은 사람을 살리셨습니다. 나사로는 죽은 지 4일이 지나서 심지어 부패하는 심한 냄새가 났지만 "나사로야, 나오너라" 하는 예수님 말씀을 듣고 무덤에서 다시 살아났습니다. 말씀의 능력으로 죽음의 권세를 깨치신 것입니다.

예수님은 부활하신 후에 제자들에게 오셔서 먼저 성경을 풀어 주셨습니다. 그리고 엠마오로 가는 제자들에게도 나타나셔서 먼저 성경을 풀어 주십니다.

"그들이 서로 말하되 길에서 우리에게 말씀하시고 우리에게 성경을 풀어 주실 때에 우리 속에서 마음이 뜨겁지 아니하더냐 하고"(눅 24:32). "또 이르시되 내가 너희와 함께 있을 때에 너희에게 말한 바 곧 모세의 율법과 선지자의 글과 시편에 나를 가리켜 기록된 모든 것이 이루어져야 하리라 한 말이 이것이라 하시고 이에 그들의 마음을 열어 성경을 깨닫게 하시고"(눅 24:44-45).

예수님은 그 감동의 순간에 왜 먼저 하나님의 말씀을 풀어 주신 것일까요? 여기에 중요한 뜻이 있습니다. 죽음 권세를 깨치고 나오신 예수님은 다시 사는 능력이 어디에서 나오는지를 상징적으로 보여주신 것입니다. 하나님의 말씀이 들어가야 살아납니다.

아버지 말씀에 순종한 펠레

인류 역사상 최고의 축구 선수는 브라질의 펠레입니다. 펠레는 천재적인 선수로 열일곱 살 때 스웨덴 월드컵에 출전하여 조국에 우승컵을 안겨 주었고, 세 번이나 월드컵에서 브라질에 우승컵을 안겨 주었습니다.

그의 아버지는 병원 화장실을 청소하는 청소부였고, 그의 가정은 매우 가난했습니다. 축구를 좋아하는 그의 아버지는 그가 축구에 소질이 있다는 것을 알고 어려운 형편에도 축구를 하게 했습니다. 그런데 하루는 그가 담배를 피우다 아버지에게 들켰습니다. 제대로 먹이지도 못하면서 아들에게 축구를 시키는데, 그 아들이 담배를 피우니 아버지의 마음이 어떠했겠습니까? 아버지가 낡은 지갑에서 돈을 꺼내어 그에게 주며 말했습니다.

"아들아, 이것은 담배 한 갑 값이다. 내 말을 잘 들어라. 네가 담배를 피우고 술을 마시며 축구를 하면 절대로 세계적인 선수가 될 수 없다. 축구를 하려면 90분간 피곤을 모르고 뛸 수 있는 체력이 있어야 한다. 90분간 피곤을 모르고 뛰려면 술, 담배를 하면 안 된다. 술, 담배를 하면 몸이 망가져서 그렇게 뛸 수가 없다. 너는 이 돈으로 담배를 즐기면서 무명하게 사는 사람이 되겠니, 아니면 담배와 술을 끊고 세계적인 선수가 되겠니?"

그때 펠레가 아버지에게 돈을 돌려주며 말했습니다.

"아빠, 이제 담배 안 피우고 술 안 마실게요."

그때부터 술과 담배를 딱 끊고 체력을 연마하고 연습하여, 열일곱 살에 세계 최고의 선수가 되었습니다.

여러분, 아버지의 조언을 받아들여도 그렇게 되는데, 하물며 하늘 아버지의 말씀에 순종하면 어떻게 되겠습니까? 말씀대로 순종해서 안 될 일이 없습니다. 무슨 일을 하든지 말씀을 들으시고, 그대로 받아 순종하면, 안 될 일이 없는 것입니다.

사랑하는 성도 여러분! 하나님의 말씀은 살아 있고 운동력이 있습니다. 사람을 변화시킵니다. 말씀을 듣고 그 말씀에 자신을 맡길 때 우리 영혼이 살아나는 기적이 일어납니다. 하나님의 말씀이 들어가야 우리 영혼이 살아납니다. 말씀이 역사하는 곳에 반드시 변화가 일어납니다. 하나님은 말씀으로 천지를 창조하셨고, 예수께서도 말씀으로 풍랑을 잔잔하게 하시며 병든 자들을 고치셨습니다. 말씀은 변화를 일으키는 능력입니다.

우리의 문제는 말씀을 읽지 않는 데 있는 것이 아니라 말씀이 내 안에서 역사하지 않는 데 있습니다. 하나님의 말씀이 내 안에서 믿기지 않기 때문에 말씀의 감동과 은혜가 없습니다. 말씀대로 살아가려는 의지가 약한 것이 문제입니다. 하나님의 말씀을 받아들여야 합니다. 하나님의 말씀이 내 안에서 역사할 때 나의 모습은 변화됩니다. 생각과 말과 가치관과 행동이 변화될 것입니다. 말씀이 교회 안에서 역사할 때 교회는 하나님의 영광을 드러내는 교회가 될 것입니다. 말씀이 가정 안에서 역사할 때 행복한 가정으로 변할 것입니다. 말씀이 사회 속에서 역사할 때 죄인들이 돌아오는 역사가 일어날 것입니다.

더 이상 마른 뼈로 남아서는 안 됩니다. 하나님의 말씀을 들어야 합니다. 믿음의 눈과 뜨거운 가슴으로 하나님의 말씀을 받아들여야 합니다. 그렇게 할 때 마른 뼈에 힘줄과 살이 돋아나고 가죽이 덮이는 변화의 체험이 일어납니다. 하나님의 말씀은 마른 뼈와 같은 존재를 하나님의 강력한 군대로 만드는 능력이 있음을 믿고, 그 말씀을 사모하시기 바랍니다.

3. 생기가 들어가게 하라 (9-10절)

> "또 내게 이르시되 인자야 너는 생기를 향하여 대언하라 생기에게 대언하여 이르기를 주 여호와께서 이같이 말씀하시기를 생기야 사방에서부터 와서 이 죽음을 당한 자에게 불어서 살아나게 하라 하셨다 하라 이에 내가 그 명령대로 대언하였더니 생기가 그들에게 들어가매 그들이 곧 살아나서 일어나 서는데 극히 큰 군대더라."

생기에게 대언하라는 명령

에스겔 선지자에게 질문하신 하나님은 두 번째 명령을 하십니다. 기도하고 묵상하고 전도하기만 하는 것이 아니라 말씀을 대언하라는 것입니다. 하나님이 주신 말씀을 선포하라는 것입니다. 순종하여 에스겔이 말씀을 선포하자 마른 뼈들이 살아났는데 그 속에 생기는 없었습니다. 하나님은 다시 선포하라고 하십니다.

> "또 내게 이르시되 인자야 너는 생기를 향하여 대언하라 생기에게 대언하여 이르기를 주 여호와께서 이같이 말씀하시기를 생기야 사방에서부터 와서 이 죽음을 당한 자에게 불어서 살아나게 하라 하셨다 하라"(9절).

다시 선포하는 순간에 무슨 일이 일어납니까?

"이에 내가 그 명령대로 대언하였더니 생기가 그들에게 들어가매 그들이 곧 살아나서 일어나 서는데 극히 큰 군대더라"(10절).

하나님은 에스겔 선지자에게 마른 뼈가 살아나서 큰 군대를 이루는 일의 마지막에 생기가 들어가게 하십니다. 생기야말로 진정한 이스라엘의 회복이라는 것입니다. 생기가 들어가야 진정한 개인의 회복이 이루어진다는 것입니다. 그렇다면 육체가 진정한 살아 있는 군대가 되게 하는 생기는 무엇일까요?

생기는 성령입니다

본문 5절에 "주 여호와께서 이 뼈들에게 이같이 말씀하시기를 내가 생기를 너희에게 들어가게 하리니 너희가 살아나리라" 하셨습니다. 여기 생기라는 단어는 '루아흐'인데 '영'(Spirit)이라는 단어입니다. 창세기 2장 7절에 "여호와 하나님이 땅의 흙으로 사람을 지으시고 생기를 그 코에 불어넣으시니 사람이 생령이 되니라"라고 할 때 사용된 단어가 '루아흐'입니다. 이 단어는 신약에서 '프뉴마'(성령)로 번역되었습니다. 곧 하나님의 영입니다. 하나님의 성령이 역사할 때 우리의 죽은 영혼이 살아납니다.

주님은 우리가 살아나도록 생기를 불어넣어 주시는 분입니다. 요한복음 20장에 부활 기사를 보면, 부활하신 예수님은 제자들에게 나타나셔서 손에 못 자국과 옆구리의 창 자국을 보여주시며 부활의 사실을 확인시켜 주십니다. 그러자 제자들도 드디어 두려움을 벗고 함께 기뻐합니다. 그 일 후에 이어서 한 가지 행동을 더 하십니다. 21-22절 말씀입니다.

> "예수께서 또 이르시되 너희에게 평강이 있을지어다 아버지께서 나를 보내신 것같이 나도 너희를 보내노라 이 말씀을 하시고 그들을 향하사 숨을 내쉬며 이르시되 성령을 받으라."

예수님은 죽음의 공포에 사로잡혀 있던 제자들에게 성령을 불어 넣어 주십니다. 부활의 실체는 성령입니다. 성령이 들어가면 죽은 자도 살아납니다. 그것은 제자들의 사역을 통해서 증명되었습니다. 주님께서 승천하신 후에 오순절이 이르자 제자들이 주님이 약속하신 성령을 체험합니다. 그러자 놀라운 일이 벌어집니다. 제자들이 살아났습니다. 제자들이 예수님이 하신 일을 하게 된 것입니다. 마른 뼈는 다시 살아날 수 있습니다. 성령이 들어가면 살아납니다.

인도네시아 봉헌예배

저는 2016년 8월 7일 주일 예배를 마치고 저녁에 인도네시아 봉헌예배와 신학교 강의를 위해 인천공항으로 향하였습니다. 이번에 봉헌하는 교회는 제가 결혼 30주년을 맞아 하나님께 감사하는 마음을 담아 가족 이름으로 바치는 교회였습니다. 새벽부터 온종일 사역을 한 후 바로 출국해야 했기에 만만치 않은 일정이었습니다.

밤 12시에 싱가포르를 향해 비행기에 몸을 실었습니다. 몸은 피곤한데 잠은 쉽게 오지 않았습니다. 비몽사몽간에 싱가포르에 내려 2시간을 기다린 후 인도네시아 메단 행 비행기를 탔습니다. 1시간 반 비행 끝에 메단에 내렸습니다. 세관심사에서 가방을 모두 열어 보라며 검사했는데 가지고 간 볼펜과 각종 선물은 상업용이 아니라 선물용이라고 설명하여 무사히 가지고 나갈 수 있었습니다. 김영주 선교사님과 승명자 선교사님을 반갑게 만나 봉헌물품만 챙기고는 김영주 선교사님과는 잠시 헤어졌습니다.

3시간 반 후에 다시 뻐간 바루 행 국내선 비행기에 몸을 실었습니다. 1시간 비행 후에 목적지에 도착했습니다. 인도네시아 교회 목사님과 교인들이 마중을 나와 정성스럽게 만든 꽃다발을 건네며 환영해 주었습니다. 참으로 과분한 환대였습니다. 그런데 거기가 끝이 아니었습니다. 그 공항에서 4시간 반을 더 가야 한다는 것이었습니다. 세 번의 비행으로 몸이 지쳤으나 할 수 없었습니다. 그 길 중에 2시간은 비포장 길이었습니다. 달리고 달려 '트란스 500 골로새 교회'에 도착하니 이미 오후 5시였습니다. 몸은 피곤하여 파김치가 될 지경이었습니다.

그런데 차에서 내리는 순간 깜짝 놀랐습니다. 감독님과 인도네시아 교회 임원 및 수백 명의 교인들이 그토록 더운 날씨에 양복과 전통 복장으로 정장을 한 채 환영의 노래와 춤을 추며 우리를 반겨 주었습니다. 순간, 마치 전기에 감전이라도 된 듯한 전율이 느껴졌습니다. 저도 모르게 주체할 수 없는 눈물이 나왔습니다. 바로 이어진 2시간의 예배와 2시간의 만찬, 30분에 걸친 현지 교인들의 사진 촬영 요청을 마치고 다시 2시간을 쉬지 않고 달려 숙소에 도착하니 새벽 1시 30분이었습니다. 그런데 이상하게도 피곤하지 않았습니다. 그 이유는 바로 현지에서 받은 은혜 때문이었습니다. 은혜가 들어가니 피곤하지 않았습니다. 저만이 아니라 아내와 자녀들도 똑같이 느낀다고 말했습니다.

여기에 정답이 있습니다. 사람은 은혜가 들어가야 살아납니다. 성령이 들어가야 생기가 돕니다. 그래서 하나님은 에스겔에게 생기들을 향해 대언하라고 명령하시는 것입니다.

성령 없이 신앙생활을 하는 것은 휘발유 없는 차를 운전하는 것과 같습니다. 내가 차를 밀어서 차가 간다면 얼마나 힘이 들겠습니까? 그러면 신앙생활은 무거운 짐이 됩니다. 교회 다니는 것이 큰 부담이 되는 것입니다. 성령 없이 신앙생활을 하면 아주 괴롭고 그 삶은 죽은 것과 같습니다. 그러나 우리가 기도할 때 성령의 능력을 받습니다. 성령으로 우리의 죽었던 영혼이 다시 살아납니다. 그러므로 우리는 성령을 받고 살아야 합니다. 성령의 음성을 들어야 합니다. 성령의 능력을 받아야 합니다. 성령의 능력을 받고 성령의 인도를 따라 살려고 하면 기도를 해야 합니다. 기도하지 않고는 성령을 받을 수 없습니다. 기도를 통하여, 말씀을 통하여 성령의 능력을 힘입으시기 바랍니다.

마른 뼈를 쓰시는 하나님

아브라함은 "나는 늙어서 자녀를 낳을 수 없습니다"라고 합니다. 그것이 아브라함의 현실입니다. 그러나 하나님은 "내가 너로 큰 민족을 이루게 하겠다"라고 하십니다. 마침내 아브라함은 많은 민족의 조상이 되었습니다. 모세는 "나는 말을 잘 못해서 지도자가 될 수 없습니다"라고 말합니다. 그것이 모세의 현실입니다. 그러나 하나님은 "내가 할 말을 가르쳐 주겠다" 하십니다. 모세는 마침내 이스라엘의 지도자가 되었습니다. 기드온은 "나는 별 볼일 없는 집안에다 소심한 사람이라서 안 됩니다"라고 했습니다. 그것이 기드온의 현실입니다. 그러나 하나님은 "내가 너로 큰 용사가 되게 하겠다" 하십니다. 마침내 기드온은 300명의 용사로 13만 5천 명을 이겼습니다. 그리고 용사가 되었습니다.

자기 자신을 보면 안 될 이유가 100가지는 됩니다. 그러나 하나님이 보시면 될 이유가 더 많은 것이 우리들입니다. 왜냐하면 하나님은 우리를 그렇게 사용하시려고 이 땅에 보내셨기 때문입니다. 그래서 하나님은 우리의 소망입니다. "나 같은 것이 무엇을 하겠습니까? 이대로 살다가 말겠지요" 하면서 마음에 서글픔이 들 때도 하나님은 "아니다. 나는 너를 귀하게 세울 것이다. 내가 너를 축복하고 사용할 것이다"라고 말씀하십니다. 그러기 위해서는 이들의 역사 속에서 들려주시는 음성을 들으시고 그분과 함께 일어서는 존귀한 성도들이 되어야 합니다.

오늘 우리 중에도 마른 뼈 같은 성도가 있을 수 있습니다. 육체의 질병으로 소망을 잃어버린 분도 많이 있습니다. 경제적으로 오랫동안 어려움을 겪고 있는 분도 계십니다. 마음이 삭막한 사막같이 되어 버렸습니다. 부부간에 사랑이 말라 버렸고, 마음의 가시나무만 무성하게 자라고 그 가시로 서로를 찌릅니다. 자식을 바라보면 속만

타는 사람도 있습니다. 마른 뼈가 되어 버린 것입니다. 소망을 보고 웃고 싶은데 절망에 압도되고 맙니다.

우리 인생을 언제까지 이렇게 살겠습니까? 하나님께서 "네 인생도 마른 뼈다귀같이 다 틀렸다" 하실까요? 하나님은 오늘 말씀을 통해서 "너는 살 것이라"고 선언하십니다. 여러분도 그분을 바라보시기 바랍니다.

성령은 메말라 있는 심령들에게 생명을 주십니다. 하나님의 영은 살리는 영입니다. 마른 뼈들에게 생기가 들어가 살아 일어났습니다. 더 이상 마른 뼈들이 아닙니다. 새로운 생명체로서 살아가게 되었습니다. 성령의 역사를 통한 결과입니다. 성령이 역사하시는 곳에는 반드시 생명의 역사가 나타납니다. 생명은 생명을 낳는 부흥의 역사를 가져옵니다. 성령을 통하여 생명을 받을 때 마른 뼈들이 일어나 큰 군대를 이루게 되었습니다. 하나님은 우리를 결코 포기하지 않으십니다. 도리어 실패한 우리를 회복시켜 주시기 원하십니다.

엘리베이터 앞에서

재미있는 이야기 하나 하겠습니다. 난생처음 백화점에 가본 시골 할아버지가 엘리베이터 앞에서 신기한 듯 이것저것 구경을 하는데, 마침 엘리베이터 문이 열리고 할머니 한 분이 엘리베이터 안으로 쏙 들어갔습니다. 그리고 잠시 후, 그 문이 열리더니 예쁜 아가씨가 내리는 것입니다. 할아버지는 너무나 깜짝 놀랐습니다. 그리고는 옆에 있던 손자의 손을 잡고 뛰기 시작했습니다. "할아버지, 왜 그러세요?" "네 할머니도 저 기계 속에 넣었다가 끄집어내야겠다." 그 할아버지는 엘리베이터가 할머니를 예쁜 아가씨로 변화시키는 줄로 알았던 것입니다.

사람이 변화된다는 것, 새로워진다는 것, 죽었던 이가 살아난다는 것, 마른 뼈가 다시 살아난다는 것, 단단하고 굳은 돌 같은 마음이 부드러운 마음이 된다는 것, 교만한 마음이 겸손한 마음이 된다는 것, 움켜쥘 줄만 알던 사람이 손을 펴게 된다는 것, 하나님 없는 사람이 하나님을 만난다는 것, 자기밖에 모르는 사람이 다른 사람을 배려할 줄 안다는 것, 참으로 힘들고 어려운 일들입니다. 엘리베이터 안에 들어갔다 나오기만 하면 할아버지가 청년이 되고, 할머니가 예쁜 아가씨가 된다면 얼마나 좋겠습니까? 그런데 그것이 불가능할까요? 텔레비전이나 영화를 보면 불가능한 일이 아닙니다. 오늘 말씀에서 불가능한 일이 일어났습니다. 도저히 상상할 수 없었던 일이 일어날 것을 보여주셨습니다.

그렇습니다. 내 심령과 내 가정과 이 나라에 신령한 바람, 성령의 바람이 일어나야 합니다. 하나님의 영이신 성령이 우리의 심령과 가정과 교회와 이 민족 속에 오셔서 힘을 주셔야 합니다. 하나님은 우리에게 물으십니다.

"이 뼈들이 능히 살 수 있겠느냐?" "절망 가운데 있는 너희가 소망을 갖게 되겠느냐?" "몇 사람 모이지 않는 작은 교회가 큰 교회가 되겠느냐?" "사람도 없고, 일꾼도 없고, 이것도 없고 저것도 없는 너희가 과연 주의 일을 하겠느냐?" "물질적으로 어려운 너희가 풍족해지겠느냐?"

우리의 생각으로는 도저히 가망이 없습니다. 소망이 없습니다.

절망과 죽음뿐입니다. 그러나 마른 뼈들에게 하나님의 말씀이 들어갔습니다. 성령님이 역사하셨습니다. 마른 뼈가 살아났습니다. 절망의 골짜기, 사망의 골짜기가 소망의 골짜기, 부활의 골짜기가 되었습니다.

우리의 생각으로는 불가능에 가깝지만, 하나님은 하실 수 있습니다. 우리에게는 불가능이지만, 하나님께는 불가능이 없습니다. 우리에게는 절망이지만, 하나님께는 절망이 없습니다. 여러분! 하나님의 은혜를 사모하고 성령 충만을 사모하면서 하나님의 말씀을 들어야 합니다. 그리할 때 마른 뼈와 같은 우리의 삶이 살아나고 메말랐던 우리의 심령이 살아나며, 우리 교회가 살아날 것입니다.

"이 뼈들이 능히 살 수 있겠느냐?" 하는 질문에 "예, 살 수 있습니다"라고 대답하는 것은 결코 쉬운 일은 아닙니다. 그러나 에스겔 선지자가 대답했던 것처럼 "주 여호와여, 주께서 아시나이다"라고 대답할 수 있어야 합니다. "주님만이 하실 수 있습니다", "주님이 하시면 됩니다." 그리스도인들은 그 믿음을 가져야 합니다. 주님이 함께하시면 다시 살아날 수 있습니다. 부디 여러분들이 그 능력을 체험하는 주인공들이 되시기를 바랍니다.

땅의 기초를 놓을 때 너는 어디 있었느냐?

욥 38:1-11

너
자신을
알라

어느 부인이 의사를 찾아와 고민을 털어놓았습니다. "선생님, 저에게 오래된 고민이 하나 있어요. 그건 방귀를 너무 자주 뀐다는 거예요. 그렇지만 냄새나 소리가 나는 건 아니에요. 사실은 이 방에 들어온 뒤로도 수십 번은 방귀를 뀌었어요. 냄새나 소리가 없으니 알 리가 없죠. 어떻게 하면 방귀를 줄일 수 있을까요?" 의사가 "무슨 문제인지 잘 알겠군요. 우선 이 약을 일주일 동안 복용하시고 다시 진찰을 받으세요" 하고 처방전을 주었습니다.

일주일이 지나 다시 의사를 만난 부인은 화가 나서 따졌습니다. "선생님, 대체 어찌 된 일이에요? 그 약을 먹고부터 제 방귀에 소리는 나지 않지만 지독한 냄새가 나기 시작했어요!" 의사가 싱긋이 웃으며 말했습니다. "경과가 좋군요. 축농증은 어느 정도 나은 것 같으니 이제 귀 치료를 시작할까요?" 한낱 유머이지만 사람은 진정으로 자신의 문제를 모를 때가 많습니다.

그래서 소크라테스는 "너 자신을 알라"라고 했습니다. 소크라테스는 인간의 지혜가 신에 비하면 하찮은 것에 불과하다는 입장에서, 무엇보다 먼저 자기의 무지(無知)를 아는 엄격한 철학적 반성이 중요하다고 여겨 이 격언을 자신의 철학적 활동의 출발점에 두었습니다.

소크라테스보다 170년 먼저 태어난 고대 그리스의 기하학자이자 천문학자이며 철학자였던 탈레스는 '사람에게 어려운 일이 무엇이냐?'라는 질문을 받고 "자기 자신을 아는 것이 어려운 일이며, 쉬운 일이라면 남을 충고하는 일"이라고 대답했습니다.

참된 지혜는 자신의 무지를 깨닫는 데 있다는 사상은 그리스 철학자들보다 무려 1,500년 전 히브리인들의 신앙 속에 있었습니다. 바로 오늘 본문의 욥이 그 사실을 보여줍니다. 아브라함과 동시대에 살았던 인물로 추정되는 욥은 삶의 역경과 우여곡절 끝에 하나님의 질문을 받고 자신의 무지를 깨닫습니다.

하나님은 왜 고난 속에 있던 욥에게 "땅의 기초를 놓을 때에 어디 있었느냐?"라고 질문하셨을까요?

1. 너는 대장부다 (1-4절)

"그때에 여호와께서 폭풍우 가운데에서 욥에게 말씀하여 이르시되 무지한 말로 생각을 어둡게 하는 자가 누구냐 너는 대장부처럼 허리를 묶고 내가 네게 묻는 것을 대답할지니라 내가 땅의 기초를 놓을 때에 네가 어디 있었느냐 네가 깨달아 알았거든 말할지니라."

너는 누구냐?

욥기는 이스라엘 백성들 사이에서 구전되어 오던 이야기가 기원전 5-3세기에 기록된 것입니다. 욥은 고난과 인내의 대명사로 여겨지는 인물입니다. 그는 거부이자 흠잡을 데 없는 믿음의 사람이었는데 어느 날 열 명의 자식을 사고로 다 잃고 재산까지도 모두 소실되는 환난을 만납니다. 거기에 더하여 아내까지도 자기를 저주하고 도망갑니다. 그런 와중에 욥이 어떻게 고난 앞에서 인내하는지를 기록하고 있습니다.

37장까지의 기록은 욥이 환난을 당하자 세 친구와 엘리후가 위로차 찾아와서 신앙의 조언을 하는 내용입니다. 그들 사이에서 벌어졌던 논쟁을 통해서는 욥의 고난 문제를 풀지 못하였습니다. 그때 하나님이 폭풍 가운데 욥에게 나타나셔서 질문하십니다. 그 첫 질문은 4절의 "내가 땅의 기초를 놓을 때에 네가 어디 있었느냐 네가 깨달아 알았거든 말할지니라"입니다. 이런 표현을 수사적 반어법이라고 합니다. 욥이 당연하게 알아야 할 사실을 깨닫지 못할 때 그를 일깨우기 위한 질문법입니다. 그렇기에 2절의 말씀은 모르는 것을 꾸짖거나 너는 여기까지는 올 수 없다고 한계를 지적하는 말일 수도 있고, '당연히 알아야 하는데 뭐 하고 있느냐?'는 말이기도 합니다.

하나님께서 욥에게 "네가 어디 있었느냐?"라고 하신 질문의 의도를 파악하기 위해서는 3절의 말씀부터 풀어야 합니다. 오늘 3절에 나오는 "너는 대장부처럼 허리를 묶고 내가 네게 묻는 것을 대답할지니라"라는 말은 해석하기에 따라서 적어도 두 가지로 생각할 수 있습니다. 첫째는 '너 그렇게 도망가지 마라'라고 생각할 수 있고, 둘째는 '너 감히 대들지 마라'로 해석할 수도 있습니다. 우리는 대개 '감히 대들지 말라'라는 뜻으로 읽습니다. 엘리후도 그랬고, 세 친구도 다 그런 논리였습니다.

"하나님은 높고 하나님은 공의롭다. 네가 틀렸지 하나님이 틀리셨을 리는 없다. 그러고 다 알려고 하지 마라."

이게 공통된 친구들의 조언 내용입니다. 이에 대해서 욥은 계속 "나는 물어봐야겠다, 너희들이 얘기하는 것으로는 답이 되지 않는다"라고 대답했습니다. 그런데 하나님이 욥에게 "네가 감히 대드느냐?"라는 말씀을 하신 것이라면, 세 친구가 틀렸고 용서해야 한다는 사실과 앞뒤가 맞지 않습니다. 그렇기에 대장부처럼 대답하라는 말씀은 '너는 감히 대들거나 알려고 하지 마라'라는 뜻이 아니라, '너는 체념과 단념 중에 도망치지 말고 더 용감하게 일어서서 반드시 알아야 할 진리가 있다'는 뜻으로 해석해야 옳습니다. 그렇다면 38장에서 40장까지 쉴 새 없이 계속된 하나님의 질문의 핵심은 "너는 누구냐?"는 것입니다.

이 문장을 정확히 이해하려면 출애굽기 3장에 가서 모세의 경우를 보아야 합니다. 출애굽기 3장 1-10절에 하나님이 모세를 부르시는 장면이 나옵니다.

"모세가 그의 장인 미디안 제사장 이드로의 양 떼를 치더니 그 떼를 광야 서쪽으로 인도하여 하나님의 산 호렙에 이르매 여호와의 사자가 떨기나무 가운데로부터 나오는 불꽃 안에서 그에게 나타나시니라 그가 보니 떨기나무에 불이 붙었으나 그 떨기나무가 사라지지 아니하는지라 이에 모세가 이르되 내가 돌이켜 가서 이 큰 광경을 보리라 떨기나무가 어찌하여 타지 아니하는고 하니 그때에 여호와께서 그가 보려고 돌이켜 오는 것을 보신지라 하나님이 떨기나무 가운데서 그를 불러 이르시되 모세야 모세야 하시매 그가 이르되 내가 여기 있나이다 하나님이 이르시되 이리로 가까이 오지 말라 네가 선 곳은 거룩한 땅이니 네 발에서 신을 벗으라 또 이르시되 나는 네 조상의 하나님이니 아브라함의 하나님, 이삭의 하나님, 야곱의 하나님이니라 모세가 하나님 뵈옵기를 두려워하여 얼굴을 가리매 여호와께서 이르시되 내가 애굽에 있는 내 백성의 고통을 분명히 보고 그들이 그들의 감독자로 말미암아 부르짖음을 듣고 그 근심을 알고 내가 내려가서 그들을 애굽인의 손에서 건져내고 그들을 그 땅에서 인도하여 아름답고 광대한 땅, 젖과 꿀이 흐르는 땅 곧 가나안 족속, 헷 족속, 아모리 족속, 브리스 족속, 히위 족속, 여부스 족속의 지방에 데려가려 하노라 이제 가라 이스라엘 자손의 부르짖음이 내게 달하고 애굽 사람이 그들을 괴롭히는 학대도 내가 보았으니 이제 내가 너를 바로에게 보내어 너에게 내 백성 이스라엘 자손을 애굽에서 인도하여 내게 하리라."

모세를 향한 하나님의 부르심입니다. 이때 모세가 뭐라고 대답합니까?

"모세가 하나님께 아뢰되 내가 누구이기에 바로에게 가며 이스라엘 자손을 애굽에서 인도하여 내리이까"(출 3:11).

개정개역은 '누구이기에'로 되어 있지만 옛날 개역성경은 구어체로 "내가 누구관대 바로에게 가며"로 기록되어 있습니다. 모세의 말은 무슨 뜻일까요? "하나님이 하나님이신 것은 알겠지만 여태껏 침묵하다가 어느 날 갑자기 나타나서 가라고 하십니까? 말만 하면 그냥 가야 합니까? 저를 설득하시든가, 갈 만큼 준비라도 시키시든가 해야지, 양 떼 따라 여기에 왔는데 갑자기 '가라!'니요. 밑도 끝도 없이 이렇게 할 수 있는 겁니까?"라고 항변하는 내용입니다.

욥기 7장에 가면, 욥이 이 어려움을 당하자 정신이 나가서 맨 처음에 보인 반응이 나옵니다. 그는 자기가 당하는 고통 속에서 하나님을 외면할 수도 없고 자신의 고통은 해결되지 않으니 이렇게 부르짖었습니다.

"사람이 무엇이기에 주께서 그를 크게 만드사 그에게 마음을 두시고 아침마다 권징하시며 순간마다 단련하시나이까 주께서 내게서 눈을 돌이키지 아니하시며 내가 침을 삼킬 동안도 나를 놓지 아니하시기를 어느 때까지 하시리이까 사람을 감찰하시는 이여 내가 범죄하였던들 주께 무슨 해가 되오리이까 어찌하여 나를 당신의 과녁으로 삼으셔서 내게 무거운 짐이 되게 하셨나이까 주께서 어찌하여 내 허물을 사하여 주지 아니하시며 내 죄악을 제거하여 버리지 아니하시나이까 내가 이제 흙에 누우리니 주께서 나를 애써 찾으실지라도 내가 남아 있지 아니하리이다"(욥 7:17-21).

이 말이 이해됩니까? 욥이 어떤 불평을 합니까? "하나님, 내가 하나님 편을 든다고 하나님에게 무슨 도움이 되겠으며, 나 하나 잘못한다고 하나님에게 무슨 누가 되겠습니까? 무엇 하러 굳이 이런 일을 벌이십니까? 내가 뭐길래요?" 이게 우리가 제일 먼저 하는 반응입니다. 우리도 욥처럼 항변할 때가 다반사입니다. "하나님, 우리는 다른 것을 원하지 않습니다. 살아 있는 동안 그냥 자존심이라도 지키게 놔두십시오. 죽어 버리면 그냥 없어지는 걸로 충분합니다." 그러나 하나님은 그렇게 못하시겠다는 것이 욥기입니다.

하나님이 욥기 38장에 등장하셔서 맨 처음 하시는 말씀이 '너는 대장부로 부름을 받았다'는 것입니다. 그러니 '꼬리 내리고 도망가지 말라'고 말씀하십니다. 욥은 '제가 당하는 모든 일에 대하여 저도 더 이상 바라지 않을 테니 그냥 없었던 걸로 했으면 좋겠다'라고 생각하면서 체념한 채 물러서려고 합니다. 우리도 그렇습니다. 그러나 하나님은 그렇게 물러서지 않으시겠다고 합니다.

왜일까요? 하나님이 이제 물으시는 것입니다. "너는 마땅히 알아야 하는 존재다. 내가 땅의 기초를 놓는 것을 알아야 한다. 내가 이런저런 일을 한 하나님인 줄 네가 알아야 한다. 욥아, 이걸 보았느냐? 욥아, 이걸 아느냐?" 그러면서 "엘리후가 네게 와서 그토록 크게 얘기했던 하나님은 천지를 창조하신 분이기에 세계의 위에 계시고 너는 그 창조 세계의 한 조그만 인간에 불과하다고 한 말에 나는 동의할 수 없다. 너는 세상이라는 무대에 조그만 소품이 아니라 하나님이 주인공으로 삼은 주인이다"라고 욥을 깨우치는 말씀입니다.

이것이 하나님의 시각입니다. 이에 대한 확실한 증거는 사무엘서에서 찾을 수 있습니다. 사무엘하 7장에 보면 다윗이 성전을 짓겠다고 서원합니다. 하나님은 다윗에게 성전 건축을 허락하지 않으시고 그 아들 솔로몬에 의해서 짓게 될 것이라고 응답하십니다. 그리고 성전을 지으려고 마음먹은 다윗을 축복하십니다.

"그러므로 이제 내 종 다윗에게 이와 같이 말하라 만군의 여호와께서 이와 같이 말씀하시기를 내가 너를 목장 곧 양을 따르는 데에서 데려다가 내 백성 이스라엘의 주권자로 삼고 네가 가는 모든 곳에서 내가 너와 함께 있어 네 모든 원수를 네 앞에서 멸하였은즉 땅에서 위대한 자들의 이름같이 네 이름을 위대하게 만들어 주리라"(삼하 7:8-9).

하나님의 엄청난 축복을 받은 다윗이 이제 답합니다.

"다윗 왕이 여호와 앞에 들어가 앉아서 이르되 주 여호와여 나는 누구이오며 내 집은 무엇이기에 나를 여기까지 이르게 하셨나이까 주 여호와여 주께서 이것을 오히려 적게 여기시고 또 종의 집에 있을 먼 장래의 일까지도 말씀하셨나이다 주 여호와여 이것이 사람의 법이니이다 주 여호와는 주의 종을 아시오니 다윗이 다시 주께 무슨 말씀을 하오리이까 주의 말씀으로 말미암아 주의 뜻대로 이 모든 큰 일을 행하사 주의 종에게 알게 하셨나이다 그런즉 주 여호와여 주는 위대하시니 이는 우리 귀로 들은 대로는 주와 같은 이가 없고 주 외에는 신이 없음이니이다 땅의 어느 한 나라가 주의 백성 이스라엘과 같으리이까 하나님이 가서 구속하사 자기 백성으로 삼아 주의 명성을 내시며 그들을 위하여 큰 일을, 주의 땅을 위하여 두려운 일을 애굽과 많은 나라들과 그의 신들에게서 구속하신 백성 앞에서 행하셨사오며 주께서 주의 백성 이스라엘을 세우사 영원히 주의 백성으로 삼으셨사오니 여호와여 주께서 그들의 하나님이 되셨나이다 여호와 하나님이여 이제 주의 종과 종의 집에 대하여 말씀하신 것을 영원히 세우셨사오며 말씀하신 대로 행하사 사람이 영원히 주의 이름을 크게 높여 이르기를 만군의 여호와는 이스라엘의 하나님이라 하게 하옵시며 주의 종 다윗의 집이 주 앞에 견고하게 하옵소서"(삼하 7:18-26).

다윗은 평생 받은 은혜를 생각하면서 자기가 하나님을 위하여 뭔가 조금이라도 무엇을 해드리는 것으로 만족했습니다. 하나님은 다윗의 헌신을 귀중히 보시고 다윗과 그의 가문과 왕권을 영원히 지키겠다고 약속하셨고, 그런 축복을 받고 나서 다윗이 고백합니다. "여호와여, 내가 도대체 뭡니까? 제가 뭐라고 이런 큰 약속을 하십니까? 내가 도대체 남들과 뭐가 달라서 나에게 이런 일을 하십니까?" 그 후에 돌아보고 생각해 보니, 하나님은 처음부터 그러셨습니다. 애굽을 깨고 우리를 꺼내셨고, 약속의 땅에 불러들여 축복하사 오늘에 이르게 하신 이는 하나님이십니다. 우리가 한 일에 보상하신 것이 아닙니다. 이것이 다윗의 고백입니다. 그러므로 우리는 밤낮 이 문제를 틀린 것입니다.

"너는 대장부다. 너는 내 아들이다. 가슴을 펴라. 머리를 들어라!" 하나님은 이렇게 말씀하십니다. 어쩌면 "에이, 그런 거 말고 그냥 형통하게만 해주세요!"라고 말하는 사람이 있을지도 모르겠습니다. 그러나 우리의 신앙생활은 그것보다 더 근원적인, 내가 누구인지를 정립하는 싸움입니다. 우리의 신앙생활이 현세에서 나의 소원을 이루는 데에만 초점을 맞추면 예수의 죽음을 이해할 수 없습니다. 예수님이 다시 오신다는 것도 여러분을 만족시킬 수 없습니다. 하나님의 질문에 내가 누구인지 인식하고 받아들이지 않으면, 하나님이 여러분 안에서 만드시려는 것을 놓치고 "다 그만두시고 나 살아생전에 이 조그만 부탁 하나 들어주십시오"라는 수준으로 전락할 수밖에 없습니다.

요한복음 15장에 가면, 성도들을 얼마나 존귀하게 대접하는가에 대한 예수님의 직접적인 발언이 있습니다.

"이제부터는 너희를 종이라 하지 아니하리니 종은 주인이 하는 것을 알지 못함이라 너희를 친구라 하였노니 내가 내 아버지께 들은 것을 다 너희에게 알게 하였음이라"(요 15:15).

"종은 주인이 하는 일을 알지 못하지만, 나는 너희에게 아버지께 들은 것을 다 알려 주러 온 너희 친구다"라는 말씀입니다. 이것을 알게 하려고 욥기 38장에서 하나님이 계속 물으시는 것입니다. 아버지가 종한테 하는 것과 아들에게 하는 것은 다릅니다. 종에게는 시킬 일을 얘기하고, 아들에게는 알아야 할 일을 가르칩니다. 하나님은 우리 아버지입니다. 그러니 믿음을 가지라는 것이 욥기의 말씀입니다.

그래서 예수를 믿으면 새로운 세상이 됩니다. 이 세상이 모든 것을 갖고 있는 게 아니라 하나님이 모든 것을 갖고 계시다는 것을 알 수 있습니다. 고난을 당할 수도 있고 질 수도 있습니다. 그러나 그것이 하나님의 손안에 있는 것인 줄 아니까 세상을 이기는 믿음을 가질 수 있게 됩니다.

2. 이성을 넘어 신앙으로(4-8절)

> "내가 땅의 기초를 놓을 때에 네가 어디 있었느냐 네가 깨달아 알았거든 말할지니라 누가 그것의 도량법을 정하였는지, 누가 그 줄을 그것의 위에 띄웠는지 네가 아느냐 그것의 주추는 무엇 위에 세웠으며 그 모퉁잇돌을 누가 놓았느냐 그때에 새벽 별들이 기뻐 노래하며 하나님의 아들들이 다 기뻐 소리를 질렀느니라 바다가 그 모태에서 터져 나올 때에 문으로 그것을 가둔 자가 누구냐."

무신론 시대의 신앙

"무지한 말로 생각을 어둡게 하는 자가 누구냐 너는 대장부처럼 허리를 묶고 내가 네게 묻는 것을 대답할지니라"라고 욥에게 묻고 계시는 하나님은 '이해하기보다는 믿어라'라고 말씀하시는 것 같습니다. 창조주의 무한하신 능력과 지금도 우주만물과 인생의 생사화복을 주장하시는 그 섭리를 어떻게 사람이 이해하고 다 알 수가 있겠습니까? 하나님이 나를 자녀 삼으시고 내 아버지가 되셨음을 믿는다면 내 삶의 모든 정황과 문제까지도 선하게 인도하실 줄을 믿습니다. 이해하지 못하여 주님을 다 떠나더라도 나는 베드로처럼 떠나지 않고 오히려 더 가까이 가서 한마디의 말씀이라도 더 받고 듣기를 애써야 합니다.

이 시대의 대표적인 무신론자인 리처드 도킨스는 《만들어진 신》에서 "누군가 망상에 시달리면 정신이상이라고 한다. 다수가 망상에 시달리면 종교라고 한다"라고 주장했습니다. 이와 비슷한 논조의 책들이 베스트셀러로 엄청난 반향을 얻고 있습니다. 이처럼 우리는 가히 '무신론의 시대'라고 불릴 만큼 종교에 대한 거부감이 큰 시대에 살고 있습니다.

종교를 거부하는 현대인들은 성경 대신에 인간 이성, 특히 자연과학의 성과나 가능성을 신뢰합니다. 그렇다면 이성을 판단 기준으로 삼아 성경 내용을 신화로 치부하는 것이 지성인다운 태도일까요? 반대로 신앙인들은 순수한 신앙을 지키기 위해 세속적인 학문을 거부해야만 할까요? 이러한 고민은 초대교회 시절부터 현대에 이르기까지 반복해서 나타났습니다. 중세의 스콜라 철학 초기에도 신앙과 이성을 둘러싼 첨예한 논쟁이 벌어졌습니다. 중세인들은 이에 대해 어떠한 태도를 취했을까요?

신앙과 이성의 조화를 추구한 신학자가 있었는데 캔터베리의 안셀무스(Anselm of Canterbury, 1033/34-1109)입니다. 안셀무스는 "나는 이해하기 위하여 믿는다"(Credo, ut intelligam)는 말처럼 신앙이 우선이었습니다. 그렇지만 '이해를 추구하는 신앙'(fides quaerens intellectum)이란 표현처럼 신앙에는 반드시 이성이 뒤따르면서 그 근거를 제시해 주어야 합니다. 그는 믿음의 내용을 이성으로만 설명하려는 변증론자와 신앙에 대한 이성의 개입을 완전히 거부하는 반변증론자 모두를 비판했습니다. 그에게 "믿음을 전제하지 않는 것은 오만이며, 이성을 사용하지 않는 것은 태만"이었기 때문입니다. 그가 목표로 제시한 '신앙과 이성의 조화'는 스콜라 철학과 신학을 이끄는 좌우명이 되었습니다. 그래서 안셀무스는 후대 학자들에 의해 '스콜라 철학의 아버지'로 불렸습니다. 그는 아우구스티누스에서 정점에 달하는 교부 철학과 13세기에 체계적으로 완성되는 스콜라 철학을 매개하는 중요한 위치에 서 있습니다.

신앙을 지니지 않은 이들은 물론 안셀무스의 입장에 온전히 동의하지 않을 수도 있습니다. 또한 그의 시도가 과연 성공적이었는지에 대해서도 많은 의문이 제기됩니다. 그러나 안셀무스는 자신이 지닌 입장에 매몰되지 않고 이를 진지하게 숙고했습니다. 이런 그의 태도는 이성과 신앙 사이에서 갈등하는 현대인에게 성찰의 계기를 마련해 줄 것입니다.

욥을 향한 하나님의 질문들

욥의 세 친구들뿐 아니라 마지막에 등장한 엘리후의 긴 변론(32-37장)을 통해서도 욥의 고난에 대한 문제는 풀리지 않았습니다. 이러한 상황에서 마침내 하나님께서 나타나십니다. 폭풍 가운데 나타나신 하나님은 논쟁의 주제였던 '이유 없는 고난'에 대해서는 대답하지 않으시고 자연계의 경이로움에 대해서 욥에게 질문하십니다. 하나님의 이러한 질문들은 욥기가 제시하고 있는 문제에 대한 직접적 답은 아니지만 궁극적 해답이 되었습니다.

하나님께서는 욥의 질문에 대답하지 않으시고 오히려 무지한 말을 하지 말고 하나님의 질문에 대답해 보라고 하십니다(2-3절). '무지한 말' 곧 지식 없는 어리석은 말로 생각(일의 이치)을 어둡게 했다고 하십니다(2절). 욥은 그 이유를 알 수 없는 혹독한 재난 속에서 죽기를 간구하였고, 하나님의 공의에 불평을 터뜨리며 의문을 제기함으로 인해 친구들에게 비난할 여지를 주기도 했습니다. 그런데 하나님은 이 같은 말들이 "생각을 어둡게" 하는 어리석은 말이라 하십니다. 그 말들은 하나님의 섭리나 경륜을 이해하는 데 아무런 도움이 되지 못하는 것으로써 의혹만 부풀려 놓았다는 것입니다. 하나님과 대면하여 따져 보기를 열망했던(욥 9:32-35, 13:18-22, 23:4-7, 31:35 등) 욥에게 하나님은 이제 그런 기회를 줄 테니 묻는 말에 답변해 보라는 것이었습니다(38:3).

하나님은 창조의 기원인 땅과 바다를 중심으로 날들과 바다의 근원과 음부의 문에 이르는 천지간의 경이로운 현상들에 대해서 질문을 시작하셨습니다.

첫째, 땅에 관한 질문들입니다(4-7절). 하나님께서 "땅의 기초를 놓을 때"에 네가 어디에 있었는지를 물으셨습니다. '땅의 기초를 놓을 때'란 건축자의 건축에 비유한 질문으로, 욥은 피조물로서 창조에 참여한 일이 없으니 아무것도 알지 못한 채 그저 땅을 터전으로 살았을 뿐입니다. 욥이 아무런 답을 못하고 있을 때에 하나님은 한 가지 창조의 비밀을 알려 주십니다. 하나님께서 욥에게 땅의 기원을 물으신 의도는 땅에 관한 사실도 전혀 알지 못하면서 하늘에 관한 일을 알려고 하며, 더 나아가 그것을 지으신 하나님의 경륜과 섭리에 대해 이의를 제기하며 변론하려고 하는 욥의 무지함을 드러내려고 하신 것입니다.

둘째, 바다에 관한 질문들입니다(8-11절). "바다가 그 모태에서 터져 나올 때"란 바다에 대한 질문은 여인의 출산에 비유됩니다. 어머니의 태로부터 태아가 나오듯이 바다가 육지로부터 분리되어 나오면서 물이 넘쳐흐를 때에, 물이 넘쳐나지 못하도록 문을 닫아 막은 자가 누구인 줄 아느냐는 것입니다.

셋째, 새벽에 관한 질문들입니다(12-15절). 아침에게 명하고 새벽으로 그 자리(처소)를 알게 하였느냐는 질문입니다.

넷째, 미지의 영역에 관한 질문들입니다(16-18절). 바다의 샘(근원)에 관한 질문, 사망의 문에 관한 질문, 땅의 넓이에 관한 질문을 하셨지만 욥은 바다의 깊은 곳이나 땅 밑의 음부는커녕 자신이 서 있는 땅의 넓이조차 모릅니다.

무신론자와의 대화

성 어거스틴과 한 무신론자의 대화입니다.

> 무신론자: 신은 존재하지 않습니다. 만약 신이 존재한다면 그것을 제게 증명해 보십시오.
>
> 어거스틴: 당신은 영혼과 정신을 보지 않고도, 볼 수 없어도 당신이

살아 있다는 것을 어찌 알며, 어떻게 나에게 그 사실을 증명하
실 수 있겠습니까?

무신론자: 증명이 필요 없습니다. 내가 말하고 있고 움직이고 있고
일을 하고 있으니 내 영혼과 정신이 살아 있다는 것은 너무나
당연한 것 아닙니까? 왜 지금 저를 보고 있으면서도 그런 질문
을 하십니까?

어거스틴: 당신은 당신의 신체의 작용 몇 가지만 보고도 당신의 영
혼과 정신이 존재한다는 것을 자명하게 깨닫고 있으면서 왜
이 세상 속의 천지만물이 질서와 조화 속에서 창조되고 있고
유지되고 있고 작용하고 있는 것을 보면서도 하나님의 존재에
대해서는 알지 못하십니까?

잘 알려지지 않은 이야기이지만 만유인력의 법칙을 발견한 뉴턴은 기독교인이었습니다. 그러한 뉴턴에게도 무신론자인 친구가 있었습니다. 그의 무신론자인 친구는 뉴턴처럼 인간과 지구와 우주에 창조자가 있음을 믿지 않았습니다.

어느 날 뉴턴은 태양계 모형을 만들고 행성들이 태양계 주변을 회전하는, 그 당시로서는 신기하게 보일 수도 있는 장치를 하나 만들었습니다. 얼마 후 무신론자인 그의 친구가 뉴턴의 집을 방문하여 그 모형장치를 작동해 본 후 신기해하며 뉴턴에게 본인이 직접 만들었는지 아니면 다른 사람이 만든 것을 가져다 놓은 것인지 물어보았습니다. 뉴턴은 처음에 모른다고 답했습니다. 그의 무신론자인 친구는 진지하게 다시 뉴턴에게 누가 만든 것인지 물었습니다. 뉴턴은 이번에는 나도 모르는 사이 이것이 여기에 만들어져 있었다고 말했습

니다. 드디어 뉴턴의 친구는 화를 내며 어떻게 이런 게 아무도 만들지 않고 그냥 갑자기 생길 수 있냐고 뉴턴에게 물었습니다. 그때 뉴턴이 말했습니다.

"자네는 이 우주와 지구, 그리고 인간까지도 그냥 우연히 생긴 거라고 말하며 늘 내 신앙을 비웃었어. 그런데 내가 이 작고 조잡한 모형 하나가 저절로 생긴 것이라고 말하는 것에는 그렇게 화를 내며 믿지 않는군. 자네 스스로도 우습다고 생각하지 않나?"

무신론자였던 뉴턴의 친구는 큰 깨달음을 얻고 자신의 생각을 뉘우쳤다고 합니다.

욥에게 하나님이 "땅에 기초를 놓을 때 네가 어디 있었느냐"라고 질문하신 것은 이성이라는 한쪽 날개로만 날려는 인간의 우매함을 깨우치려는 것입니다. 새가 하늘을 마음껏 활공하려면 두 날개가 있어야 하고, 수레가 무거운 짐을 싣고 잘 굴러가려면 두 바퀴가 있어야 하는 것과 같은 이치입니다. 이성과 신앙은 새의 두 날개와 같습니다. 현대는 마치 이성의 우상에 사로잡혀 있는 것 같습니다. 이성을 무시해서도 안 됩니다. 이성을 무시하면 맹목이 되어 버립니다. 그러나 신앙의 눈을 열지 못하면 그 소중한 이성도 오만이 될 수 있습니다. 이성의 넘어 신앙의 안목을 가지면 하나님과 우주에 대해서 더 깊은 이해를 하게 됩니다. 이성을 넘어 신앙으로 나아가십시오.

3. 복음적인 삶을 살라(9-11절)

"그때에 내가 구름으로 그 옷을 만들고 흑암으로 그 강보를 만들고 한계를 정하여 문빗장을 지르고 이르기를 네가 여기까지 오고 더 넘어가지 못하리니 네 높은 파도가 여기서 그칠지니라 하였노라."

율법이냐, 은혜냐?

욥기를 읽어 보면 욥이나 그의 세 친구의 문제 해결을 위한 접근 방법을 통해 그들의 삶을 형성하는 가장 중심되는 원리가 무엇인가를 쉽게 볼 수 있습니다. 그것은 바로 율법적인 사고입니다.

우리가 하나님의 말씀을 통해 깊이 배워야 할 그리스도인의 삶의 원리는 율법을 넘어 복음입니다. 율법은 무엇입니까? 바로 하나님의 계명입니다. 이 계명이 항상 우리에게 말씀하고 있는 메시지는 간단히 요약해서 두 가지입니다. 하나는 '하라'이며, 나머지 하나는 '하지 말라'입니다. 즉, 율법주의 사고방식은 '나는 해야 할 것을 했습니다. 따라서 나는 잘못하지 않았습니다'에 이르게 됩니다. 물론 그리스도인이 거룩한 생활을 하기 위해서는 율법을 배우고 따라 살아야 합니다. 그러나 그것은 하나님의 은혜에 이르게 하는 몽학선생과 같은 것입니다. 그렇기에 하나님께서는 언제나 우리에게 율법 이상의 삶을 요구하십니다.

처음부터 그리스도인의 삶은 율법으로 시작된 것이 아니라 하나님의 은혜로 시작되었다는 사실을 놓치지 말아야 합니다. 만일 우리의 행위로 구원을 받는다면 우리 가운데 구원받을 사람은 한 사람도 없습니다. 우리는 이미 율법을 파괴한 불법의 자녀들이기 때문입니다. 그래서 성경의 표현을 빌리면, 우리는 율법 아래서 죄인이라고 증명되었고, 율법 아래서는 진노를 받게 되었습니다. 그러므로 율법대로 하면 우리는 다 심판을 받고 지옥에 가는 것이 당연합니다.

그러나 우리를 사랑하시는 하나님이 독생자 예수 그리스도를 우리에게 보내셨습니다. 이 예수 그리스도를 통한 구원, 그분으로 내가 대가 없이 죄 사함을 받았다는 것, 이것은 율법이 아닙니다. 이것은 율법 이상의 것입니다. 바로 하나님의 은혜입니다. 이제 이 은혜로 말미암아 주님의 자녀 된 삶을 살 때, 하나님은 저와 여러분들에게 율법적인 수준과 차원 이상의 삶을 요구하신다는 것을 이 욥기를 통해서 우리는 보아야 하는 것입니다.

욥기의 마지막 부분에 이르러 하나님께서 욥에게 질문을 퍼붓는 것은 우리의 삶의 태도를 살펴보라는 의미입니다. 모든 것이 내 힘에 의해서 이루어진 것 같지만 하나님의 질문 앞에 서 보면 우리가 할 수 있는 것이 없음을 깨닫습니다. 하나님의 은혜의 손길이 아니면 우리는 별 수 없는 인간이 되고 맙니다. 그렇기에 하나님께서 "내가 땅의 기초를 놓을 때에 네가 어디 있었느냐 네가 깨달아 알았거든 말할지니라"(4절)라고 물으신 것은 그리스도인의 삶의 태도에 관한 질문입니다. 우리 힘으로 아무것도 할 수 없는 존재, 그들이 사는 삶은 바로 은혜인 것입니다. '난 잘못한 것이 없소, 나는 의롭소'라는 주장의 밑바탕에는 율법적인 사고가 자리 잡고 있습니다.

워치만 니의 간증

워치만 니(Watchman Nee, 1903-1972)는 중국이 낳은 유명한 그리스도인으로, 18세에 복음을 듣고 회심한 후에 대학 진학을 포기하고 (그가 남긴 저작의 수준을 보면, 그가 대학 교육을 받고 계속 학문을 했더라면 훌륭한 신학자가 되었을 것이 분명합니다) 성경연구와 복음 증거에만 전념했습니다. 처음 복음을 소개받고 나서 불과 7년 만에 그의 대표작인 《영에 속한 사람》을 썼다고 하니까 그가 얼마나 뛰어난 영적 헌신과 집중력, 그리고 탁월한 지성을 소유했는지 알 수 있습니다.

그가 친구의 간증을 자기의 책에 기록했습니다. 그 친구는 농부로서 불신자의 논과 나란히 붙은 논을 가지고 있었습니다. 그런데 그의 논 지형상 항상 물이 고여 있도록 된 논이고, 불신자의 논은 항상 물이 빠져나가도록 된 논이었습니다. 불신자는 밤중에 몰래 친구의 논에 와서 물을 다 빼가곤 했습니다. 그날도 친구가 아침에 논에 나가 보니, 자기 논은 물이 다 빠져 있고 그 옆의 논에는 물이 찰랑찰랑 차 있었습니다. 친구는 대뜸 불신자 논 주인에게 따졌습니다. "아니, 우리 논에 있던 물을 왜 다 끌고 갔습니까?" 이 말에 그 불신자는 자기는 절대로 끌어오지 않았고 그냥 저절로 흘러 들어왔다고 잡아뗐습니다.

이러한 일이 며칠이고 계속해서 이어지다가 다툼이 생겼고, 그날부터 자기의 논을 지키기 시작했습니다. '본래 이 물은 내 논에 고여 있던 물이므로 내 논의 물을 내가 쓰고 보호하는 것은 당연하다'고 생각하고 행동으로 옮겼지만 그의 마음에는 평안이 없었습니다. 그래서 하나님 앞에 기도하는 시간에 간절히 물었습니다. "하나님, 제가 당연히 취할 권리를 취하는데도 왜 제 마음에는 이렇게 평안이 없을까요? 제 마음이 평안하지 못한 이유가 무엇일까요?" 그럴 때 이런 질문이 그의 마음속에 떠올랐습니다. "너는 왜 너의 올바름만 생각하고 주장하느냐? 그 이상의 일은 할 수 없더냐? 왜 네 논의 물이 필요한 이웃에게 스스로 물을 주지 못하느냐?" 그제야 그 친구는 깨닫고서 자기 옆 논의 주인이 오기 전에 자진해서 그의 논에 물을 대 주기 시작했습니다.

잠시 후 옆 논 주인이 여느 날과 다름없이 몰래 물을 빼내기 위해서 왔습니다. 그는 자기 논에 이미 물이 들어가 있는 것을 보고는 깜짝 놀랐습니다. 그리고 그 이유가 무엇인지를 알아차리고서는 그 다음 날 이 믿는 친구를 찾아와서는 고개를 숙이며 이렇게 말했다고 합니다. "그동안 제가 잘못을 했습니다. 용서해 주십시오. 당신이야말로 진짜 그리스도인입니다. 당신의 마음속에 있다는 그 예수님을 나도 알고 싶습니다." 그래서 전도가 이루어졌다고 합니다.

이 사건은 내가 옳고 당신이 그르다고 따지는 것 이상의 삶을 기대하시는 하나님의 요구에 대한 성숙한 성도의 응답이 만들어 낸 아름다운 사건입니다. 잘못한 것 없이 누가 내 오른뺨을 칠 때, 율법에 의하면 가장 정당한 행위는 상대방을 똑같이 치는 것입니다. 그러나 우리 예수님께서 원하시는 행동은 우리의 왼뺨까지 돌려대어 주는 것입니다.

욥과 세 친구의 화해

세 친구들과 그렇게도 격렬하게 논쟁을 벌이던 욥. 그러나 욥은 폭풍 가운데서 찾아오신 하나님을 만났습니다(1절). 그리고 두 차례에 걸친 하나님의 말씀을 경청하였습니다(38-41장). "내가 땅의 기초를 놓을 때에 네가 어디 있었느냐?"(38:4), "새벽의 광명으로 땅 끝까지 비치게 한 자가 누구냐?"(38:12-13), "산 염소가 새끼 치는 때를 네가 아느냐, 암사슴의 새끼 낳을 기한을 네가 알 수 있느냐?"(39:1-2), "네가 하마를, 악어를 능히 낚시로 낚을 수 있느냐? 노끈으로 그 혀를 맬 수 있느냐?"(40:24-41:2) 등등 폐부를 찌르는 듯한 하나님의 질문에 욥은 한마디 대꾸도 할 수 없었습니다.

그렇게도 하나님을 만나 자신의 억울함을 호소하겠다던 욥이었지만, 실상 주님 앞에서, 그것도 주님의 무한 광대하신 능력과 절대 주권에 직면하는 순간, 욥은 입이 다 닫히고 말았습니다. 생각건대, 이렇게 인간은 연약하고 무지하며 상한 갈대보다 더 형편없는데, 이런 인생이 하나님을 향해 원망하고 불평한 것이 너무 죄스럽고 너무 두려웠던 것입니다.

욥은 "무지한 말로 이치를 가리는 자가 누구니이까 나는 깨닫지도 못한 일을 말하였고 스스로 알 수도 없고 헤아리기도 어려운 일을 말하였나이다"(42:3)라고 고백하였습니다. 그리고 겸손히 주님 앞에 자신의 잘못을 회개하고 용서를 빌었습니다(42:6). 주의 무한한 능력과 절대 주권을 발견하는 순간, 욥은 그만 주님 앞에 허물어져 버렸습니다. 마침내 욥이 시험의 긴 터널을 빠져나오는 순간이었던 것입니다. 이렇게 하여 하나님께서는 욥에게 베풀어 주실 놀라운 축복(42:11-17)의 그릇을 준비 완료하셨던 것입니다.

다음으로 욥과 친구들의 화해를 촉구하셨습니다(42:7-9). 욥의 철저한 회개가 끝나자 하나님께서는 욥의 세 친구 가운데 가장 연장자요 대표자격인 데만 사람 엘리바스를 부르셨습니다. 그리고 두 친구들과 더불어 회개하도록 하셨습니다. 그렇다면 그들이 저지른 죄악은 무엇이었습니까?

사실 세 친구들이 욥과의 변론 시에 말한 내용은 그 말 자체만을 놓고 볼 때는 그릇된 것이 없었습니다. "사람이 어찌 하나님께 유익하게 하겠느냐"(엘리바스의 말, 22:1-2). "하나님은 권능과 위엄을 가지셨고 지극히 높은 곳에서 화평을 베푸시느니라"(빌닷의 말, 25:1-2). "네가 전능자의 오묘를 어찌 능히 측량하며 전능자를 어찌 능히 알겠느냐"(소발의 말, 11:7). 이런 변론들은 사실 그 자체로는 모두가 진리요, 옳은 말이었습니다.

그렇지만 세 친구의 변론은 욥의 경우에는 전혀 맞지 않았습니다. 사람이 죄가 있기 때문에 고난을 받는 것이 아니냐는 세 친구의 논리는 욥과 같이 의로운 자가 무고하게 당하는 고난 문제를 해결해 주지 못하였습니다. 아니, 오히려 고난 가운데 있는 형제에게 위로가 되기는커녕 더욱 형제의 마음을 아프게 하고 가슴에 상처를 주는 매우 사악한 행위였습니다.

이렇게 진리가 그릇되게 사용될 때 그 진리는 오히려 형제를 정죄하고 실족시키는 무서운 무기로 돌변합니다. 욥의 세 친구들이 그러했습니다. 그래서 하나님은 엘리바스를 부르사 친구들과 더불어 회개와 화해를 이루게 하셨습니다.

윤원준 가족의 용서

1999년 7월 4일이었습니다. 그날은 미국의 독립기념일이었습니다. 또한 주일날이기도 했습니다. 윤원준이라는 학생이 있었는데 그는 그 당시 인디애나 주립대학교에서 석사 과정을 밟고 있던 장래가 촉망되는 청년이었습니다. 그는 평소와 같이 주일 예배를 드리기 위해서 블루밍턴에 있는 한인 교회로 갔습니다. 교회 주차장에 차를 세우고 교회로 들어가는 도중에, 그는 난데없이 날아온 총탄에 맞아서 영문도 모른 채 목숨을 잃었습니다. 벤자민 스미스라는 백인 우월주의자가 무차별로 난사한 총에 맞은 것입니다.

그로부터 며칠 뒤 그의 장례식이 열렸습니다. 그 자리에는 당시 미국의 법무장관을 비롯해서 약 1,500명의 조객들이 그의 죽음을 애도하기 위해서 모였습니다. 장례식이 거의 끝나갈 무렵이었습니다. 그의 사촌형이었던 박승호 목사님이 유족들을 대표해서 조객들에게 인사를 했습니다. 그때 그의 인사말을 들었던 한 사람이 이렇게 말했습니다.

"저는 10년 전 그때의 일을 아직도 생생하게 기억합니다. 저는 제 몸이 감전된 것처럼 온몸에 전율을 느꼈습니다. 그의 인사말은 이러했습니다. '우리는 지금 그의 목소리를 듣습니다. 분명하고도 큰 소리로 말하는 그의 목소리를 듣습니다. 예수 그리스도의 이름으로 나는 벤자민 스미스를 용서하며, 미국을 용서하겠다는 그의 목소리를 듣습니다. 따라서 저는 오늘 우리 가족을 대표해서 내 사촌동생을 죽인 벤자민 스미스를 예수 그리스도의 이름으로 용서합니다. 아울러 내 형제의 꿈을 빼앗아가고 그의 피를 흘리게 한 이 미국을 예수 그리스도의 이름으로 용서합니다. 예수님은 우리를 용서하시기 위해서 이 땅에 오셨습니다. 우리 가족은 예수 그리스도를 믿는 사람들입니다. 따라서 우리 가족은 오늘 예수 그리스도의 이름으로 벤자민 스미스와 미국을 용서합니다.'"

그의 인사말을 들은 조객들은 모두가 북받쳐 오르는 감정을 억누를 길이 없어 눈시울을 붉히면서 흐느껴 울었다고 합니다.

흔히들 우리 기독교를 가리켜서 사랑의 종교라고 부릅니다. 사랑의 뿌리가 무엇입니까? 용서입니다. 용서 없는 사랑은 결코 의미가 없기 때문입니다. 예수님께서 지신 십자가는, 우리의 모든 죄를 용서하고 우리를 의롭다 하신 사랑의 표현이었습니다. 하나님께서 우리 모두에게도 동일한 은혜를 베풀어 주시기를 바랍니다. 아직도 용서하지 못해서 풀지 못하고 맺힌 것이 있어 마음 아파하며 괴로워하는 것이 있으면, 하나님의 은혜로 다 풀어 버리고 마음의 자유를 누릴 수 있는 우리 모두가 되기를 바랍니다.

욥기의 마무리

신앙생활은 하나님을 더욱 깊이 깨달아 가는 과정입니다. 하나님은 대화를 통해 욥으로 하여금 자신의 정체성을 깨닫게 하셨습니다. 그리고 하나님의 새로운 창조사역의 주인공이 되게 하셨습니다. 하나님은 욥에게 "네가 누구냐?"라는 실존적인 질문을 던지셨습니다. 욥의 관심은 오직 내게 닥친 고난이 왜 오게 되었는가에 집중되어 있었습니다. 그런데 하나님은 "네가 누구냐?"라는 질문을 통해 욥으로 하여금 자신의 정체성을 보게 하셨습니다.

누가 나를 가장 잘 알까요? 부모입니까? 아내, 남편입니까? 자녀입니까? 사실 가족이 나를 잘 압니다. 그리고 나 자신도 나를 잘 압니다. 그러나 우리가 살면서 정말 잘 모르는 것이 바로 나 자신입니다. 그래서 우리는 후회를 많이 하지 않습니까?

사랑하는 성도 여러분, 나를 창조하신 하나님이 나를 가장 잘 아십니다. 우리 모두는 하나님의 소유 된 백성이기에 하나님이 가장 잘 아십니다. 그러므로 나란 존재가 누구인가를 알기 위해서는 하나님을 만나야 합니다. 우리는 하나님과 대화를 통해서 우리의 정체성을 분명히 깨닫게 됩니다.

하나님은 욥기 38-41장에서 창조 세계 속에 담긴 하나님의 주관과 섭리를 교훈하심으로 욥이 스스로 하나님 앞에 자신의 존재가치를 발견하길 바라셨습니다. 이제 욥은 하나님의 기대에 부응하여 새로운 창조역사를 위한 주인공으로 우뚝 서게 되었습니다.

"내가 주께 대하여 귀로 듣기만 하였사오나 이제는 눈으로 주를 뵈옵나이다"(욥 42:5).

욥은 그리스도인의 정체성을 발견했습니다. 지금은 하나님이 나를 부르신 목적, 그 부르심에 합당한 삶을 어떻게 살아가야 할지를 배우고 훈련받는 시간입니다. 1, 2장에 등장한 욥처럼 나 중심의 인생을 살던 우리가 이제는 하나님 중심, 이웃 중심의 삶으로 바뀌어야 합니다. 나 중심의 시각이 바뀌어 하나님의 시각으로 모든 만물을 볼 때 인생에게 주신 부요함과 풍성한 삶을 마음껏 누리게 될 것입니다.

바흐의 인내

교회음악 사상 가장 뛰어난 작곡가 요한 세바스찬 바흐를 알 것입니다. 그의 생애는 고난과 좌절의 연속이었습니다. 바흐는 10세가 되기 전에 아버지와 어머니를 잃었습니다. 그의 사랑하는 아내도 결혼한 지 13년째 되는 해 죽었고, 그 자신도 두 번의 눈 수술을 받았지만 결국 시각 장애인이 됐습니다. 또 뇌출혈로 쓰러져 반신불수가 됐습니다. 그의 삶은 이처럼 억센 고통과 시련의 연속이었습니다.

모진 고난과 시련이 거듭되었지만 독실한 루터교 신자였던 그는 늘 하나님께 부르짖어 기도했습니다. 고통이 다가올수록 더욱더 기도하고 주께 매달려 늘 성령 충만했습니다. 그는 작곡을 한 악보 끝에 "하나님의 영광을 위하여"라는 말을 반드시 기록했습니다.

하나님에게는 두 저울이 있는데, 하나는 고난의 저울이요 다른 하나는 위안의 저울이라고 합니다. 고난의 저울이 차야 위안의 저울도 찹니다. 물질이나 건강, 사업이나 직장, 인간관계와 부부갈등 등으로 고통받는 분들은 기억해야 합니다. 하나님은 우리에게 은혜를 베푸실 때가 있다는 사실을 기억하십시오. 욥의 인생에도 그러하셨습니다.

오늘날 많은 사람들이 인생의 주된 과제가 생존을 위한 울타리, 즉 경제, 건강, 명예, 자녀라고 생각합니다. 욥도 그러했습니다. 오늘 우리는 어떠합니까? 그러나 하나님을 새롭게 만난 욥은 인생의 주된 과제가 '하나님을 위한 깨달음'이란 것을 터득하였습니다. 이런 깨달음이 있기까지 욥에게는 많은 고난과 시련도 있었습니다. 고통 속에서 울부짖으며 자신을 숱하게 되돌아보았을 것입니다. '하필 내게 왜 이런 시련을 주시는가?' 하며 숱하게 묻고 또 물었을 것입니다. 그러나 하나님은 침묵하셨습니다. 오히려 주변의 환경은 악화되었습니다. 가까운 친구들조차 자신을 이해하기는커녕 질책하고 책망하기에 바빴습니다. 삶은 더욱 힘들고 어려웠습니다. 많은 시간이 흘렀습니다. 오래도록 참고 인내하게 하셨습니다.

드디어 하나님의 때에 하나님께서 직접 욥에게 나타나셔서 말씀하십니다. 하나님의 놀라운 창조사역과 그 섭리를 가르치시며 욥으로 하여금 자신의 정체성을 발견하게 하셨습니다. 하나님과 대화를 통해 그동안 막힌 담이 하나씩 무너지며 용서와 사랑이 밀려왔습니다. 원망스러웠던 친구들을 용서하며 중보기도까지 하게 되었습니다. 그리고 욥을 향한 하나님의 놀라운 계획과 뜻을 발견하였습니다. 욥은 그제야 인생에서 가장 중요한 것은 하나님 앞에서의 삶이요, 하나님과의 관계에서 자기발견이라는 것을 깨닫게 되었습니다.

나그네 의식

이 세상은 하나님께서 허락하시는 만큼 일정 기간 동안 살다 갈 임시 처소입니다. 이 세상에서 우리는 나그네일 뿐임을 알아야 합니다. 사도 베드로는 "나그네로 있을 때를 두려움으로 지내라"고 합니다. 아브라함은 자신의 정체성을 나그네라고 하였습니다. '길을 걷는 사람들'이 이스라엘의 정체성이라는 것입니다. 40년의 길을 걷던 이스라엘은 가나안을 정복하였습니다. 그러나 가나안에 정착하고 걷기를 포기한 이스라엘은 정복당하는 민족이 되고 말았습니다. '걷기'를 포기한 인생이 되었을 때, 하나님 앞에 교만해지고 현실에 길들여지는 인생이 되었습니다.

걷기는 인간을 가장 인간답게 합니다. 우리의 신앙생활의 발걸음도 꾸준히 걸어야 합니다. 걷는 사람은 하늘이 되고 땅이 되고, 과거도 되고 현재도 되고 미래도 됩니다. 과거에 묶이지 않고 미래에도 압도되지 않는 행복한 오늘을 사는 사람! 현실에 뿌리를 박고 살아도, 보이지 않는 세계를 염두에 두는 사람! 가장 이상적인 인간이 순례길을 걷는 사람인 것입니다.

외국으로 여행을 떠나 보면 사람 됨됨이에 따라 행동하는 모습들이 다릅니다. 어떤 사람들은 마음이 흐트러져서 멋대로 행동하는가 하면, 어떤 사람들은 경거망동으로 나라 망신을 시키지 않으려고 오히려 더 매사에 언행을 조심합니다. 하나님의 백성은 나그네로 사는 이 세상에서 두려움으로 지내야 합니다. 무슨 두려움입니까? 우리를 내려다보고 계실 하나님에 대한 경외심입니다. 하나님의 영광을 가리지 않으려는 조심입니다. 하나님 나라 백성으로서의 자존심을 잃지 않으려는 자세를 말합니다. 사랑하는 성도 여러분, 베드로 사도는 "너희가 나그네로 있을 때를 두려움으로 지내라"(벧전 1:17)고 권면합니다. 부디 하나님의 질문을 좇아 순례의 길을 힘차게 걸으시기를 바랍니다. 아멘.